© Éditions du Centre Pompidou, Paris, 2012
ISBN : 978-2-84426-579-1
N° éditeur : 1504
Dépôt légal : septembre 2012

Retrouvez toutes nos nouveautés,
livres, produits dérivés, mutimédia,
sur boutique.centrepompidou.fr

Couverture
Paul Sharits
N:O:T:H:I:N:G
1968
Film 16 mm, couleur, sonore, 36'
Achat 1975
AM 1975-F0283

FILMS

La collection du Centre Pompidou
Musée national d'art moderne

Centre
Pompidou

SOMMAIRE

AVANT-PROPOS

Aujourd'hui forte de près de 1 500 titres, la collection des films du Musée national d'art moderne constitue un ensemble unique au monde. Dès 1976, Pontus Hulten, le premier directeur du musée, confiait à un cinéaste, Peter Kubelka, le soin de créer le noyau initial de cette collection, avant qu'à partir de 1982, Jean-Michel Bouhours en prenne la responsabilité. En faisant leur entrée dans les collections nationales, les films intégraient aussi l'univers du musée, au côté de la peinture, de la sculpture, du dessin ou de la photographie et s'inscrivaient ainsi, au-delà des frontières de l'histoire du cinéma, dans le champ élargi de l'histoire de l'art moderne.

En 1996, le premier catalogue consacré aux collections cinématographiques du Mnam, intitulé *L'Art du mouvement*, rendait compte de l'impressionnant travail d'acquisition accompli pendant deux décennies et qui permettait de dessiner une histoire mondiale du cinéma d'avant-garde et du cinéma expérimental à l'échelle du xxe siècle. Depuis le début du xxie siècle, la scène artistique a été le théâtre d'un intérêt nouveau porté au film : nombre de plasticiens choisissent aujourd'hui de s'exprimer à travers ce médium, que ce soit sur support argentique ou numérique, tandis que l'on voit se multiplier les dispositifs de projection dans les galeries, les foires ou les musées. Le film s'ouvre ainsi, au-delà des limites de la scène expérimentale, à d'autres champs et à d'autres pratiques. Si la collection, sous l'impulsion de Philippe-Alain Michaud, son actuel conservateur, continue de s'enrichir sur le plan historique, la politique d'acquisition s'ouvre également, toujours davantage, au domaine de la jeune création. Le nouveau catalogue de la collection, qui ne saurait plus désormais prétendre à l'exhaustivité, s'est ainsi donné pour ambition de témoigner de la nouvelle présence du film sur la scène contemporaine et de décrire, rétrospectivement, les nouveaux liens qui se tissent dans son histoire entre modernité et contemporanéité.

Alain Seban
Président du Centre Pompidou

PRÉFACE

Au cours de la dernière décennie, l'économie du cinéma dit «expérimental» ainsi que les conditions de sa présentation ont profondément changé. Ce cinéma, qui s'est construit en toute indépendance à partir du commencement des années 1920, a connu un destin singulier, qui le vouait à une confidentialité certaine, parfois revendiquée avec panache : diffusées dans les emprises du cinéma commercial, les œuvres des cinéastes-artistes se sont trouvées confinées dans les marges de la culture cinématographique. D'une durée aléatoire, réalisés sans équipe de production et souvent sans moyens, dans les conditions matérielles qui étaient aussi celles qui s'imposaient aux plasticiens, ces films échappaient aux normes standardisées de l'industrie du cinéma, qui gouvernaient aussi bien les productions commerciales que le cinéma d'auteur.

En 1996, le premier catalogue de la collection, sous la direction de Jean-Michel Bouhours, faisant le point sur un quart de siècle d'acquisitions, retraçait une première histoire de ce cinéma et montrait comment le genre « expérimental » s'était constitué en discipline autonome, hors du champ cinématographique traditionnel. Aujourd'hui, la publication d'un nouveau catalogue permet de retracer la seconde étape de cette histoire, qui n'est plus celle d'une émancipation, mais bien d'un déplacement.

La révolution numérique, dont nous n'avons pas fini d'évaluer les conséquences et les enjeux, a profondément modifié le paysage artistique et la production des images en mouvement. Si l'histoire du film expérimental s'est déroulée, dans les années 1970 et 1980, parallèlement à celle de la vidéo sans qu'il se produise de véritable échange entre les deux cultures, avec les développements des techniques numériques, la convergence des conditions techniques de filmage entre artistes vidéastes et artistes «cinéastes» et l'unification des dispositifs de présentation des œuvres rendent de plus en plus poreuses les frontières et plus caduque la distinction entre les différents médiums. Par ailleurs, jusqu'à une période récente, la diffusion du cinéma expérimental a obéi, comme l'ensemble de la production cinématographique, au principe de la reproductibilité et de la non-limitation du nombre des copies. Avec l'apparition récente du cinéma d'artistes, diffusé sous forme d'éditions et empruntant le circuit des galeries et non plus celui des cinémas, la culture filmique s'est installée profondément, et sans doute durablement, au cœur des pratiques artistiques.

Enfin, au-delà des frontières des arts de l'image en mouvement, l'irruption récente du film sur la scène de l'art contemporain nous oblige à penser rétrospectivement son histoire tout entière et la position qu'il occupe dans un système des arts qu'il transforme en retour. C'est toute l'ambition du nouveau catalogue de proposer une relecture du film hors de la sphère restreinte de l'histoire du cinéma pour le replacer dans l'horizon élargi de l'histoire de l'art. L'ampleur de la collection nous interdit désormais de prétendre à une exhaustivité qu'au demeurant, là encore grâce au numérique, l'accessibilité en ligne rend inutile : les responsables de la publication ont donc choisi de privilégier une approche non par auteurs mais par titres, et de proposer une suite de monographies, toutes rédigées par des historiens de l'art ou des spécialistes du film, qui apportent un éclairage nouveau sur l'histoire des images en mouvement et jettent des ponts entre films expérimentaux de la période moderne et films d'artistes contemporains. Au passage, cette sélection rend compte de la politique menée par Philippe-Alain Michaud, responsable de ce secteur de la collection depuis 2004 et directeur de cette publication. Que tous les auteurs soient ici remerciés pour leur contribution à ce catalogue, qui marque une nouvelle étape dans une histoire en pleine mutation.

Alfred Pacquement
Directeur du Musée national d'art moderne-
Centre de création industrielle

LE FILM, LA SÉANCE, LA SCÈNE
INTRODUCTION

Philippe-Alain Michaud

1.

L'histoire du théâtre en Occident aura été, avance Jacques Derrida dans *L'Écriture et la Différence*, celle d'un « effacement de la scène ». Non pas un simple oubli ou un recouvrement de surface mais un effacement violent qui conditionne la structure de la représentation moderne[1]. Ainsi Derrida décrit-il le contrecoup théorique de l'expérience que fit Antonin Artaud, assistant à Paris, au commencement des années 1930, à un spectacle de danse balinais. Dans ce spectacle, Artaud vit ressurgir cette scène dont le refoulement devait désormais lui apparaître comme la clé du déchiffrement de la tradition spectaculaire en Occident : « Les Balinais, écrira-t-il en 1931, réalisent avec la plus extrême rigueur l'idée du théâtre pur, où tout, conception comme réalisation, ne vaut, n'a d'existence que par son degré d'objectivation *sur la scène*[2]. » Un an plus tard, dans son premier Manifeste du « Théâtre de la cruauté », Artaud interprète ce resurgissement de la scène – ou encore l'effacement de son effacement – comme la promesse d'un retour à une forme archaïque de représentation dans laquelle s'accomplit, comme une réminiscence spontanée de la tragédie antique, l'abolition de toute distance entre acteurs et spectateurs : « Nous supprimons la scène et la salle qui sont remplacées par une sorte de lieu unique, sans cloisonnement, ni barrière d'aucune sorte, et qui deviendra le théâtre même de l'action. Une communication directe sera établie entre le spectateur et le spectacle, entre l'acteur et le spectateur, du fait que le spectateur placé au milieu de l'action est enveloppé et sillonné par elle[3]. »

Dans *La Naissance de la tragédie*, c'est au chœur – le groupe de figurants qui agit comme un intermédiaire entre le monde réel et ses images, entre les corps et leurs figures – que Nietzsche assigne la fonction de supprimer la distance entre acteurs et spectateurs et, par suite, de surmonter la division qui, en la maintenant dans les limites de la représentation, empêche la scène d'*avoir lieu* : « Si le chœur, écrit Nietzsche, est le spectateur idéal (*Zuschauer*), c'est qu'en réalité il est le seul voyant (*Schauer*), le voyant du monde visionnaire de la scène. Tel que nous le connaissons en effet, un public de simples spectateurs était inconnu des Grecs. Dans leurs théâtres, qui s'élevaient en gradins concentriques, il était au contraire loisible à chacun de *ne pas voir*, proprement, l'ensemble du monde civilisé qui l'entourait, et, le regard saturé par le spectacle qui lui était offert, de s'imaginer soi-même en choreute[4]. »

Dans le processus d'effacement de la scène, qui conditionne la configuration de l'espace de représentation moderne, la relecture par les architectes et les scénographes italiens de la Renaissance du *De architectura* de Vitruve, plus précisément des livres V, 3-9, consacrés à la construction des théâtres, marque sans doute une étape essentielle[5] : rompant avec le dispositif des mansions du théâtre pré-renaissant, dispositif qui permettait les actions simultanées et la multiplication des points de vue, la scène illusionniste vitruvienne, conçue pour la production d'effets spectaculaires, est fondée sur une unification de l'espace de la représentation, dont les gravures publiées par Sebastiano Serlio en 1545, dans le *Trattato sopra le scene* inclus dans le second livre de son *De architectura*, donnent l'illustration archétypale[6]. Avec ces gravures, Serlio illustre les trois types de scène, tragique, comique et satirique. Au-delà des différences de décor (palais tragiques, maisons comiques, forêts satiriques), les trois scènes sont uniformément clôturées par un *frons scenae* couvert d'une toile peinte en perspective dont le point de fuite se situe au-delà de l'écran. Serlio indique : « Certains ont placé le point de fuite sur le mur qui ferme la scène. Dans ce cas, il doit se situer au pied du mur, c'est-à-dire sur le plancher de la scène, de sorte que les bâtiments qui forment le décor semblent diminuer très rapidement. Pour cette raison, j'ai eu l'idée de faire passer le point de fuite à travers la paroi[7]. » Devant la toile peinte du *frons scenae* s'étend le *proscenium*, sur lequel circulent les acteurs. Celui-ci est encadré par un arc, qui, par analogie avec le cadre du tableau, délimite l'espace de la représentation et trace une division claire entre la scène et l'espace réservé aux spectateurs, la *cavea*.

L'espace imaginaire de la représentation se trouve ainsi ramené au plan du tableau, qu'Alberti définissait comme une fenêtre ouvrant sur une spatialité fictive, selon la célèbre formule énoncée dans le *De pictura* : « Je parlerai donc, en omettant toute autre chose, de ce que je fais lorsque je peins. Je trace d'abord sur la surface à peindre un quadrilatère de la grandeur que je veux, fait d'angles droits et qui est pour moi une fenêtre ouverte à travers laquelle on puisse regarder l'histoire, et là je détermine la taille que je veux donner aux hommes dans ma peinture[8]. » Une gravure de Jacques Callot réalisée d'après une représentation du *Géant du mont Ischia* donnée au Palazzo Pitti, à Florence, en 1616, illustre clairement cette picturalisation de la scène : dans cet espace hybride apparaît l'arc du *proscenium*, qui encadre et définit le lieu de la représentation fonctionnant comme une fenêtre, c'est-à-dire comme un écran dans les limites duquel l'*istoria* se construit tandis que la division entre

Sebastiano Serlio
Scène comique
dans *L'Architecture*
Livre I, 1560
Coll. BNF, Paris

Sebastiano Serlio
Décor pour pièce tragique
ou dramatique
dans *L'Architecture*
Livre I, 1560
Coll. BNF, Paris

Sebastiano Serlio
Scène satyrique
dans *L'Architecture*
Livre I, 1560
Coll. BNF, Paris

la *cavea* et le *proscenium* n'est pas encore constituée, les figurants se répandant librement dans l'espace occupé par les spectateurs, à la manière des acteurs du théâtre kabuki empruntant le «chemin des fleurs» (*hanamichi*) évoqué par Sergueï Eisenstein dans un texte consacré au cinéma en relief[9].

Avec l'établissement d'une barrière infranchissable, quoique invisible et immatérielle, entre le *proscenium* – l'espace de l'action – et la *cavea* – l'espace de la vision – qui conditionne la structure projective de la représentation, la scène se creuse d'une profondeur strictement apparente et s'ouvre au déploiement et au mouvement des figures, au moyen de toute une gamme de procédures illusionnistes, des toiles peintes en trompe-l'œil aux prismes tournants (les *periaktoi*) ou aux machines permettant les apparitions et les disparitions à vue, tous effets supposant l'absolue stabilité de la division spatiale. Dans un texte consacré à l'institution de la scène moderne (institution que Derrida décrivait *a contratio* comme une disparition), Jean Jacquot a parfaitement décrit et résumé les effets du basculement qui se produit à la Renaissance dans l'économie de la représentation à la faveur de cette coupure entre lieu de l'action et lieu de la vision : «Le théâtre médiéval abondait en effets merveilleux qui nécessitaient l'emploi d'une machinerie dont les spécialistes "détenaient" les secrets. L'innovation de la Renaissance italienne fut, après avoir créé une scène capable de représenter par la perspective et le trompe-l'œil un lieu unique, d'arriver à concevoir cette scène comme un espace abstrait permettant, à l'aide d'un matériel entièrement mobile, de représenter successivement n'importe quel lieu, bref de substituer la succession temporelle à la juxtaposition (voire à la dispersion) spatiale. La machinerie du type ancien fut perfectionnée, et intégrée à cet ensemble. On parvint à faire manœuvrer dans tous les sens (latéralement, verticalement, d'arrière en avant) des nuées, des gloires, des chars volants, terrestres ou marins, des vaisseaux, des monstres. Mais ceci est moins important que le changement complet, quasi instantané, des lieux de l'action ou que leur transformation à vue[10].»

2.

On dit que rencontrant Richard Wagner, Arved Poorten, un violoncelliste qui avait joué sous sa direction dans une salle de concert vétuste de Riga, lui aurait demandé : «Comment, Maître, avez-vous pu diriger dans cette grange?» «Ce n'était pas un théâtre très luxueux, répondit Wagner, avec les minces colonnes de fonte qui supportaient la galerie et les femmes qui, pendant les entractes, travaillaient à faire des tricots ou à repriser des bas! Et pourtant, dans cette grange, comme vous dites, trois choses m'avaient intéressé : d'abord, le parterre, qui s'élevait en pente rapide – ensuite, l'obscurité qui régnait dans la salle, et, troisièmement, le fait que l'orchestre était enfoncé. Voyez-vous, si jamais je construisais un théâtre à mon idée, je tâcherais d'y appliquer ces trois principes[11].» Les idéaux de la *Gesamtkunstwerk* tels que Wagner les élabore entre 1848 et 1882, en même temps qu'ils marquent

PRIMO INTERMEDIO DELLA VEGLIA DELLA LIBERATIONE DI TIRRENO FATTA NELLA SALA DELLE COM: DIE DEL SER.ᵐᵒ GRAN DVCA DI TOSCANA IL CARNOVALE DEL 1616. DOVE SI RAP.ᵗᵃ IL MONTE D'ISCHIA CON IL GIGANTE TIFEO SOTTO.

Jacques Callot
Les Intermèdes. Le géant Tiphée accablé sous le mont Ischia
Gravure à l'eau-forte, 4ᵉ état, 1616
Coll. Musée lorrain, Nancy
Inv. 2006.0.2042

l'achèvement de la scène théâtrale moderne, préfigurent l'institution du lieu filmique, dont le type se fixera définitivement autour de 1910 : dans la salle de cinéma comme dans le *Festspielhaus* wagnérien, la scène s'ouvre au regard du spectateur sans obstacles, sans interférences et sans parasitages. La salle est plongée dans l'obscurité, il n'y a ni rampe, ni boîte de souffleur, ni loges d'avant-scène, et le public, réellement séparé de la scène, se figure l'action sur l'écran plus éloignée qu'elle n'est en réalité et voit apparaître les personnages grandis à des dimensions surhumaines[12].

L'histoire du cinéma au XXᵉ siècle aura été peu ou prou celle de sa théâtralisation au nom des exigences du spectacle de masse. L'immobilisation du spectateur, la frontalité de la représentation et la séparation rigoureuse de la salle et de la scène caractéristiques du théâtre à perspective illusionniste ont conditionné – et conditionnent encore – le déroulement de la séance : elles imposent à l'expression filmique des impératifs de réception étrangers à ses origines. À son apparition, dans la dernière décennie du XIXᵉ siècle, rien ne promet le film à son destin cinématographique : les conventions dramaturgiques de la projection n'étaient pas une donnée originelle de l'exposition des films, même si le terme de cinéma, plutôt qu'une forme, a fini par désigner un lieu. Le *Record of a Sneeze* tourné par W. K. L. Dickson (dont on a longtemps avancé qu'il s'agit du premier film projeté) était destiné en fait à l'impression sur papier. Commandé par un journaliste du *Harper's Weekly* pour un article sur le kinétoscope, il fut publié en mars 1894 sous forme de rangées superposées de photogrammes : il s'agissait non pas de reproduire un éternuement, mais d'en décomposer le mouvement en ses phases successives afin de l'analyser[13]. Il en va de même, dans le registre scientifique, pour les planches d'*Animals in Motion*, d'Eadward Muybridge, ou pour les chronophotographies d'Étienne-Jules Marey, qui constituent en tant que telles des dispositifs anti-spectaculaires. Les premières images de cinéma ont été tournées sur des fonds monochromes : fonds noirs pour W. K. L. Dickson dans la Black Maria des studios Edison à New York ; fonds blancs pour les frères Skladanowsky au Wintergarten de Berlin. Le cinéma n'a pas commencé par chercher à reproduire l'apparence des corps et la manière dont ils s'inscrivent dans le visible, mais à manifester le surgissement des figures ; avant l'institution de la profondeur de champ et des mouvements de caméra, il n'a pas cherché à reproduire le réel mais à susciter des apparitions : des corps se détachent de leur arrière-plan immobile pour manifester les pouvoirs surnaturels de l'animation des images. Une décennie plus tard, l'apparition des toiles peintes dans le cinéma de la génération des cinéastes-magiciens ne fera que souligner la platitude du plan d'inscription devant lequel des figures s'enlèvent et se meuvent d'un mouvement frappé d'irréalité. Évoquant l'œuvre de Georges Méliès, Susan Sontag a bien décrit le lien qui mène, sans solution de continuité, de la représentation théâtrale à la séance de cinéma, et dont le moteur aura été un phénomène de dématérialisation du visible : « [Méliès] concevait (comme le feront beaucoup de cinéastes après lui) le rectangle de l'écran par analogie avec la scène théâtrale. Et les événements n'étaient pas simplement mis en scène ; ils constituaient la matière même de l'invention : voyages imaginaires, objets imaginaires, métamorphoses physiques[14].» L'expérience ordinaire du cinéma, fondée sur une invention de profondeur imaginaire (la capacité des images à recréer des mondes), en se conformant au projet énoncé par Derrida d'un effacement de la scène, si elle s'émancipait des limites de la théâtralité, ne se libérera jamais réellement de son dispositif imaginaire : l'émergence d'une syntaxe cinématographique spécifique, avec l'annulation de la frontalité, des gestuelles stylisées, des décors typologiques souvent constitués de simples toiles peintes, c'est-à-dire de tous les procédés usuels du cinéma des premiers temps, ne marque pas le recul de la théâtralité, mais bien l'accomplissement de son destin projectif.

3.

Revenons une fois encore au célèbre texte de Michael Fried publié dans *Artforum* en 1967, «Art et Objectivité», resté depuis l'une des références les plus éloquentes (et les plus décriées) du modernisme. Dans une note, Fried remarque incidemment, et de façon paradoxale, que le cinéma est le seul art qui évite la théâtralité, mais, dit-il, «presque malgré lui», c'est-à-dire sans se constituer face à celle-ci en dispositif explicitement critique. «C'est une question difficile que celle des modalités par lesquelles le cinéma échappe au théâtre. On tirerait assurément grand profit d'une phénoménologie du cinéma qui étudierait ses points de similitude et de différence avec le théâtre – le fait que les acteurs, au cinéma, ne sont pas physiquement présents, que le film lui-même est projeté loin de nous, que l'écran n'est pas perçu comme un objet entretenant avec nous un rapport physique, etc.[15]» Le retournement de ces propriétés indique précisément la manière dont le film, en s'émancipant de l'emprise du cinéma, ne peut plus être défini comme un art de la représentation, ou encore comme une fiction, mais se trouve requalifié comme un art de la présence, de la comparution, ou encore de la re-présentation. Reprenons les arguments de Fried un par un :

– «Les acteurs, au cinéma, ne sont pas physiquement présents»: en faisant de l'acteur un requisit de l'expérience filmique, Fried pense le cinéma en termes purement narratifs ou figuratifs. Cinéma signifie cinéma de fiction, c'est-à-dire ce type de cinéma particulier qui a trouvé son lieu d'inscription naturel dans le théâtre, comme une version moderne de la pièce adaptée aux conditions de la séance et de la reproductibilité. La remarque de Fried reste ainsi dans le droit fil des analyses d'Erwin Panofsky, lequel, dans son célèbre article de 1936, *Style and Medium in the Motion Pictures*, décrit le film en termes strictement narratifs, d'un point de vue iconologique, sans aucune considération pour sa dimension plastique, sur lequel son irruption récente dans l'espace de l'exposition a brusquement porté l'accent. Anticipant la thèse moderniste de Fried, Panofsky avance que l'un des critères d'évaluation du film est relatif à la manière dont il est parvenu à se débarrasser des résidus de théâtralité. Selon Panofsky, la différence entre théâtre et film tient aux conditions formelles de l'appréhension par le sujet de l'espace et de la position qu'il y occupe. Au théâtre, l'espace, entendu à la fois comme espace représenté sur la scène et comme relation qui lie le spectateur au spectacle, est résolument statique. Au cinéma, en revanche, si le spectateur occupe une place fixe, c'est uniquement sur un plan physique, en aucun cas comme sujet d'une expérience esthétique. Il est en permanence en mouvement, dans la mesure où son œil s'identifie avec l'objectif de la caméra, qui change sans arrêt de place et de direction. Cette conception identificatoire de l'expérience filmique suppose dans l'image une non-fixité essentielle : les mouvements sont les mouvements d'un sujet imaginaire, c'est-à-dire des effets dématérialisés. L'image de cinéma n'est pas conçue en termes de surface, mais comme une profondeur fictive – c'est probablement la raison pour laquelle Panofsky n'a jamais pensé le cinéma que comme cinéma de fiction.

– « Le film est projeté loin de nous (*away from us*) » : c'est précisément avec cet impératif de la mono-directionnalité du faisceau projeté vers l'écran et s'écartant du spectateur que l'*expanded cinema* des années 1960 et 1970 a cherché à rompre, déconstruisant la salle en désaxant et multipliant les dispositifs de projection afin de fragmenter à la fois le point de vue et l'action. Aucune œuvre n'illustre mieux ce déplacement de structure que le *Line Describing a Cone* qu'Anthony McCall conçoit en 1973 : un faisceau lumineux se déployant progressivement dans la fumée prend une consistance matérielle, tandis que les spectateurs circulent à l'intérieur du cône de lumière, face à la source du projecteur. Celui-ci est installé dans la salle, il n'y a ni écran ni cabine : la projection elle-même devient le sujet du film. On dit qu'au commencement du xxᵉ siècle, lorsque les premiers films furent projetés au Japon, certains spectateurs, se désintéressant de l'image projetée, s'asseyaient le long du faisceau lumineux pour regarder le passage de la lumière[16] : de la même manière, dans l'installation de McCall, qui renoue ainsi avec les origines du cinéma en contournant son histoire, l'écran n'est plus l'objet de la vision, mais la surface où se résout la projection, le réceptacle de la trace éphémère laissée par son passage (voir p. 245 *sq.*).

C'est le même type d'effet que, sous une forme plus radicale encore, Michael Asher sollicite dans un film littéralement intitulé *Film*, réalisé durant l'été 1973, en 16 mm, et sans caméra. *Film* est constitué d'un ruban gris monochrome couvert d'une émulsion de texture très fine et uniforme, sans division de photogrammes. Asher décrit ainsi la projection qu'il organisa de *Film* non dans un cinéma, mais dans un dortoir d'étudiants (la substitution m'enchante) : « Les spectateurs ne regardaient pas en direction de l'image projetée, tandis que la lumière qui était projetée sur eux accroissait leur conscience d'être des spectateurs. Sans point de vue directionnel assigné dans le film, les spectateurs enregistraient leur propre point de vue, extérieur au plan de l'image. L'image se réfléchissait ainsi de l'écran cinématique produit par la projection pour revenir vers sa source – le projecteur – et sur les objets qui occupaient l'espace[17]. »

– « Nous ne faisons pas l'expérience de l'écran comme d'un objet réel avec lequel nous entretenons une relation spécifique. » C'est très exactement cette réalité de l'écran que, dans les dispositifs projectifs intermittents et monochromes de ses *flicker films*, Paul Sharits a chercher à manifester : objectivant la surface sur laquelle il se trouve projeté, le faisceau de lumière colorée, au lieu de suggérer un arrière-monde qui se déploierait au-delà de l'écran, reflue de celui-ci vers l'avant-plan et vers le spectateur, redessinant dans l'espace un continuum réel et donnant au film une double dimension enveloppante et texturelle. Créé en 1974 au Walker Art Center, *Synchronoussoundtrack* apparaît de ce point de vue comme une des œuvres les plus significatives de Sharits. Il s'agit d'une installation pour trois projecteurs S.8 placés à environ 1,50 m de distance et basculés sur le côté, de façon à projeter une image non plus horizontale, mais verticale. Un premier film silencieux à double perforation que Sharits appelle « *specimen* », entièrement constitué de cadres monochromes, passe dans un projecteur dont l'obturateur a été supprimé : le specimen (double perfo-ration incluse) est refilmé sur un second film sonore. Pendant la seconde phase du filmage, Sharits modifie manuellement la vitesse de défilement du specimen et le fait se dérouler en avant et en arrière, selon des rythmes et à des vitesses diffé-rents, de manière à produire une fusion entre les cadres de couleur. Les bandes-son, diffusées par trois haut-parleurs situés au fond de la salle, à l'opposite des écrans, sont constituées par l'inscription optique des perforations qui passent devant la tête de lecture du projecteur, la fréquence du son oscillant avec les images des perfora-tions qui défilent à l'écran et se transforment ainsi en repères auditifs de la vitesse à laquelle le specimen défile. En entrant dans l'espace de projection, le visiteur perçoit trois images et trois sons dissociés correspondant à trois films défilant en boucle à des vitesses différentes et défiant toute description et toute localisation temporelle ou spatiale. Quand les rubans filmiques sont projetés à vitesse rapide et refilmés, les cadres de couleurs différentes commencent à se mélanger tandis que se forme un dégradé de colonnes et de masses colorées qui apparaissent simultanément dans le cadre, certaines dominantes, à la manière d'un son dominant, d'autres vibrant autour de la couleur ou derrière elle, comme des harmoniques. La spatialité du film se trouve ainsi redéfinie en termes de présence et non plus de représentation, le spectateur pénétrant physiquement dans l'espace filmique : « Sharits, objectivant l'ontologie du film, déconstruit l'illusion cinématographique et accède à un hyperespace, selon les mots d'Annette Michelson, dont la nature réelle et les limites restent à définir[18] ». Formulons l'hypothèse que cet « hyperespace » est celui de la scène, dont le trans-fert contemporain du film vers le *white cube* des espaces d'exposition aura permis d'activer les puissances.

4.

En 1997, Steve McQueen déclarait : «J'aime réaliser des films dans lesquels les gens ont le sentiment qu'ils pourraient prendre du sable dans leurs mains et le frotter contre leurs paumes[19].» La même année, l'artiste réalisait *Deadpan*, un film autoportrait tourné en 35 mm, inspiré d'une séquence du *Steamboat Bill Jr* de Buster Keaton (le titre de la pièce, «pince-sans-rire», fait probablement référence à l'impassibilité proverbiale de Keaton), dans laquelle, au cœur d'un ouragan, la façade d'une maison s'abat sur le protagoniste sans l'écraser, son corps s'inscrivant exactement dans l'embrasure d'une fenêtre. La profondeur de la *black box* dans laquelle le film est projeté coïncide avec la hauteur de la façade, de sorte qu'au moment où celle-ci bascule, l'espace du film se trouve brusquement rabattu vers l'avant-plan, en même temps que ressurgit la dimension de la scène, dont la façade donne l'exacte mesure. Ce pan de mur amovible et sans épaisseur, c'est la *fabrica* de la scène théâtrale renaissante : son effondrement signe, en même temps que la déconstruction de l'histoire du cinéma, l'abolition de la perspective illusionniste au profit de la profondeur réelle, tandis que le sol noir de la *black box*, traité de manière à réfléchir la surface du film projeté, transforme la verticale en horizontale et, à la manière d'une passerelle jetée sur un vide, abolit la distance entre spectateur et action.

L'installation de Steve McQueen donne à voir l'éclipse de la logique de la séance et, simultanément, le resurgissement de la scène qui se produit à la faveur de cette éclipse. Elle apparaît ainsi comme l'allégorie de la migration des images en mouvement des espaces de projection vers les espaces d'exposition, c'est-à-dire des emprises de l'histoire du cinéma vers celles de l'histoire de l'art. À observer ce déplacement, de nouvelles logiques se font jour, de nouvelles lignes de force apparaissent : elles traversent les disciplines et les pratiques, portées par une conscience de la rematérialisation de l'expérience filmique comparable au sentiment qu'avait éprouvé Artaud découvrant en 1931 le théâtre balinais.

C'est un effet de rematérialisation analogue à celui que recherche Steve McQueen que Tacita Dean cherche à activer dans ses films. *Kodak* a été tourné en 2006 en 16 mm, en couleur et en noir et blanc, dans l'usine éponyme de Chalon-sur-Saône, qui fabriquait la pellicule à perforation simple avec laquelle précisément l'artiste a tourné. Tacita Dean a filmé la production de la dernière génération de pellicule avant que l'usine ne ferme ses portes définitivement : le film devient ainsi la mise en abîme – perceptible jusque dans son titre – de sa propre fabrication, la projection du film en boucle dans l'espace de l'exposition jouant de cet effet d'abîme comme en un miroir. Remontant en deçà de l'invention même de la pellicule, le film documente le cycle nécessaire à sa propre production : la pellicule qui défile sur les chaînes, dans l'espace de l'usine cadré par la caméra, vient progressivement se confondre, par une double opération métonymique et analogique, avec la bobine projetée dans l'espace de l'exposition (voir p. 303 *sq.*). *Amadeus (Swell Consopio)*, réalisé en 2008, développe la même convergence de ces deux opérations analogique et métonymique : Tacita

Steve McQueen
Deadpan
1997
Installation
Film 35 mm numérisé
Betacam PAL, noir et blanc,
silencieux, 4'30"
Achat 1998
AM 1998-228

Dean filme pendant 50 minutes une traversée en bateau entre Calais et Folkestone (un trajet délaissé depuis le creusement du tunnel sous la Manche) en format ana-morphosé et toujours en 16 mm. Dans l'espace de projection, le bruit régulier du projecteur se substitue progressivement à celui du moteur du bateau tandis que l'expérience du film rejoint asymptotiquement celle du voyage réel (50 minutes, c'est la durée effective de la traversée). Tacita Dean, dans son travail cinématographique, s'intéresse aux effets de ce qu'elle nomme « obsolescence », filmant les lieux désaffectés ou les dispositifs avant qu'ils n'aient tout à fait disparu, mais alors qu'ils ont déjà perdu leur fonction, suspendus dans les limbes d'une sorte de survivance esthétique : en cherchant à fixer l'aura des choses alors qu'elles sont déjà devenues leur propre fantôme, elle active des phénomènes de résurgence. Peut-être l'effet ultime de l'obsolescence est-il non pas de renvoyer l'image de la chose à son propre passé, mais au contraire de l'en extirper pour lui donner, dans l'ordre de l'image, une présence nouvelle.

« Les images qui y apparaissent, écrit Alain Cueff à propos des films de Paul Sietsema, sont d'autres images et la temporalité qui nous est offerte n'est pas élaborée à partir d'une expérience des choses elles-mêmes[20]. » Se concentrant sur la relation que l'objet entretient avec sa propre structure, Sietsema fabrique, sous forme de maquettes, tout ce qui apparaît dans ses films. Ainsi se révèle dans la profondeur de l'image un univers pro-filmique entièrement reconstruit, tandis que le film se change en une sorte de méta-sculpture. C'est ainsi que le point de départ (sinon le commencement) d'*Empire*, un film 16 mm de 24 minutes tourné en 2002, est une exploration du salon de l'appartement new-yorkais de Clement Greenberg reconstruit d'après une photographie reproduite dans un numéro de *Vogue* de 1964 (voir p. 291 *sq.*), ou que *Figure 3*, achevé en 2008, se présente comme une vitrine, à travers laquelle apparaissent des reconstitutions d'objets ethnologiques ou archéologiques reproduits d'après des photographies glanées dans des livres. *Figure 3* est un film très simple, composé d'images fixes de sept ou huit objets qui apparaissent les uns après les autres, en plans fixes séparés par des fondus au noir, pendant une durée d'environ 25 secondes. Sietsema utilise divers matériaux pour fabriquer ces sculptures reproduisant des paniers, des monnaies ou des poteries anasazi, romaines ou chinoises. Sur les poteries, il verse de la colle Ultracal, puis les brise à coups de marteau avant de les recoller et de leur donner une patine artificielle en les couvrant de la même colle mêlée à de l'encre d'imprimerie. Une série de courroies et de harnais dont les modèles s'inspirent d'objets de Nouvelle-Guinée sont réalisés en papier journal et en adhésif recouvert de peinture blanche ignifuge : Sietsema brûle le papier sous la couche de peinture et filme les objets blancs consumés de l'intérieur sur un fond noir de sorte que les zones brûlées se perdent dans le fond de l'image[21]. Le procédé est conçu comme une imitation de la chimie de la photographie : ce qui reste, selon Sietsema, est un modèle spatial (*spatial model*), un intermédiaire matériel entre la chose et le film.

Tacita Dean
Amadeus (Swell Consopio)
2008
Film 16 mm, couleur,
format anamorphique, silencieux, 50'
Commande de la Creative Foundation
for the Folkestone Sculpture Triennial, 2008
Courtesy de l'artiste, Marian Goodman Gallery,
Paris/New York et Frith Street Gallery, Londres

Untitled (Beautiful Place), réalisé en 1998, donne peut-être la matrice de l'étrange déplacement d'objet qui se produit dans l'œuvre de Sietsema. Le film, nommé d'après la transposition littérale, du français à l'anglais, du nom de la caméra « Beaulieu », est constitué de plans successifs de fleurs et de plantes artificielles qui n'ont pas d'autre fonction, selon l'artiste, que de donner à la lumière une configuration spécifique. Dans un texte intitulé *Construction of Vision*, publié en 2001, Sietsema décrit ainsi la boucle formée par la constitution du film, construit comme une topique : « Les portes s'ouvrent dans la pensée du sujet, des associations se produisent, des idées sont assemblées. La cause de cette action est une image. L'image vient de la surface focalisante de l'œil du sujet sur laquelle elle a été projetée par un rectangle plat de lumière modulée. Ce rectangle plat de lumière, ou plan de l'action, a été projeté à travers la lentille d'un projecteur depuis le plan de focalisation du projecteur. À l'origine de ce plan focal, il y a un agencement de cristaux minuscules disposés en fonction de la projection sur celui-ci d'un agencement de lumière. Cet agencement de lumière a été projeté sur le plan focal de la caméra par le plan d'action défini par la lumière éclairant un objet[22]. » Dans *Beautiful Place*, Sietsema reproduit la formation de l'image et la boucle qu'elle dessine dans sa circulation indéfinie entre univers pro-filmique et représentation mentale.

Les films tournés par Mark Lewis depuis 2000, en 35 mm, et destinés non à la diffusion en salle mais à l'exposition sur les cimaises, se réapproprient la fonction du tableau : se présentant comme un déplacement ou comme une réinvention de la peinture sous des espèces filmiques, ils inventent une généalogie inédite dans l'histoire des images en mouvement. Visant à des effets statiques et pour la plupart constitués de plans non-montés, d'une durée très courte (moins de 4 minutes), les films de Mark Lewis reprennent le dispositif originel des bandes tournées à la fin du XIXe siècle par les opérateurs Lumière, et réactivent le rapport ambigu que ces derniers entretiennent avec le réel. Dans le corpus d'images qu'ils enregistrent à l'aube du cinéma et qui présentent, au-delà de leur origine disparate, une sorte de cohérence stylistique implicite, les opérateurs Lumière cherchent moins à enregistrer les apparences du monde qu'ils n'utilisent celles-ci comme une pierre de touche pour analyser les puissances de l'image filmique : les défilés incessants, d'animaux, de soldats, de véhicules, les entrées et les sorties de ports, d'usines et de gares, les mouvements erratiques des passants, la circulation *all over* des mobiles à travers le champ, deviennent l'habillage sensible du dispositif cinématographique et de la construction du plan. Le cinéma, dans la scénographie Lumière, se confond avec la construction d'un champ auquel le passage des corps sert à la fois de révélateur et de mesure. Il s'agit, pour l'opérateur, de donner à voir l'espace de la représentation traversé par une action, un événement, ou un mouvement qui vient en matérialiser la surface. C'est en cela plus qu'en revisitant « sur le motif » les lieux de la peinture (travail des champs, entrée des trains en gare, ressac des vagues sur les rochers – tous les sujets de plein air que les impressionnistes traitaient à la même époque) que le système Lumière s'ouvre à la picturalité. De la même manière, dans l'œuvre filmique de Mark Lewis, ce n'est plus le film qui donne à voir le monde, mais au contraire le monde qui devient la pierre de touche ou la révélation du film.

Les œuvres de Steve McQueen, de Tacita Dean, de Paul Sietsema ou de Mark Lewis sont emblématiques de la variété des voies empruntées par les artistes de la première décennie du XXIe siècle pour s'approprier le film et modifier le régime, voire l'ontologie, des images en mouvement. Toutes ces œuvres, au-delà de leur disparité stylistique, mettent en question la dématérialisation de l'image projetée pour manifester, dans le dispositif filmique, un moment de présence ou d'opacité qui met en question la transparence documentaire de l'image et obscurcit l'évidence du moment photographique, qui sera resté, tout au long du siècle passé, l'impensé de l'expérience filmique.

À la lumière de cette redéfinition de la fonction et de la position occupées par le film dans la culture visuelle contemporaine, il devient possible, sinon nécessaire, de relire son destin tout entier hors du cadre dessiné par l'histoire du cinéma. Dès le commencement des années 1920, les premières abstractions filmées, rompant délibérément avec les pouvoirs illusionnistes du spectacle cinématographique et le phénomène de dématérialisation que ce spectacle engage, empruntent à d'autres disciplines et à d'autres pratiques artistiques les instruments de leur émancipation, annulant *in nuce*, quoique de manière encore inaperçue, le dogme de la spécificité, qui restera durablement l'impératif du modernisme. Lorsque Hans Richter, dans *Rhythmus 21*, bien avant que Josef Albers n'en fasse le module récurrent de sa peinture, produit une conception déductive du cadre en réduisant la composition du film, entièrement dessiné et animé image par image, à un dispositif de carrés imbriqués et de volets coulissants, il substitue une conception architectonique du plan à son intelligibilité spontanément photographique : donnant à voir dans la succession ce que la construction des volumes propose dans la simultanéité, il suggère un passage sans solution de continuité de la surface des rouleaux dessinés à la tridimensionnalité cubique de l'architecture moderne, dont le film aura été le vecteur ou l'instrument de transfert (voir p. 45 *sq.*). Le montage ultra-rapide du *Ballet mécanique* de Fernand Léger apparaît comme une transposition filmique des techniques du collage, la prise de vue et le montage fonctionnant comme des équivalents du prélèvement et du découpage (voir p. 53 *sq.*) ; dans *Retour à la raison*, Man Ray utilise des procédés d'improvisation para-artistique d'inspiration culinaire pour réaliser sans caméra sa célèbre séquence de rayogrammes : «Je me procurai un rouleau de pellicule d'une trentaine de mètres, m'installai dans ma chambre noire, où je coupai la pellicule en petites bandes que j'épinglai sur ma table de travail. Je saupoudrai quelques bandes de sel et de poivre, comme un cuisinier prépare son rôti. Sur les autres bandes, je jetai au hasard des épingles et des punaises. [...] Ce que cela donnerait sur l'écran ? Je n'en avais aucune idée[23].» Dans les films grattés de Len Lye (*Free Radicals, Particles in Space*), dans les films-herbiers de Stan Brakhage (*Mothlight, The Garden of Earthly Delights*...) composés de feuilles séchées, de brins d'herbes et d'ailes de papillons collés entre deux bandes-amorce transparente (voir   p. 163 *sq.*), dans les émulsions décomposées de Jürgen Reble, où l'image impressionnée se trouve lentement attaquée par les moisissures (voir p. 281 *sq.*), la logique de l'enregistrement se trouve déréglée et opacifiée par une despécification généralisée des médiums, le transfert de propriétés d'une discipline à l'autre générant une sorte de trouble dans le système traditionnel des arts. Les schémas synesthésiques explorés par Mikhaïl Tsekhanovski en URSS ou par Oskar Fischinger en Allemagne (voir p. 87 *sq.* et p. 95 *sq.*) sont construits comme des analogies musicales qui compromettent l'autonomie du visible ; les films monochromes de Paul Sharits, les films peints de Robert Breer, les formules de montage dans la couleur ou la matière que Stan Brakhage a nommé « *plastic cutting* » ne sont pas pensables à partir des catégories stylistiques ou syntaxiques élaborées au sein de l'histoire du cinéma, mais bien à partir des expériences picturales qui leur sont contemporaines ; dans les dispositifs des multi-projections des années 1960, qui déréalisent et fragmentent le champ de la vision comme dans les expérimentations sur les formes hybrides entre théâtre et cinéma dont Robert Whitman, dans le sillage de la culture du happening, s'est fait le promoteur, on trouve les éléments d'une réinterprétation critique de la manière dont le film s'est émancipé de la théâtralité et de son mode de spatialisation.

Sans multiplier davantage les exemples, on pourrait avancer que le fil rouge qui traverse toute la tradition dite « expérimentale » coïncide avec la conscience de « l'existence » du film : celui-ci ne disparaît pas dans le temps de sa manifestation comme un support inconsistant et sans épaisseur, mais au contraire se révèle et se matérialise dans l'expérience de la projection. Films-collages, *scratch films*, *flickers*, installations affirment la dimension plastique, c'est-à-dire impure, du médium filmique en même temps qu'ils relativisent la relation que celui-ci entretient avec la photographie : celle-ci n'est en aucun cas la condition de l'expérience cinématographique, elle en est une application, un matériau, ou une puissance. L'irruption récente du film dans l'univers de l'art contemporain aura ainsi été l'occasion d'une lecture rétroactive de son histoire tout entière, en même temps que celle de son intégration à un système des arts qu'il transforme en retour. Ce qu'on appelle, par défaut, « cinéma expérimental » apparaît désormais comme la trace, tout au long du xxᵉ siècle, du fait que l'expérience du film ne se confond pas avec l'histoire de sa théâtralisation. Par un chiasme étrange qui devait sceller durablement son devenir, la pratique expérimentale, née au lendemain de la Première Guerre mondiale, a adopté les emprises du cinéma industriel comme une revendication implicite de sa spécificité cinématographique, au moment où elle trouvait les éléments de sa définition et son intelligibilité même dans le champ des arts plastiques. Face au spectacle de cinéma traditionnel moulé dans le cadre de la théâtralité, des avant-gardes des années 1920 à l'expanded cinéma des années 1960 jusqu'au film d'exposition contemporain, les plasticiens utilisant le film auront cherché à repenser l'histoire des images en mouvement en inventant d'autres continuités, d'autres rapports à l'origine, où se réactive la question oubliée de la scène. Face au dispositif spatial du cinéma moderne, où des spectateurs immobiles dirigent leur regard vers un écran perçu comme une surface transparente, le film dessine d'autres agencements, dont les origines et les effets échappent au cadre strictement défini par la reproductibilité technique : il s'ouvre ainsi à d'autres champs, par une suite interminable de déplacements dont les études rassemblées ici dressent un catalogue non-systématique, ouvrant de nouvelles voies à son histoire et à son interprétation.

NOTES

1. Jacques Derrida, « Le théâtre de la cruauté et la clôture de la représentation », *L'Écriture et la Différence*, Paris, Le Seuil, 1967, p. 347.

2. Antonin Artaud, « Sur le théâtre balinais », *Le Théâtre et son double*, *Œuvres complètes*, t. IV, Paris, Gallimard, 1978, p. 51.

3. Antonin Artaud, « Le théâtre de la cruauté, premier Manifeste » [1932], *Le Théâtre et son double, ibid.*, p. 92-93

4. Friedrich Nietzsche, *La Naissance de la tragédie*, § 8, trad. Michel Haar, Philippe Lacoue-Labarthe et Jean-Luc Nancy, Paris, Gallimard, 1977, p. 72.

5. Sur l'adaptation des préceptes vitruviens à la scène théâtrale renaissante, George R. Kernodle, *From Art to Theatre : Form and Convention in the Renaissance*, Chicago, 1944 ; Frances Yates, *Theatre of the World*, Chicago, 1969 ; Robert Klein et Henri Zerner, « Vitruve et le théâtre de la Renaissance italienne », *La Forme et l'Intelligible*, Paris, Gallimard, 1970, p. 294-310.

6. Voir l'analyse qu'Hubert Damisch fait des trois gravures dans *L'Invention de la perspective* (chap. XII : « Figures de la désinvolture »), Paris, Flammarion, « Champs », 1993, p. 218 *sq.*

7. Sebastiano Serlio, « Treatise on Stage Scenery », *On Architecture*, vol. 1, Vaughan Hart et Peter Hicks (eds.), New Haven, Yale University Press, 1996, p. 83.

8. Leon Battista Alberti, *De pictura* (1435), trad. Jean-Louis Schefer, Paris, Macula, 1992, p. 115.

9. « C'est le long de ce pont jeté entre la scène et la salle que les spectateurs enthousiastes répartissaient des cadeaux à l'intention de leurs artistes adorés » (Sergueï Eisenstein, « Du cinéma en relief » [1946-1948], *Le Mouvement de l'art*, éd. François Albera et Naoum Kleiman, Paris, Cerf, 1986, p. 97-158). Dans ce texte Eisenstein reproduit d'ailleurs la gravure de Callot, et souligne l'analogie entre l'arche du *proscenium* et l'écran. Si le relief, introduisant une porosité nouvelle entre les différents lieux de la représentation, fait ressurgir la conscience de la scène dans l'expérience du film, cette conscience reste de l'ordre de l'illusion : dans le cinéma 3D, c'est du pouvoir projectif des images elles-mêmes, et non d'une rupture de la construction projective, que naît l'effet de comparution.

10. Jean Jacquot, « Les types de lieu théâtral et leurs transformations de la fin du Moyen Âge au milieu du XVIIᵉ siècle », dans Jean Jacquot, Elis Konigson et Manuel Oddon (dir.), *Le Lieu théâtral à la Renaissance*, Paris, CNRS, 1978, p. 500-501.

11. Cité par J. Mistler dans *Richard Wagner et Bayreuth*, Paris, Hachette, « Littérature », 1980, p. 34-35.

12. Denis Bablet, « L'œuvre d'art totale et Richard Wagner », *L'Œuvre d'art totale*, Paris, CNRS, 1995, p. 28.

13. David Robinson, *From Peep Show to Palace. The Birth of American Film*, New York, Columbia University Press, 1995.

14. Susan Sontag, « Film and Theatre », *Tulane Drama Review*, vol. 11, n° 1, automne 1966, p. 25.

15. « … in the movies the actors are not physically present, the film itself is projected away from us, the screen is not experienced as a kind of object existing, so to speak, in a specific

physical relation to us, etc.» (Michael Fried, «Art et objectivité» [*Artforum*, 1967], *Contre la théâtralité. Du minimalisme à la photographie contemporaine*, Paris, Gallimard, 2007, p. 232).

16. Noël Burch, «To the Distant Observer: Towards a Theory of Japanese Film», *October*, 1, printemps 1976, p. 36.

17. Michael Asher, *Writings 1973-1983 on Works 1969-1979*, Benjamin Buchloh (ed.), Halifax, The Press of the Nova Scotia College of Art and Design, 1983, p. 72-75.

18. Annette Michelson, «Paul Sharits and the Critique of Illusionism: An Introduction», *Film Culture*, 65-66, 1978, p. 88-89.

19. «Let's Get Physical», entretien avec Patricia Bickers, *Art Monthly*, n° 202, décembre 1996-janvier 1997, p. 5.

20. Alain Cueff, «L'empire de la vision», *Les Cahiers du Musée national d'art moderne*, n° 98, hiver 2007-2008, p. 23.

21. Sur les procédures mises en œuvre par Siestema dans ses films, voir Ali Subotnik, «Paul Sietsema, 1000 Words», *Artforum*, mars 2008, p. 339-340.

22. «Doors are unlocked in a person mind, associations are made, ideas are assembled. The cause of this activity is an image. The image has passed from the focal plane of the persons eye onto which it as been projected by a flat rectangle of variegated light. This flat rectangle of light, or plane of action, has been projected through the lens of a projector from the projectors focal plane. At the point of this focal plane exists a small rectangular arrangement of crystals that are positioned based on the projection onto it of an arrangement of light. This arrangement of light has been projected onto the focal plane of the camera by the plane of action defined by the light falling on an object» (Paul Sietsema, *Construction of Vision*, Los Angeles, Regen Projects / Arnhem, Sonsbeek 9, cat. expo. «De Bloemen van Ontwakende Dromen», juin-septembre 2001, n.p.).

23. Man Ray, *Autoportrait*, Paris, Laffont, 1963. L'analogie entre cuisine et montage est à nouveau développée, à partir des années 1950, dans le travail de Peter Kubelka. Voir Jean-Claude Lebensztejn, «Entretien avec Peter Kubelka», *Les Cahiers du Musée national d'art moderne*, n° 65, 1998, p. 95-112.

L'INVENTION DU RÉEL
GEORGES MÉLIÈS | LE VOYAGE DANS LA LUNE | 1902

Dès son apparition à la fin du XIXe siècle, le cinéma semble se dédoubler : aux premiers opérateurs-journalistes parcourant le monde pour en dresser le catalogue, Georges Méliès oppose sa reconstruction imaginaire et ludique. Détournant la caméra de sa vocation documentaire, il l'utilise comme un instrument démiurgique non plus pour observer la réalité, mais pour la recréer. En 1902, six ans après avoir assisté à la projection des films Lumière le 28 décembre 1895 au Salon indien du Grand Café de Paris, il réalise *Le Voyage dans la Lune*, un film narratif inspiré de Jules Verne d'une longueur inédite. Tourné avec des acrobates, des danseuses et des chanteurs venus du music-hall (les acteurs de théâtre refusant encore de se produire devant une caméra) et par Méliès lui-même, qui joue plusieurs personnages simultanément, le film repose sur un argument comique : six astronautes embarqués dans un obus géant découvrent la surface de la Lune, où ils assistent à un lever de Terre. Capturés par les Sélénites, ils parviennent à s'échapper, l'un des poursuivants restant accroché au fuselage de l'obus, qui a repris le chemin de la Terre. Le film n'est pas la première fiction en date, il ne révolutionne pas la narration cinématographique : le récit, linéaire, se présente comme une succession de tableaux vivants, le cadre embrassant invariablement toute la scène, frontalement et sans variation d'angle. C'est en fait l'emploi des trucages qui lui donne son importance historique et son originalité : certains effets sont empruntés à la scène théâtrale (perspectives en trompe-l'œil, trappes...) ; d'autres sont purement cinématographiques : surimpressions, disparitions à vue (ou *stop motion effects*), dont Méliès, dit-on, avait découvert le principe sur la place de la Concorde, à la faveur d'une panne momentanée de sa caméra. Loin d'annoncer la science-fiction moderne, *Le Voyage dans la Lune* adopte un point de vue délibérément nostalgique et anti-scientifique : décors et costumes sont empruntés à la fable médiévale, comme si le cinéma, en 1902, restait encore tourné vers son propre passé[1]. Si le cinéma est né de la mise au point et de la commercialisation d'un

Georges Méliès
1861, Paris (France) - 1938, Paris (France)
Le Voyage dans la Lune
1902
Film 35 mm noir et blanc, silencieux, 9'32"
Donation de M. André Mauclaire en 1991
AM 1991-F1164

dispositif technique, ses origines se perdent dans l'histoire des spectacles illusionnistes et des projections lumineuses : ce sont des prestidigitateurs (Walter Booth en Angleterre, Leopoldo Fregoli en Italie) qui ont appris les premiers à en maîtriser les effets et c'est en prestidigitateur que Méliès, en 1895, assiste au Grand Café à la première projection publique payante du cinématographe Lumière. Méliès n'est pas le visionnaire tourné vers la modernité dont la légende a imposé l'image : il a cherché à perpétuer, au moyen du cinéma, l'esprit des attractions foraines et du théâtre populaire, que le cinéma précisément tendait à remplacer. Comme les vues des Lumière, les fantaisies filmées de Méliès sont une archive, mais une archive tournée nostalgiquement vers son propre passé, dont elle entreprend de conserver la trace. L'œuvre de Méliès constitue un grand répertoire des spectacles populaires du XIXᵉ siècle : en une revue interminable se succèdent fakirs, jongleurs, contorsionnistes ou équilibristes issus de l'univers du cirque, tableaux vivants empruntés aux musées de cire (qui, à bien des égards, préfigurent les salles de cinéma), chimères et êtres hybrides inspirés des galeries de monstres dont Barnum, à la même époque, faisait une attraction de masse : hommes-mouches, hommes à tête en caoutchouc, femmes libellules ou papillons, géants et homoncules... L'univers de Méliès est aussi un univers érotique, mais d'un érotisme empreint de mélancolie : dans les figurantes aux gestes maladroits qui arment le canon du *Voyage dans la Lune* revivent les créatures décrites par Baudelaire dans « Le Peintre de la vie moderne » : « Émergeant d'un monde inférieur, fières d'apparaître enfin au soleil de la rampe, des filles de petit théâtre, minces, fragiles, adolescentes encore, secouent sur leurs formes virginales et maladives des travestissements absurdes, qui ne sont d'aucun temps et qui font leur joie[2]. »

Si Méliès n'a pas « inventé » le cinéma mais l'a utilisé pour prolonger une histoire plus ancienne (la culture populaire des spectacles vivants), il a en revanche inventé la figure du cinéaste : assurant simultanément la fonction de producteur, de scénariste, de réalisateur et d'acteur, il est le premier auteur protéiforme de l'histoire du cinéma. Ainsi s'expliquerait, dans ses films, la multiplication des autoportraits. Il semble que Méliès figure ainsi dans ses films pour signer ses images : en se représentant dans *Le Voyage dans la Lune* en astronome enchanteur et sorcier, il fait du cinéma une puissance chamanique.

NOTES
1. Voir Georges Sadoul, *Georges Méliès*, Paris, Seghers, 1961.
2. Charles Baudelaire, « Le peintre de la vie moderne », chap. XII, « Les femmes et les filles », *Curiosités esthétiques. L'art romantique et autres œuvres critiques*, Paris, Garnier, 1999, p. 495.

Georges Méliès
Le Voyage dans la Lune
1902

ESTHÉTIQUE SPONTANÉE DU CINÉMA SAVANT
SCIENTIFIQUES ANONYMES | 1912-1913

Thierry Lefebvre

Le Musée national d'art moderne possède dans ses collections quatre courts-métrages muets issus de l'abondante production de vulgarisation scientifique des années 1910. Trois ont été produits par la Société française des films Éclair : *Le Scorpion languedocien* (1912), *Les Vers marins* (1912) et *Les Échinodermes* (1913). Le quatrième est anglais et tiré du catalogue *Urbanora* de la Charles Urban Trading Company. Son titre : *Les Mouches* (1913).

Dotés de qualités visuelles indéniables, ces petits films d'apparence modeste marquent, à l'instar de nombre de leurs semblables, un tournant dans l'histoire du septième art. Par leur entremise discrète, le cinéma acquiert en effet une dimension «cosmographique» jusqu'alors inédite. Il faut comprendre ce mot de «cosmographie» au sens où l'entendait Blaise Pascal, quand il évoquait le ciron, un acarien considéré à l'époque des *Pensées* comme le plus petit animal de la Création :

«Qu'un ciron offre [à l'homme] dans la petitesse de son corps des parties incomparablement plus petites, des jambes avec des jointures, des veines dans ces jambes, du sang dans ces veines, des humeurs dans ce sang, des gouttes dans ces humeurs, des vapeurs dans ces gouttes [...]. Je veux lui [à l'homme] faire voir là-dedans un abîme nouveau. Je lui veux peindre non seulement l'univers visible, mais l'immensité qu'on peut concevoir de la nature, dans l'enceinte de ce raccourci d'atome. Qu'il y voie une infinité d'univers, dont chacun a son firmament, ses planètes, sa terre, en la même proportion que le monde visible[1].»

En ouvrant une série de fenêtres sur le petit et l'infiniment petit, les courts-métrages des années 1910 bouleversent les perspectives d'un cinéma qui s'était développé jusqu'alors à l'aune de la comédie humaine.

Anonyme
Les Vers marins
1912
(Films Scientia)
Film 35 mm noir et blanc, silencieux, 7'
Achat 2009
AM 2009-F21

Anonyme
Les Mouches
1913
(Charles Urban Trading Company)
Film 35 mm noir et blanc teinté, silencieux, 9'
Achat 2009
AM 2009-F20

Anonyme
Le Scorpion languedocien
1912
(Films Scientia)
Film 35 mm noir et blanc, silencieux, 6'
Achat 2009
AM 2009-F22

Anonyme
Les Échinodermes
1913
(Films Scientia)
Film 35 mm, noir et blanc, silencieux, 6'

Anonyme
Le Scorpion languedocien
1912

Anonyme
Les Vers marins
1912

Anonyme
Les Mouches
1913

L'ÂGE D'OR DE LA VULGARISATION

Le cinéma de vulgarisation scientifique s'impose dans les salles françaises au tout début des années 1910 et s'y maintient jusqu'à la Première Guerre mondiale. Le dépouillement des revues corporatives témoigne de ce succès éphémère : entre 1910 et 1914, plus de quatre cents courts-métrages sont présentés à l'initiative de nombreuses maisons d'édition, tant françaises qu'étrangères. Les sciences naturelles dominent l'offre – signe d'une indiscutable filiation entre ce cinéma et les « leçons de choses » qui irriguent les programmes de l'Instruction publique depuis le début du XXe siècle. « L'enfant est un habitué des spectacles cinématographiques », constate Georges Maurice : « Parmi les drames qui l'ont ennuyé ou les comiques qui l'ont fait rire, d'autres sujets l'ont émerveillé[2]. » Georges Maurice sait de quoi il parle, puisqu'il n'est autre que le directeur technique de la société Éclair, productrice d'un grand nombre de ces « films éducateurs ».

Fondée le 22 avril 1907 par Charles Jourjon et Ambroise-François Parnaland, la Société française des films Éclair s'impose rapidement comme la troisième entreprise cinématographique hexagonale en termes d'audience, derrière Pathé et Gaumont, qui dominent nettement le marché. Comme ses deux grandes rivales, Éclair offre un catalogue diversifié : drames, bandes comiques, films à trucs, actualités, documentaires, etc. Elle se dote également, au début des années 1910, d'une série de vulgarisation qu'elle baptise « Scientia » (nom déposé au greffe du tribunal de commerce de la Seine le 19 juillet 1911). Près d'une centaine de films sont édités sous cette dénomination jusqu'au début de la Première Guerre mondiale. Les derniers films Scientia sont distribués en 1917.

De périodicité d'abord irrégulière puis quasi hebdomadaire, Scientia s'appuie sur un véritable « service scientifique », installé au sein des usines Éclair d'Épinay-sur-Seine. « Vaste pièce carrée, très haute de plafond, aux murs d'une parfaite blancheur réverbérante[3] », éclairé par de grandes baies vitrées, ce studio de prise de vues a pour finalité de récréer la nature in vitro. Deux opérateurs spécialisés, Javault et Bayard, y filment patiemment des bribes de vie animale ou végétale, le plus souvent à travers la transparence vitrée d'une série d'aquariums et de terrariums vivement éclairés.

Apparu en Grande-Bretagne vers le milieu du XIXe siècle, l'aquarium s'était imposé alors comme une nouvelle « machine optique ». En 1863, Étienne Rufz de Lavison le qualifiait par exemple de « belle lanterne », tandis que Pierre-Amédée Pichot vantait la variété de ses « tableaux vivants[4] ». C'est donc très logiquement que le cinéma va s'emparer à son tour de ce dispositif technique, qui donne à voir ce que les fonds marins et les rivières dissimulent habituellement, tout en magnifiant ces visions inédites sous l'effet de la réfraction. C'est tout particulièrement le cas des Vers marins et des Échinodermes : arénicoles, astéries, siponcles et autres spirographes semblent se déployer sous nos yeux, comme les « petits morceaux de papier » japonais du début de La Recherche du temps perdu, qui « s'étirent, se contournent, se colorent, se différencient, deviennent des fleurs, des maisons, des personnages consistants et reconnaissables[5] ». Ces vues déconcertantes, tournées à vitesse normale ou en très léger ralenti, semblent tout droit sorties de la fantaisie graphique d'un chromatrope du XIXᵉ siècle. Elles figurent sans conteste parmi les visions les plus originales du cinéma d'avant-guerre et se rapprochent des prises de vues image par image réalisées, vers la même époque, par Percy Smith afin de représenter la croissance des végétaux en accéléré (voir par exemple *The Birth of a Flower*, produit par la société Urban en 1910). Un des derniers sous-titres des *Vers marins* souligne d'ailleurs de manière explicite cette similitude : « Des fleurs ! Non. Des vers minuscules nommés Serpules qui habitent des tubes calcaires », peut-on lire sur le carton qui précède une magnifique série de déploiements de « panaches ».

ÉDUQUER ET DIVERTIR

« Que le titre pompeux de Cinématographe scientifique ne soit pas pris au sens sévère du mot ! », prévient Georges Maurice. « Ce serait une mauvaise affaire pour les éditeurs et pour le Public, que d'aborder des sujets trop élevés. Le mot "vulgarisation", déjà très employé pour cette question, est encore le seul qui convienne. Pour satisfaire le double but "commercial et éducatif", il faut deux conditions : 1) que le choix du sujet soit, sinon à la portée de tous, du moins à celle de la moyenne ; 2) que la présentation en soit claire et amusante. Il y a toujours un moyen de rendre un sujet intéressant, si aride qu'il paraisse : c'est le but de l'éducation moderne, c'est aussi celui du Cinéma[6]. »

Comme le précise Georges Maurice, ces films s'adressent en effet – en tout premier lieu – aux écoliers et à leurs instituteurs et professeurs. D'étonnantes correspondances voient ainsi le jour entre les manuels de sciences naturelles du début du XXᵉ siècle et le projet taxinomique qui semble sous-tendre la série Scientia. Par exemple, l'*Histoire naturelle*, ouvrage fameux d'Albert Brémant (1912), consacre un de ses chapitres à l'embranchement des Échinodermes et précise qu'il se divise en cinq classes : les Oursins (ou Échinidés), les Astéries (ou Étoiles de mer), les Ophiures à rayons serpentiformes, les Holothuries, et les Encrines (ou Crinoïdes). Le manuel scolaire met tout particulièrement l'accent sur l'étoile de mer et l'oursin, auxquels deux gravures sont d'ailleurs consacrées. Le film *Les Échinodermes* respecte une construction assez similaire et privilégie les mêmes axes prioritaires. De la même façon, dans le manuel d'Albert Brémant, le sous-chapitre consacré aux Annélides semble faire écho au film *Les Vers marins*, qui en est en quelque sorte l'illustration vivante. S'ébauche ainsi une méthode d'enseignement innovante qui repose sur la complémentarité de l'écrit et de l'image en mouvement.

Vers la même époque, la Commission du matériel scientifique des écoles normales et des écoles primaires supérieures envisage l'acquisition d'une série de projecteurs cinématographiques en vue de renforcer les moyens pédagogiques des enseignants. Les maisons d'édition mettent sur le marché des appareils de projection économiques, offrant toutes les garanties de sécurité. C'est le cas de Pathé avec son Pathé-Kok, commercialisé à partir de 1912. L'année suivante, Éclair lance le Kinéclair, un projecteur scolaire et de salon qui permet de montrer une «collection de vues scientifiques et récréatives». L'appareil est ergonomique, pèse moins de 10 kilogrammes et ne coûte que 350 francs. Sa lampe, peu puissante, et le recours exclusif à de la pellicule ininflammable permettent l'image par image, et même l'arrêt sur image. «Un enfant de six ans en cinq minutes devient le meilleur opérateur du monde», affirme son concepteur Maurice Lavanture[7].

SENSUALISME ET ANTHROPOMORPHISME

Malgré leurs nombreux artifices (observation *in vitro* des animaux à travers les aqua/terrariums, recours à des éclairages d'appoint, usage de rétroéclairage, etc.) et les biais méthodologiques qui en découlent, les films Scientia se réclament volontiers de l'autorité tutélaire de Jean-Henri Fabre (1823-1915). La figure du savant naturaliste, popularisée par l'auteur des *Souvenirs entomologiques*[8], est régulièrement évoquée au début de ces films pourtant majoritairement tournés en studio. Au début du *Dytique* (1912), on voit ainsi un jeune homme longer le bord d'une rivière et capturer quelques larves d'insectes pour les glisser dans sa besace. *Le Scorpion languedocien* nous donne également à voir la capture précautionneuse de quelques spécimens. «L'arénicole, hôte des sables recherché des pêcheurs, est un appât pour la pêche en haute mer», avertit un des premiers sous-titres des *Vers marins*. Suit l'image pittoresque d'un homme, chapeau sur la tête et pantalon retroussé jusqu'aux genoux, qui fouille avec sa pelle le sable d'une plage déserte. Ses doigts, filmés en gros plan, extraient un long ver marin de son habitacle retourné. Les plans qui suivent sont en revanche tous tournés dans des aquariums. Comme on peut le constater, la chasse, la pêche, voire la simple promenade, préludent le plus souvent à l'enseignement proprement dit. Cette «approche sensualiste du monde», pour reprendre la formule de Dominique Diguet[9], prévaut dans la majorité des films de la série Scientia, dans un culte mêlé de la Nature et de l'observation.

L'autre caractéristique principale de ce cinéma est son penchant pour l'anthropomorphisme. Face à la caméra, les animaux les plus insignifiants se transmutent en «lutins du merveilleux scientifique[10]». Ils naissent, procréent, luttent et meurent – imitant par là même les modèles de l'écran fictionnel. Dans *Le Scorpion languedocien*, le combat coutumier du rat et du scorpion donne lieu à un récit haletant. Des sous-titres enthousiastes vantent l'agilité «foudroyante» de l'arachnide : «Quelle virtuosité dans l'attaque! Malgré sa fureur, le rat même succombe à ses coups.»

GLISSEMENTS PROGRESSIFS VERS LA PROPAGANDE

La Première Guerre mondiale donne un coup d'arrêt brutal à cette production certes florissante, mais contestée en raison de ses résultats économiques plutôt décevants. Du jour au lendemain, la plupart des maisons d'édition se désengagent de ce genre cinématographique, qui avait pourtant conquis ses lettres de noblesse. Les «services scientifiques» sont peu à peu démantelés.

À partir de 1918, le succès considérable des films de la Commission américaine de préservation contre la tuberculose (également appelée «mission Rockefeller»), puis du Comité national de défense contre la tuberculose, entraîne l'essor d'un nouveau genre, que l'on pourrait qualifier de «vulgarisation de propagande». Les films se fixent désormais des objectifs en résonance avec les préoccupations sociales et sanitaires du moment. *Les Mouches*, produit dès 1913 par la société Urban, préfigurent ce changement de cap : les images grossies de l'insecte (probablement tournées quelques mois ou quelques années auparavant) ne servent plus que de prétexte à une mise en garde aux accents résolument hygiénistes. «Comment la mouche véhicule la tuberculose», s'inquiète le dernier sous-titre. Suivent un plan représentant une douzaine de mouches parcourant la surface incurvée d'un crachoir de poche, puis un autre montrant deux d'entre elles allant et venant sur la tétine d'un biberon. Dès lors, le tout dernier plan – un jeune enfant fixant l'objectif de la caméra, sa tétine à la bouche – résonne comme un avertissement dramatique renvoyant les images qui le précèdent (les mouches circulant sur un morceau de viande faisandée teint en jaune mordoré ou sur des cubes de sucre déposés dans une coupe en cristal…) à l'imaginaire décadent de l'avant-guerre.

Avec le recul d'un siècle, ces petits films de vulgarisation scientifique, produits en grand nombre au début des années 1910, se révèlent de véritables joyaux. Malgré leur maladresse et même parfois leur lourdeur didactique, ils offrent une mine de plans étonnants, dont il est aujourd'hui malheureusement difficile d'évaluer l'impact en termes de représentations et d'influences esthétiques. Le «regard de l'amblystome[11]» et les trémulations de l'écrevisse, exhibée en offrande devant la caméra, sont irréductibles à la leçon de choses, tout comme la splendeur pyrotechnique des spirographes ou les spasmes du rat foudroyé par le venin d'un scorpion.

Pour bien saisir l'originalité de ces images et en apprécier le caractère résolument subversif, il faut se rappeler qu'une séance de cinéma d'avant-guerre se composait en général d'une hétérogénéité de films allant des actualités aux drames en passant par les vues de plein air, les films de vulgarisation scientifique et les séries comiques. La vraissemblance régnait en maître et, dans ce déluge d'images ressemblantes, certains plans et effets de montage surréels de la série Scientia faisaient figure d'artefacts expérimentaux.

Dès lors, comment s'étonner du recul brutal de ces films et de leur exclusion rapide du cadre des projections strictement commerciales ? Agonisantes durant la Première Guerre mondiale, ces séries éducatives disparaissent définitivement des programmes à l'orée des années 1920. Reléguées dans le ghetto des offices du cinéma éducateur, elles tomberont peu à peu dans l'oubli, jusqu'à ce que leur redécouverte récente ne révèle, sous leur vernis didactique, une dimension esthétique inaperçue.

NOTES

1. Blaise Pascal, *Œuvres complètes*, éd. Jacques Chevalier, Paris, Gallimard, « Le Pléiade », 1954, p. 1105-1107.

2. Georges Maurice, « La Science au cinéma », *Film-Revue*, n° 4, 17 janvier 1913, p. 13. Il faut rappeler qu'avant la Première Guerre mondiale, une séance ordinaire de cinéma se compose de plusieurs bandes de longueurs et propos variables.

3. André de Reusse, « Du cinéma scolaire (suite). Une intéressante visite », *Film-Revue*, n° 23, 16 mai 1913, p. 13-14.

4. Étienne Rufz de Lavison, « Sur l'aquarium du Jardin d'acclimatation », *Bulletin de la Société zoologique d'acclimatation*, 1863, p. XLVIII., Pierre-Amédée Pichot, « Aquarium », dans *Le Jardin d'acclimatation illustré*, Paris, Hachette, 1873, p. 300-301. Cités par Camille Lorenzi, « L'engouement pour l'aquarium en France (1855-1870) », *Sociétés & Représentations*, n° 28, octobre 2009, p. 255-271.

5. Marcel Proust, *À la recherche du temps perdu*, Paris, Gallimard, « La Pléiade », t. I, p. 47.

6. Georges Maurice, « La Science au cinéma », *loc. cit.*

7. Maurice Lavanture, « Le Kinéclair », *Film-Revue*, n° 47, 31 octobre 1913, p. 10-11.

8. On notera que *Le Scorpion languedocien* constitue l'étrange scène d'ouverture de *L'Âge d'or* de Luis Buñuel (1930). La quasi-intégralité du court-métrage y est reproduite, suivie d'un intertitre bref (« Quelques heures après... »), qui assure la transition avec l'image, progressivement mise au point, du bandit majorquin observant les évêques regroupés en contrebas des rochers. L'utilisation d'images de non-fiction dans des longs-métrages fictionnels n'était pas rare à l'époque (voir, par exemple, les plans microcinématographiques insérés par Friedrich Wilhelm Murnau dans son *Nosferatu*, cf. Thierry Lefebvre, « Les matémorphoses de Nosferatu », *1895*, n° 29, décembre 1999, p. 61-77).

9. Dominique Diguet, « La Science dans le livre pour enfants », *La Science pour tous. 1850-1914*, Paris, Bibliothèque du Conservatoire national des arts et métiers, 1990, p. 152.

10. *Ibid.*, p. 157.

11. Thierry Lefebvre, « Le regard de l'amblystome. La production Scientia : la vulgarisation scientifique par l'image », dans Éric Le Roy, Laurent Billia (dir.), *Éclair, un siècle de cinéma à Épinay-sur-Seine*, Paris, Calmann-Lévy, 1995, p. 55-59.

LA NAISSANCE DE L'ABSTRACTION
VIKING EGGELING | DIAGONALE SINFONIE | 1921
HANS RICHTER | RHYTHMUS 21 | 1921

C'est par l'intermédiaire de Tristan Tzara que Hans Richter rencontre Viking Eggeling à Zurich, en 1917, en pleine effervescence dada : leur découverte simultanée du cinéma – que l'on considère comme le moment inaugural du film expérimental européen – naîtra d'un agencement de dessins composés de surfaces et de lignes (agencement qui constitue, pour Eggeling, la « basse continue de la peinture », *Generalbass der Malerei*), c'est-à-dire d'une exploration des procédures graphiques et de leurs limites, et non du photographique[1]. « Ces dessins », dira Richter, « exécutés sur de petits bouts de papier, nous servaient à étudier les rapports entre formes simples et complexes ; nous les disposions sur le plancher jusqu'au jour où nous découvrîmes qu'une espèce de continuité se dégageait de ces lignes de dessins. Ce fut alors que nous décidâmes de réaliser, délibérément, sur de longs rouleaux de papier, un développement continu de formes : nos premiers rouleaux. Celui d'Eggeling était intitulé *Horizontal-Vertikal Messe*, et le mien, *Präludium*[2]. » Peut-être Theo Van Doesburg, visitant Richter et Eggeling, vit-il dans ces longs rouleaux de dessins omnidirectionnels disposés sur le sol un développement des frises ornementales ou des mosaïques de pavement qu'il avait réalisées en 1917 et 1918 pour la maison De Vonk ou la maison De Lange.

À la suite de ces études préparatoires, Eggeling élabore dans *Diagonale Sinfonie*, son unique film réalisé, une esthétique dynamique du contrepoint, fondée sur une étude analytique des réactions formelles des éléments les uns par rapport aux autres, réactions qui ne se déterminent pas à partir du point de vue d'un sujet fini, mais de la structure. Richter commente ainsi le travail d'Eggeling : « Il essayait de découvrir quelles expressions une forme prenait ou pouvait prendre sous différentes

Viking Eggeling
1880, Lund (Suède) -
1925, Berlin (Allemagne)
Diagonale Sinfonie
1921
Film 35 mm noir et blanc,
silencieux, 8'04"
AM 1976-F0134

Hans Richter
1888, Berlin (Allemagne) -
1976, Locarno (Suisse)
Rhythmus 21
1921
Film
35 mm noir et blanc,
sonore, 3'42"
Achat 1976
AM 1976-F0265

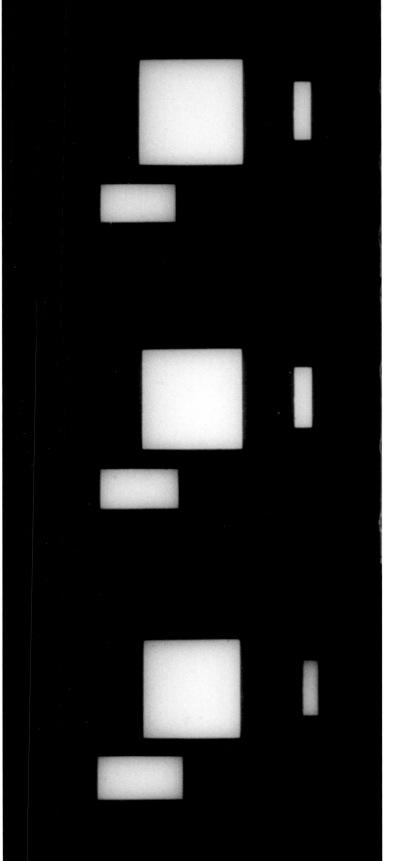

Hans Richter
Rhythmus 21
1921

influences d'opposés : petit contre grand, lumineux contre obscur, un contre plusieurs, le haut contre le bas, et ainsi de suite[3].» Le film est dessiné en traits noirs sur un fond blanc (à la projection, le rapport s'inverse), à la règle et au compas, puis tourné image par image, non pas selon un système d'adjonctions successives, mais, au contraire, par soustractions : le dessin initial est complet et lorsqu'une figure doit disparaître, elle est progressivement recouverte d'un voile blanc. Pour la faire apparaître, l'artiste procède de la façon inverse. Afin d'obtenir ces couches blanches opaques, Eggeling utilise de grandes plaques d'étain placées sur le dessin ou retirées de celui-ci selon des mouvements réglés avec précision, sans intervention graphique. Parfois aussi, les figures sont effacées ou dévoilées au moyen de sous- ou surexpositions. Enfin, *Diagonale Sinfonie* contient de nombreuses figures inversées : pour les réaliser, plutôt que de les refaire, Eggeling se contentait de les exposer dans un miroir afin de recueillir un double parfaitement identique à l'original, sans intervention subjective. Aucun privilège ontologique n'est accordé à la présence : présence et absence caractérisent deux états extrêmes de la figure, ils sont les points d'achèvement d'un processus. Le cinéma n'est plus réflexif, il ne raconte rien, pas plus qu'il ne manifeste le point de vue d'un sujet ; il n'est plus que l'agencement de contrastes successifs ou simultanés[4]. Si le film d'Eggeling obéit à une logique interne libérée de toute finalité et de toute visée subjective, il continue néanmoins de fonctionner comme une surface picturale sur laquelle, selon un processus conventionnel, s'inscrivent des figures, ce qui fera dire à Richter qu'au moment où il réalisait avec Eggeling ses premiers rouleaux, il lui est apparu, avec une évidence brutale, qu'ils avaient l'un et l'autre pensé en peintres, et non en cinéastes[5]. C'est ainsi que dans *Rhythmus 21*, se dissociant du style graphique d'Eggeling, Richter entreprend de soustraire le film à son tropisme pictural pour l'ouvrir à la tridimensionnalité.

Là où Eggeling se concentre sur l'exploration des propriétés plastiques de la ligne, Richter, dans *Rhythmus 21*, opère sur les surfaces et les plans, agençant en diverses combinaisons des formes rectangulaires et des lignes noires, blanches et grises de taille variable. En jouant sur les intersections et les superpositions de ces rectangles, il obtient une dynamique qui engendre des effets de profondeur et de relief : les relations spatiales entre avant- et arrière-plan ne cessent de s'inverser, phénomène accentué par l'utilisation de morceaux de négatif dont la valeur enrichit le jeu contrapuntique des noirs et des blancs, la continuité se résumant à une rythmique des formes fondée sur de pures valeurs de contraste et d'inversion. Point décisif : *Rhythmus 21* procède entièrement d'une conception déductive du cadre. Autrement dit, rien n'apparaît sur l'écran qui ne soit déduit de la forme de l'écran lui-même : les surfaces rectangulaires sont des surfaces parallèles au plan d'inscription, les lignes verticales ou horizontales, des surfaces perpendiculaires à celui-ci (ou parallèles à l'axe de projection). Toute différence de nature entre l'écran et ce qui apparaît sur l'écran se trouvant abolie, une dimension indicielle apparaît dans l'espace de la représentation, qui transforme le film en agencement de surfaces, c'est-à-dire en dispositif architectonique. C'est d'ailleurs cette ouverture à l'architecture que manifestent les schémas choisis par Richter pour accompagner les textes de Van Doesburg et de lui-même sur le film qui paraissent dans *De Stijl* en juin 1923[6] : présentés comme des photogrammes (*Filmmomente*), ce sont en réalité des constructions d'écrans tridimensionnelles.

L'espace du spectateur devient ainsi partie intégrante de l'espace du film, tandis que la séparation entre la surface de projection et la salle est abolie. La limite ou le cadre de la représentation disparaît, le spectateur se trouvant en présence d'un dispositif qui se déploie dans le même espace que le sien : il ne contemple plus le film comme une représentation théâtrale mais le vit de manière optique[7]. Le film devient donc une construction dont l'écran en retour apparaît comme l'élément modulaire ultime : « Car l'écran », note Yve-Alain Bois, « combine deux fonctions visuelles contradictoires (de profil, il apparaît comme une simple ligne et, de face, comme un plan qui bloque toute profondeur spatiale) et cette contradiction favorise l'interpénétration des volumes et la fluidité de leur articulation. C'est ainsi que le désir d'intégrer peinture et architecture, d'établir une coïncidence parfaite entre les éléments fondamentaux de la peinture (les plans colorés) et ceux de l'architecture (le mur), a mené à une découverte architecturale majeure : les murs, le sol, le plafond sont des surfaces sans épaisseur, peuvent être multipliés ou dépliés comme des écrans et peuvent glisser les uns par-dessus les autres dans l'espace[8]. » C'est ainsi que la substitution, dans l'expérience filmique, d'un modèle de construction architectural au modèle projectif d'inspiration picturale annonce les principes de l'*expanded cinema*[9].

NOTES

1. Sur cette voie, Richter et Eggeling ont cependant été précédés par Vilmos Huszár, qui, dès 1918, expérimentait des transferts de couleurs abstraites sur pellicule, utilisant les propriétés techniques du film pour produire des compositions en transformations permanentes.

2. Cité par Standish D. Lawder, *Le Cinéma cubiste* [1975], trad. de l'anglais par Christian Lebrat, Paris, Paris Expérimental, 1994, p. 50. Voir également *Hans Richter*, Neuchâtel, Éditions du Griffon, 1965, p. 26.

3. Hans Richter, « Easel Scroll Film », *Magazine of Art*, février 1952, repris dans Hans Richter, *Köpfe und Hinterköpfe*, Zurich, Arche, 1967, cité par Standish D. Lawder, *Le Cinéma cubiste*, op. cit., p. 50.

4. La version conservée de *Diagonale Sinfonie* est probablement une reconstitution de la main de Richter, l'original ayant été détruit en 1945, durant les bombardements de Berlin. Voir Patrick de Haas, *Cinéma intégral. De la peinture au cinéma dans les années vingt*, Paris, Transédition, 1985, p. 69.

5. *Hans Richter*, op. cit., p. 29.

6. *De Stijl*, vol. VI, n° 5, juin 1923.

7. Theo Van Doesburg, « Film als reine Gestaltung. Das Buch und seine Gestaltung », *Die Form*, IV, n° 10, 15 mai 1929, p. 241-248, trad. en anglais par Standish D. Lawder : « Film as Pure Form », *Form*, n° 1, été 1966.

8. Yve-Alain Bois, « The De Stijl Idea », dans *Painting as Model*, Cambridge (MA), MIT Press, 1990, p. 116-119.

9. P. de Haas, *Cinéma intégral*, op. cit., p. 229-231.

IMPROVISATION
MAN RAY | LE RETOUR À LA RAISON | 1923

Si Man Ray fait ses premières expériences cinématographiques à New York à la fin des années 1910, en compagnie de Duchamp, il ne réalise le premier de ses quatre films achevés, *Le Retour à la raison*, qu'en 1923. Man Ray, d'après ses propres souvenirs, aurait conçu ce film de deux minutes quarante-cinq secondes, commandé par Tzara pour la soirée du Cœur à barbe, en moins de vingt-quatre heures, en juxtaposant des plans préalablement tournés – un champ de marguerites, des lumières de fête foraine, un torse de femme nu ondulant dans la lumière zébrée tombant à travers une persienne, un mobile en spirale pendu au plafond de son atelier, une boîte à œufs tournant autour d'un fil – à une séquence d'une trentaine de mètres réalisée sans caméra, par exposition directe de la pellicule à la lumière. Man Ray décrit ainsi la fabrication de la séquence des « rayogrammes » sur laquelle s'ouvre le film : « Je me procurai un rouleau de pellicule d'une trentaine de mètres, m'installai dans ma chambre noire, où je coupai la pellicule en petites bandes que j'épinglai sur ma table de travail. Je saupoudrai quelques bandes de sel et de poivre, comme un cuisinier prépare son rôti. Sur les autres bandes je jetai, au hasard, des épingles et des punaises. [...] Ce que cela donnerait sur l'écran ? Je n'en avais aucune idée. [...] J'ajoutai à la fin, pour faire durer le film, les quelques séquences que j'avais tournées avec la caméra[1]. » Puis il décrira ainsi la projection du *Retour à la raison* au cours de la soirée du Cœur à barbe : « Les images ressemblaient à une tempête de neige, dont les flocons voleraient dans tous les sens au lieu de tomber, et qui se transformerait en un champ de marguerites, comme si la neige, cristallisée, devenait fleur[2]... » Le film, qui cassa à deux reprises, devait susciter, malgré sa concision, des réactions houleuses parmi le public – qui reconnaissait ainsi implicitement sa puissance transgressive.

Le Retour à la raison reste fondamentalement gouverné par une esthétique de type photographique : l'usage des effets de lumière visant au dépassement de l'opposition entre formes abstraites et figures, la juxtaposition d'images positives et négatives et le recours à la solarisation, le traitement ornemental du corps humain, et particulièrement du nu féminin – autant de thèmes plastiques et formels que l'on retrouve développés dans l'œuvre photographique de Man Ray. Cependant, l'usage

Man Ray
(Emmanuel Radnitzky, dit)
1890, Philadelphie (États-Unis)
- 1976, Paris (France)
Le Retour à la raison
5 juillet 1923
Film 35 mm noir et blanc,
silencieux, 2'48"
Don de l'artiste 1975
AM 1975-F0217

a minima du montage, non pour assembler les séquences ou les plans, mais pour les disloquer, reste irréductible au photographique et pose les principes d'une esthétique de l'improvisation que Man Ray revendiquera explicitement comme le ressort de ses compositions cinématographiques : « Tous les films que j'ai réalisés ont été autant d'improvisations. Je n'écrivais pas de scénario. C'était un cinéma automatique[3]. » Cependant, au-delà du caractère spontané que le « Directeur du Mauvais Movies » (c'est ainsi qu'il signe une lettre adressée à Tzara en 1921, estampillée de trois photogrammes) revendique pour son œuvre filmique, le caractère fragmentaire des séquences[4], la vitesse à laquelle se succèdent les images, au point de les rendre indéchiffrables (certaines images restent indécelables à la projection : la double signature du cinéaste « Man Ray à tirer cinq fois » et « Man Ray noir », insérée dans le corps du film, et les photogrammes isolés de nus féminins, que seul le déroulement manuel de la pellicule permet de découvrir), la brièveté même du film, enfin l'intégration d'une séquence réalisée sans caméra, font du *Retour à la raison* une critique très construite des conventions visuelles qui règlent l'usage du dispositif cinématographique.

Si les deux derniers films achevés de Man Ray, *L'Étoile de mer* (1928) et *Les Mystères du château du dé* (1929), sont de facture plus traditionnellement surréaliste et subordonnent une imagerie énigmatique à la construction d'un récit linéaire, dans *Emak Bakia*, réalisé en 1926, les séquences réalistes interviennent comme des ponctuations interrompant une série d'effets expérimentaux empruntés au *Retour à la raison* : intégration du hasard avec les images prises au moyen d'une caméra projetée dans les airs ; mouvements lumineux complexes obtenus au moyen de miroirs et de prismes tournants, reprise de la série des rayogrammes au seuil de la séquence de l'accident, où les images de punaises transformées en clous géants par la projection prennent une fonction quasi narrative ; il n'est pas jusqu'à l'intertitre introduisant la séquence des faux cols animés qui ne fasse écho au titre du premier film de Man Ray, dont il reprend l'impertinence contradictoire : car, dans « la raison de cette extravagance », il faut entendre évidemment « l'extravagance de la raison », de même que *Le Retour à la raison* n'est pas autre chose qu'un « retournement de la raison. »

NOTES

1. Man Ray, *Autoportrait*, Paris, Laffont, 1964, p. 232.

2. *Ibid.*, p. 233.

3. « Témoignages : Man Ray », *Études cinématographiques*, n°s 38 et 39, « Surréalisme et cinéma 1 », 1er trimestre 1965, p. 43.

4. « Une série de fragments, un cinépoème organisé en une séquence optique déterminée se transforme en un tout qui reste fragmentaire. De la même manière que l'on apprécie mieux la beauté abstraite dans un fragment d'œuvre antique que dans sa totalité, ce film cherche à montrer ce qu'il y a d'essentiel dans la cinématographie contemporaine » (cité par Frank Stauffacher, *Art in Cinema*, San Francisco, Museum of Art, 1947, p. 53).

Man Ray
Le Retour à la raison
5 juillet 1923

Fernand Léger et
Dudley Murphy
Ballet mécanique
1923-1924

FILM-COLLAGE
FERNAND LÉGER | BALLET MÉCANIQUE | 1923-1924

Comme *Rhythmus 21* de Hans Richter ou *Diagonale Sinfonie* de Viking Eggeling, *Ballet mécanique* dérive d'une série de peintures dans lesquelles Fernand Léger avait exploré les propriétés cinétiques des motifs ornementaux qu'il applique dans son film à un matériau photographique, utilisant des accessoires industriels, des objets domestiques, ou encore des chutes de film, afin de produire, selon son expression, « une opposition constante de contrastes violents[1] ». Si un certain nombre d'idées conçues pour *Ballet mécanique* visant à activer ces contrastes n'ont pas vu le jour (Léger voulait notamment diviser l'écran en parties égales et projeter des images identiques dans chacune de ces parties à des rythmes différents, ou bien recourir à des images publicitaires...), dans un article de 1925 le peintre expliquait que son film, en rupture avec l'agencement narratif traditionnel, était construit en sept sections verticales, que strient des pénétrations horizontales de formes semblables – un bombardement de molécules figurales.

Toujours selon Léger, l'origine de *Ballet mécanique* doit être cherchée dans l'histoire des papiers collés, dont on dit que Braque découvrit le principe en août 1912 en voyant un rouleau de papier peint dans la vitrine d'une boutique en Avignon. Dans les papiers collés, des matériaux disparates – rubans, cordes, chiffons, tessons de verre, morceaux de métal, pierres, papier-journal... – sont utilisés sans préparation ni élaboration, compromettant ainsi l'unité de la représentation et détruisant les notions d'unité et d'achèvement traditionnellement associées au concept d'œuvre d'art. Au point de vue unique le papier collé substitue une multiplicité d'angles, qui rompent l'illusion de profondeur et, avec elle, toute idée d'une spatialité fictive. Dans *Ballet mécanique*, comme dans un collage temporel, l'image est composée

Fernand Léger et
Dudley Murphy
Ballet mécanique
[version Biot]
1923-1924
Film 35 mm noir et blanc,
muet, 16'
Achat 1975
AM 1975-F0207

Ballet mécanique
[version Filmmuseum]
1923-1924
Film 35 mm noir et blanc
coloré, muet, 17'
Achat 1996
AM 1996-F1349

Ballet mécanique
[version Kiesler]
1923-1924
Film 35 mm noir et blanc,
muet, 19'50"
Achat 1997
AM 1997-F1388

Ballet mécanique
[version Moritz]
1923-1924
Film 35 mm noir et blanc
coloré, sonore, 13'
Achat 1997
AM 1997-F1389

rythmiquement, les motifs ornementaux sont indéfiniment modulés, répétés, permutés. Léger, appliquant le principe cubiste de l'analyse des formes à l'écriture filmique, utilise les superpositions, les obturations locales, la prise de vue image par image, pour dissoudre le contenu iconographique et faire apparaître la surface comme telle. « On s'aperçoit », écrit-il dans la revue *Cercle et carré* en 1930, « que ces détails, ces fragments, si on les isole, ont une vie totale et particulière. Il y a quelques années on ne considérait qu'une figure, qu'un corps, désormais on s'intéresse et on examine curieusement l'œil de cette figure. Des jambes de femme, des pieds de femme, le bout du pied de la chaussure d'une femme, son bras, son doigt, le bout de son doigt ; l'ongle, le reflet de l'ongle, tout est "mis en valeur". Cela fonctionne comme une montre, comme un revolver[2]. » C'est ainsi que l'usage généralisé du gros plan monté en succession ultra-rapide n'a pas pour fonction dans *Ballet mécanique* de révéler ce qui est caché : il a un rôle de fragmentation et de dispersion. Isolant le motif de son contexte, il sert d'instrument de désubjectivation, phénomène auquel la silhouette désarticulée de Charlot sur laquelle se clôt le film servira de totem.

NOTES

1. Standish Lawder, *Le Cinéma cubiste*, Paris, Paris Expérimental, 1992, p. 116.

2. Fernand Léger, *Cercle et carré*, n° 1, mars 1930.

SCULPTURES DE PELLICULE
LES FILMS DE CONSTANTIN BRANCUSI | 1923-1939

Les films que Constantin Brancusi a réalisés entre 1923 et 1939 sont restés long-temps invisibles, sinon à travers la trace que l'on en a gardée dans les très nombreux photogrammes conservés dans les collections photographiques du Mnam. Au demeurant, plutôt que *des* films, peut-être vaudrait-il mieux parler *du* film, ou mieux encore *de* film, le partitif restant la manière la plus juste de rendre compte du caractère brut, non filtré, de la matière filmique que Brancusi utilise pour documenter sa sculpture, mais aussi pour en activer les propriétés dynamiques.

Lorsqu'il entra pour la première fois dans l'atelier du sculpteur, en 1921, Man Ray dit avoir été immédiatement frappé par la lumière tombée de la verrière qui l'inondait[1] et qui allait prendre dans la définition de la sculpture une fonction métaplastique. Dans cet espace conçu comme un studio, Brancusi utilise les écrans blancs ou noirs, les lumières incidentes et les socles pour modifier la présentation des sculptures et les soustraire à toute approche statique de la forme. Les écrans, qui apparaissent fixés aux murs de l'atelier dans les séquences filmées comme dans les photographies, contrastent les marbres clairs ou les bronzes réfléchissants et les projettent en saillie de la surface ; les éclairages, dissolvant les contours, introduisent dans les sculptures une dimension d'impermanence et d'instabilité[2], tandis que les socles, dissociés des sculptures, sont employés comme des éléments de montage. La variation des cadrages, des lumières et des contrastes, les combinaisons indéfiniment modifiées de sculptures et de socles, la permutation incessante des pièces dans l'espace transforment l'atelier en un *work in progress* – un lieu de transformation voué à la dislocation des formes autant qu'à leur élaboration.

À la fin des années 1920, Paul Morand brocardait la vision ordinaire de l'atelier d'artiste dont le cinéma s'était fait le véhicule : « L'atelier d'un sculpteur, tel qu'il est représenté à l'écran par ces gardiens de stéréotypes que sont les metteurs en scène, est un *campo santo* rempli de statues aux poses dramatisées en marbre de Carrare, pâles comme la mort, avec ici et là des canapés, des bibelots, tout un bric à brac de souvenirs[3]. » Rien de tout cela dans l'atelier de Brancusi : il ne servait pas de vitrine à l'idéal bourgeois de la figure de l'artiste, mais constituait un espace de travail lui-même en transformation, qui s'ouvrait ainsi *de facto* aux puissances du film.

Constantin Brancusi
1876, Pestisani (Roumanie) -
1957, Paris (France)
Films
1923-1939
Film 35 mm noir et blanc,
silencieux, 60'
Achat 2010
AM 2011-F27

Dans les plans filmés de l'atelier, Brancusi modifie l'ordonnancement des sculptures au moyen des changements de cadre ou des déplacements d'axe ; il utilise l'armature de la verrière pour multiplier les effets d'ombres projetées qui transforment les surfaces en grilles, activant ainsi des phénomènes de décadrage, l'objet s'inscrivant en porte-à-faux sur ou en dessous de son encadrement. Ainsi du *Coq*, filmé en légère contre-plongée, partiellement dressé devant un écran blanc sur lequel, tombé de la verrière, un carré de lumière est posé en diagonale, lui-même recoupé par l'ombre d'une vitre à moitié ouverte, ce système de décadrages intriqués produisant un puissant effet de dissociation entre la sculpture et le plan sur lequel elle s'enlève.

Brancusi utilise les propriétés du film pour sa capacité à fixer les processus et le mouvement[4] : qu'il s'agisse du mouvement mécanique de la *Leda*, du mouvement manuel du *Poisson,* que dans un plan spectaculaire Brancusi frappe du plat de la main pour le faire tourner sur lui-même, ou de celui du *Nouveau-né,* que l'on voit osciller sur son socle, nombre de ses sculptures conçues comme des mobiles vibrent réellement, à la manière des constructions cinétiques de Naum Gabo, des mobiles d'Alexander Calder ou du modulateur espace-lumière de Moholy-Nagy présenté à Paris en 1930[5].

Mais l'usage que Brancusi fait du film n'est pas simplement processuel : il l'utilise aussi comme un instrument de régression formelle pour briser l'unité de la sculpture en brouillant ses contours et son identité. Le sculpteur a utilisé dans ses filmages plusieurs types différents de pellicule – Agfa isochrome, Kodak panchromatique, Lumière, Eastman Kodak... : en changeant de pellicule, sans doute le sculpteur cherchait-il à modifier la sensibilité des émulsions et à produire ainsi différents effets de lumière. L'unité de la forme est détruite par le jeu des réfractions et des ombres portées, associé à des éclairages minutieusement calculés – un jeu complexe, où s'entrelacent et se répondent ombres portées sur le mur, reflets sur le renflement poli du corps de *Leda*, reflets indirects sur le socle de métal (des reflets de l'atelier sur le corps de *Leda*...), tout cela mis en mouvement par le disque de métal tournant sur lui-même, animé par un moteur de gramophone bricolé pour tourner dans les deux sens. À ce premier mouvement se combinent des panoramiques ajoutant le mouvement du cadre à ceux de la sculpture, par une nouvelle démultiplication des puissances d'activation plastique libérées par le film, lequel, *in fine*, était susceptible d'être projeté à des cadences différentes.

« Je ne pourrai jamais imaginer un homme transformé en cygne, déclarait Brancusi ; impossible ! Mais une femme, si, sans difficulté. La reconnaissez-vous sous les traits de cet oiseau ? [...] Elle est à genoux, penchée en arrière. [...] Et ces points lumineux, en hauteur, étaient ses seins, sa tête... mais ils ont été transformés en des formes propres aux oiseaux. Et au fil du mouvement de rotation, ils se transforment pour toujours en une vie nouvelle, en un rythme nouveau[6]. » Dans le lent mouvement de sa métamorphose, *Leda*, tournant sur son socle, apparaît comme une métonymie en acte ; et, de même que la *Leda* ne cesse de se modifier en fonction de la combinaison de l'ensemble des paramètres qui concourent à sa représentation, la lumière et le

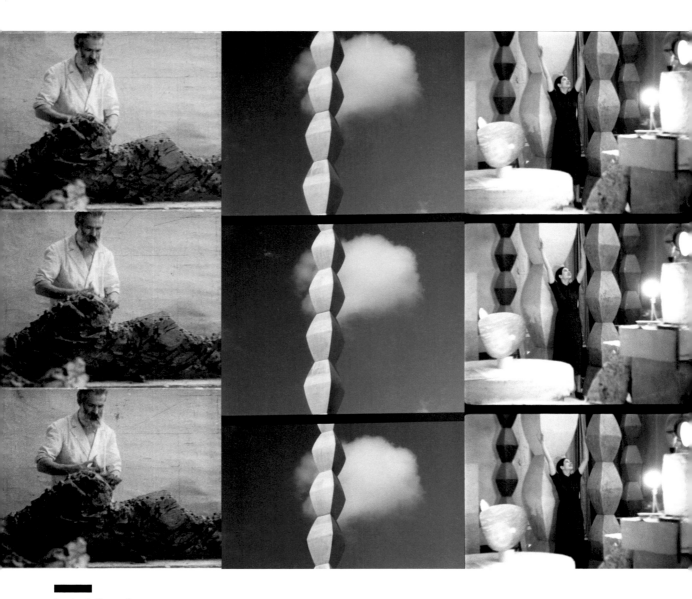

Constantin Brancusi
Films
1923-1939

mouvement pulvérisent le profil effilé du *Poisson*, qui semble évoluer dans son cadre, légèrement trouble, comme dans un milieu aquatique[7].

La prise de vue met en question la notion de contours ; les réfractions, les ombres portées ou la lumière deviennent partie intégrante de la sculpture, dont elles font éclater l'identité ; la permutation des socles apparaît comme une sorte d'intermédiaire entre les propriétés filmiques de la surimpression et du montage et les têtes des Muses reposant sur leur socle, comme des cadrages en gros plan : la logique du film permet de remonter à un stade pré-statique de la sculpture. Celle-ci apparaît à travers le film comme une figure partielle que le plan cinématographique permet de respatialiser dans sa parcellisation même, une forme à l'équilibre précaire ou intrinsèquement instable (verticale de l'oiseau dans l'espace, horizontale du poisson…), qui, cessant d'être limitée par ses surfaces, rayonne dans l'espace virtuel qu'elle occupe provisoirement.

NOTES

1. Man Ray, *Autoportrait*, Paris, Laffont, 1964, p. 188.

2. Jürgen Partenheimer, *Constantin Brancusi. Der Künstler als Photograph seiner Skulptur. Ein Auswahl 1902-1943*, Zurich, Kunsthaus, 1976, p. 20-25.

3. Paul Morand, « Brancusi », *An Exhibition of Sculptures by Brancusi*, Chicago, Arts Club of Chicago, 1927.

4. En 1929, Benjamin Fondane notait : « [Brancusi] aime le cinéma lorsque son jeu est de mouvoir et je me souviens qu'il m'avait signalé *La Foule noire*, film de machines » (Benjamin Fondane, « Constantin Brancusi », *Cahiers de l'Étoile*, II, 11, 1929 ; rééd. Nîmes, Fata Morgana, 1995, p. 41). Je n'ai pas trouvé trace du film évoqué par Fondane.

5. Sur la nécessité sans arrêt mise en avant par Brancusi d'effectuer des prises de vue cinématographiques de ses œuvres, « les seules adaptées », Carola Giedion-Welcker, *Moderne Plastik. Elemente der Wirklichkeit, Masse und Auflockerung*, Zurich, Hans Girsberger, 1937, p. 19.

6. Malvina Hoffman, *Sculpture inside out*, New York, Norton and Co., 1939, p. 52.

7. À la différence des photos réalisées avec un appareil, on distingue aisément dans les tirages de photogrammes un léger flottement, comme si l'on percevait encore la présence latente de la chaîne d'images dans laquelle les images ont été prélevées. Pour une analyse des photographies du *Poisson*, voir Thomas Köllhofer, « Schwereloser Stillstand und Bewegung. Der Grosse Fisch von Constantin Brancusi », *Brancusi als Fotograf. Ein Bildhauer fotografiert sein Werk*, Berne, Benteli Verlag, 1996, p. 17-18.

LA MORT DU SUJET
RENÉ CLAIR | ENTR'ACTE | 1924

Début décembre 1924, les très avant-gardistes Ballets suédois dirigés par Rolf de Maré présentaient *Relâche* sur la scène du théâtre des Champs-Élysées, le résultat d'une collaboration entre Jean Börlin, le chorégraphe et danseur étoile de la compagnie, Erik Satie et Blaise Cendrars, rapidement évincé au profit de Francis Picabia. Entre les deux actes du ballet, Picabia décidait d'insérer un intermède cinématographique, littéralement intitulé *Entr'acte*, un film destiné à «faire sortir le public de la salle», dont il confiait la réalisation à un jeune cinéaste, René Chomette, alias René Clair, auteur en 1923 d'un moyen-métrage de science-fiction onirique, *Paris qui dort*, dont le ton pourtant s'accordait mal, de prime abord, avec l'esprit provocateur de Dada. Construit sur un argument burlesque (la course vertigineuse d'un cortège funèbre à la poursuite d'un corbillard emballé), *Entr'acte* développe de façon assez fidèle le canevas imaginé par Francis Picabia, qui tient en quelques lignes jetées sur le papier au cours d'un dîner chez Maxim's :

René Clair
1898, Paris (France) -
1981, Paris (France)
Entr'acte, 1924
Film 35 mm noir et blanc,
sonore, 20'
Achat 1976
AM 1976-F0105

Assaut de boxe par des gants blancs sur écran noir : durée 15 secondes.

Partie d'échecs entre Duchamp et Man Ray. Jet d'eau manœuvré par Picabia balayant le jeu : durée 30 secondes.

Jongleur et Père la Colique : durée 30 secondes.

Chasseur tirant sur un œuf d'autruche sur jet d'eau. De l'œuf sort une colombe. Elle vient se poser sur la tête du chasseur. Un deuxième chasseur tirant sur elle tue le premier chasseur. Il tombe. L'oiseau s'envole : durée une minute.

Vingt et une personnes couchées sur le dos présentent le dessous de leurs pieds : 10 secondes.

Danseuse sur une glace transparente, cinématographiée par en dessous : durée une minute.

Gonflage de ballons et de paravents en caoutchouc sur lesquels seront dessinées des figures accompagnées d'inscriptions : durée 35 secondes.

Un enterrement : corbillard traîné par un chameau. Etc. : durée : 6 minutes.

À l'exception des points 3 et 5, l'ensemble des stipulations de Picabia se retrouve dans le film réalisé, sous forme d'une succession de scènes disparates visant à une rupture généralisée des codes iconographiques et sémantiques. À cet égard, le prologue montrant Satie et Picabia chargeant un canon et le pointant vers les spectateurs avec des sauts de joie (séquence projetée en préambule du ballet), tout comme, dans le dernier plan, sur lequel s'ouvre le deuxième acte, le geste destructeur de Rolf de Maré et Jean Börlin crevant un écran de papier blanc sur lequel le mot « FIN » est tracé, ont évidemment une fonction emblématique : pulvériser le récit par tous les moyens de la déflagration visuelle et sonore. Cependant, le répertoire iconographique employé dans le film, pour l'essentiel emprunté au registre de la fête foraine et du cirque (du tir au pigeon aux montagnes russes sur lesquelles s'égare le corbillard, jusqu'au cortège funèbre mené par un dromadaire de parade), en même temps qu'il affirme le caractère populaire de la culture cinématographique, produit une impression diffuse de cohérence et d'unité. Et si *Entr'acte* multiplie les coq-à-l'âne, les images ne s'enchaînent pas de façon purement arbitraire, mais en un subtil système d'anticipations et de répétitions qu'épousent les boucles de la musique de Satie, selon des associations, par ressemblance ou par opposition, qui empruntent à la logique du rêve ou du mot d'esprit : le combat de boxe devient une partie d'échecs ; l'échiquier balayé par un jet d'eau, la place de la Concorde sous la pluie ; la ballerine se transforme en femme à barbe, et la couronne de fleurs qui orne le corbillard, en couronne de pain… Cependant, *Entr'acte* ne joue pas seulement sur un registre iconographique, mais, au-delà des effets de surface, porte aussi une interrogation sur la construction de l'image et pose les jalons d'un cubisme cinématographique. Rompant avec l'illusionnisme photographique, René Clair reconstruit le cadre au moyen des surimpressions, des perspectives obliques ou biseautées, et des décompositions prismatiques ; dans la course du cortège funèbre qui se disloque derrière le corbillard, il utilise l'accélération comme un principe de fractionnement et la vitesse comme un facteur d'abstraction, jusqu'à filmer des plans de ciel taché par l'ombre des feuillages comme des compositions libérées de toute emprise figurative… Après la présentation de 1924, *Entr'acte*, désormais projeté indépendamment du spectacle éphémère qui lui avait servi de support (*Relâche* ne sera remonté qu'en 1979, par Moses Pendleton à l'Opéra de Paris), allait prendre statut d'œuvre autonome : il n'en reste pas moins qu'il faisait pour ses auteurs partie intégrante d'un spectacle total, où le film se trouvait naturellement associé à la danse, à la musique, mais aussi aux arts plastiques. Cette conception décloisonnée du cinéma, au-delà même des provocations iconographiques de Picabia et des inventions formelles de René Clair, reste sans doute l'aspect le plus avant-gardiste et le plus novateur d'*Entr'acte*.

Page de gauche
René Clair
Entr'acte
1924

« OPTICERIES »

MARCEL DUCHAMP | ANÉMIC CINÉMA | 1926

Patrick de Haas

Marcel Duchamp
1887, Blainville-Crevon
(France) - 1968, Neuilly-sur-
Seine (France)
Anémic Cinéma
1926
Film 35 mm noir et blanc,
silencieux, 7'
Achat 1976
AM 1976-F0127

Si l'œuvre de Marcel Duchamp est aujourd'hui largement explorée, le film et les expérimentations cinématographiques qu'il a pu conduire restent pour une part largement méconnues. C'est aussi le domaine le plus étrange par rapport à son opposition, souvent réitérée, à une peinture « rétinienne ». Duchamp a souvent cherché à minorer l'ensemble de ses recherches optiques en parlant à leur propos, avec une pointe de dérision, d'« opticeries ». Dans ses entretiens avec Pierre Cabanne, il évoque son « petit cinéma » et précise que ça ne l'intéressait pas de « faire du cinéma en tant que tel[1] ». Cependant, son intérêt pour les opticeries se développe sur la longue durée : au moins depuis 1920 avec la machine optique *Rotative plaques verre*, et au moins jusqu'en 1935 avec les *Rotoreliefs*, qu'il présente au concours Lépine l'année suivante. Mais la généalogie du film *Anémic Cinéma* (1925-1926) remonte encore bien plus avant : depuis son *Nu descendant un escalier*, qui exposait la question du mouvement et qui fut rejeté du Salon des Indépendants en 1912. Plus de dix ans, donc, pour aboutir à ce film de sept minutes, réalisé avec l'assistance technique de Man Ray et de Marc Allégret. Alors même qu'il rejette l'idée que son *Nu descendant un escalier* ait pu être influencé par les peintres futuristes italiens, Duchamp a reconnu à diverses reprises sa dette envers le physiologiste Étienne-Jules Marey et le photographe Eadweard Muybridge : « La chronophotographie était en vogue à l'époque. Les études de chevaux en mouvement et d'escrimeurs en positions successives comme dans les albums de Muybridge m'étaient bien connues[2]. » Certains propos de Duchamp soulignent son intérêt pour l'analyse du mouvement par Marey en une succession d'images fixes (ce qu'est le cinéma, considéré du point de vue de l'inscription sur le support argentique), et par conséquent son refus de présenter le mouvement comme un flux continu (ce que Duchamp appelle « l'effet de cinéma », et qui est le mouvement réduit à sa dimension phénoménale, le cinéma tel qu'il s'offre comme spectacle) : « Ma préoccupation dans l'exécution du *Nu* était plus proche de celle des cubistes consistant à décomposer des formes que de celle des futuristes cherchant à suggérer le mouvement ou même de celle de Delaunay donnant une interprétation simultanéiste de ce mouvement. Mon but était la représentation statique du mouvement – une composition statique d'indications variées prises par une forme en mouvement – sans essayer de créer des effets de cinéma par la peinture[3]. » Quinze ans plus tard, Duchamp tient le même discours : « Je me rendais très bien compte que je ne pouvais pas rendre l'illusion du mouvement dans un tableau statique. Je me suis donc contenté de faire un état de chose, un état de mouvement, si vous voulez, comme le cinéma le fait, mais sans le déroulement du cinéma comme le film le fait[4]. » À la différence des futuristes, qu'il qualifiait d'« impressionnistes urbains », Marcel Duchamp s'intéressait donc moins au dynamisme de la ville ou à la « suggestion du mouvement » (c'est-à-dire sa synthèse) qu'à son analyse, sa discontinuité, ses coupures : un « *état de mouvement* ». Ceci s'accorde bien avec le côté mécanique, précis, sec, sur lequel il a toujours insisté. Duchamp est peut-être le premier qui, retenant la leçon de Marey, pense le cinéma comme appareil fondé sur un mécanisme jouant de la dissociation, et qui ne se laisse donc pas « impressionner » par le cinéma compris comme spectacle. Marey explique que ses images « s'adressent plus à l'esprit qu'aux sens[5] ». Duchamp aurait pu faire la même remarque pour son *Nu* : loin de vouloir reproduire les apparences, il résulte d'une opération mentale et s'adresse à ce que son auteur nomme communément la « matière grise ». Le passage du mouvement étudié avec des moyens picturaux d'une part, à une interrogation sur le mouvement réel d'autre part, passe par la *Roue de bicyclette,* objet qu'il installe, la fourche retournée fixée sur un tabouret, dans son atelier en 1913, soit peu de temps après la réalisation du *Nu.* Il existe ainsi un lien fort, mais qui reste peu remarqué, entre son tableau le plus célèbre et son premier ready-made avant la lettre, puisque l'expression ne sera proposée qu'en 1915, peu après son arrivée à New York. Si Duchamp a souvent insisté sur le rapport de cette roue avec le mouvement des flammes du feu de cheminée, le lien avec le *Nu descendant un escalier* est plus rarement évoqué : « Toujours cette idée de mouvement, voyez-vous, transféré du nu à la roue de bicyclette[6] ». La roue, et son mouvement, que Duchamp qualifie lui-même d'« intermittent[7] », peut donc être comprise comme la prolongation de la recherche conduite avec le *Nu* et donne sur ce dernier un éclairage rétrospectif. En effet, de même que les rayons de la roue ne sont visibles que quand elle est immobilisée, les différentes positions du mobile humain ne deviennent visibles qu'à partir du moment où le mouvement est pensé comme divisible par son inscription, quand la peinture l'analyse en moments « déchiquetés ». La peinture semble donc être le résultat produit par un *œil machinique,* pris dans les filets de la géométrie, loin du

Marcel Duchamp
Roue de bicyclette
1913/1964
Assemblage d'une roue
de bicyclette sur un tabouret
Métal, bois peint
126,5 x 31,5 x 63,5 cm
Achat 1986
AM 1986-286

rapport phénoménologique fait de «petites sensations» qui, chez Cézanne, liait son œil, la couleur au bout du pinceau et la matière du monde. Avec le *Nu*, c'est donc moins le mouvement «futuriste» qui est introduit dans la représentation cubiste que l'instantané de la photographie qui pénètre par effraction dans l'univers pictural. C'est en 1920 que Duchamp réalise sa première machine optique, *Rotative plaques verre*. Il s'agit de cinq plaques de verre rectangulaires montées sur un axe horizontal, et dont la longueur est décroissante par rapport au lieu où doit se tenir le spectateur. Les deux extrémités de chacune des plaques sont peintes de fragments de courbes noires. Ces plaques peuvent être mises en mouvement de rotation autour de l'axe grâce à un moteur. Si, suivant les instructions de Duchamp, le spectateur place son œil (l'autre étant fermé) dans l'axe et à un mètre de la machine, trois illusions d'optique seront produites :

– alors que le dessin des extrémités des pales constitue une suite de sections d'une spirale géométrique, le mouvement donne au spectateur l'illusion d'être en présence de formes concentriques ;
– les fragments discontinus du dessin apparaissent comme *continus* ;
– les plaques de verre étagées en différents plans apparaissent comme faisant partie d'un même plan, ou d'une même demi-sphère, soit convexe, soit concave.

Rotative plaques verre constitue donc une suite logique, mais avec des moyens différents, de la réflexion sur la décomposition de la forme et sur l'analyse du mouvement dans le *Nu* : démultiplication de la forme dans l'espace, puisque les cinq plaques de verre sont situées dans des plans différents. Mais ce qui différencie les deux œuvres, c'est que cette fois le mouvement est réel (rotation autour de l'axe) et non plus suggéré, et que ce mouvement est incarné par un dispositif mécanique et non plus par un humain «robotisé». D'autre part, on peut noter que la «bêtise de l'œil» dont parle Duchamp, c'est-à-dire sa prétention de contrôle et de savoir, trouve ici une manière de preuve : l'œil se fait littéralement «à-voir» en se faisant piéger par toutes sortes d'illusions. Alors que le *Nu* voulait être une analyse du mouvement, mais en était aussi, malgré lui, une synthèse, la *Rotative* dissocie au contraire très nettement les deux phases (repos et rotation) et met ainsi en évidence que la «suggestion du mouvement» n'est qu'une illusion. On peut ainsi faire l'hypothèse que les *opticeries* constitueraient une démonstration par l'absurde de la nécessité de construire un art d'idée. Cinq ans après *Rotative plaques verre*, Duchamp exécute une seconde machine optique : *Rotative demi-sphère*. Il s'agit d'une demi-sphère en verre sur laquelle sont peints des cercles excentriques. La sphère est fixée sur un disque plat tendu de velours noir, qui peut être recouvert par un autre disque, de cuivre rouge, sur lequel est gravée l'inscription «Rrose Sélavy et moi esquivons les ecchymoses des esquimaux aux mots exquis». Elle peut être actionnée par un moteur et tourner sur elle-même. Dans le prolongement de la première machine optique, deux effets sont produits quand la machine est en mouvement :

Marcel Duchamp
Rotative plaques verre
1920/1979
5 plaques de Plexiglas peintes, bois
et bras métallique, rhéostat tournant
sur un axe de métal mû électriquement
170 x 125 x 100 cm
Achat 1979
AM 1979-411

Marcel Duchamp
Rotative demi-sphère
1925
Négatif au gélatino-bromure
d'argent sur support souple
23,5 x 17,5 cm
Don de M. Lucien Treillard, 1995
AM 1995-281 (339)

Marcel Duchamp
Anémic Cinéma
1926

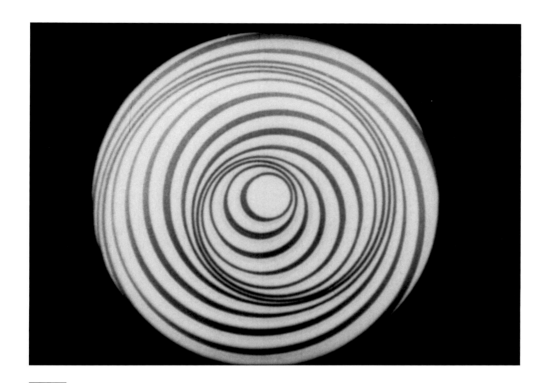

Marcel Duchamp
Anémic Cinéma
1926

- illusion de profondeur ou, au contraire, effet de «tire-bouchon», comme le désigne Duchamp[8] ;
- les cercles fermés apparaissent comme une spirale ouverte tournoyante.

Le film *Anémic Cinéma* est la conclusion de deux lignes de recherche : l'étude du mouvement, qui se poursuit du *Nu* aux *Rotatives*, et l'étude du relief, avec les procédés stéréoscopique et anaglyphique. L'intérêt de Duchamp pour la profondeur et le relief s'inscrit dans le cadre de ses spéculations sur le passage d'un monde constitué de n dimensions à un monde à n + 1 dimensions, puis à n + 2, etc. Ceci occupe l'essentiel des notes de la *Boîte blanche (À l'infinitif)* en rapport avec l'exécution de *La Mariée mise à nu par ses célibataires, même*. Ainsi s'explique sa curiosité pour les anaglyphes : à partir d'une surface bidimensionnelle, obtenir l'illusion du relief tridimensionnel. Un petit verre réalisé en 1918, intitulé *À regarder (l'autre côté du verre) d'un œil de près, pendant presque une heure*, témoigne de l'attention portée sur le mode de perception monoculaire ou binoculaire. En 1918-1919, il réalise à Buenos Aires une plaque stéréoscopique : deux pyramides opposées par leur base sont rajoutées sur chacune des deux photographies de la plaque présentant un paysage marin. Avec l'effet tridimensionnel, les pyramides semblent ainsi flotter à la surface de la mer. Dès 1920, Duchamp pense à explorer les possibilités ouvertes par le cinéma et écrit à ses amis Walter et Louise Arensberg, peu de temps avant son arrivée à New York : «À New York j'ai l'intention de trouver un "job" dans le cinéma, pas comme acteur, plutôt comme assistant cameraman» (15 novembre 1921). S'il précise «pas comme acteur», c'est qu'il a auparavant, en 1918, joué dans un film de Léonce Perret, *Lafayette, We come !* Il y tenait un petit rôle de blessé «soigné par une superbe nurse», note-t-il. Duchamp fait une première expérience, qui vise à introduire au cinéma les recherches stéréoscopiques, en tournant avec deux caméras engrenées. Mais l'essai fut détruit au développement. Une autre expérience le conduit à associer cinéma et érotisme : en 1920 (ou début 1921), il réalise un film avec Man Ray, dans lequel il est appelé à raser les poils pubiens de la très excentrique baronne Elsa von Freytag-Loringhoven, mais, selon Man Ray, le film fut lui aussi détruit au développement.

Le prétexte à la réalisation d'*Anémic Cinéma* semble fondé sur un jeu de mots : «Au lieu de fabriquer une machine qui tourne comme j'avais fait à New York, je me suis dit : pourquoi ne pas tourner un film[9]». Il s'agit de la prise de vue de dix disques optiques dont les motifs ont été dessinés en 1923, présentant un traitement géométrique de cercles et disques décentrés par rapport à leur axe de rotation. Ils constituent des variantes optiques du dessin de *Rotative demi-sphère* et préfigurent ceux des *Rotoreliefs* de 1935. Ces disques optiques «abstraits» sont systématiquement alternés avec neuf disques comportant des inscriptions écrites en forme de spirale. Alors que la plupart des disques optiques sont des cercles donnant l'illusion d'un mouvement spiralé, les textes dessinent en revanche de vraies spirales en mouvement. Ces phrases sont activées par des jeux de mots, homophonies, contre-pèteries, etc., avec parfois des sous-entendus sexuels :

— BAINS DE GROS THÉ POUR GRAINS DE BEAUTÉ SANS TROP DE BENGUÉ
— L'ENFANT QUI TÈTE EST UN SOUFFLEUR DE CHAIR CHAUDE ET N'AIME PAS LE CHOU-FLEUR DE SERRE CHAUDE
— SI JE TE DONNE UN SOU, ME DONNERAS-TU UNE PAIRE DE CISEAUX ?
— ON DEMANDE DES MOUSTIQUES DOMESTIQUES (DEMI-STOCK) POUR LA CURE D'AZOTE SUR LA CÔTE D'AZUR
— INCESTE OU PASSION DE FAMILLE, À COUPS TROP TIRÉS
— ESQUIVONS LES ECCHYMOSES DES ESQUIMAUX AUX MOTS EXQUIS
— AVEZ-VOUS DÉJÀ MIS LA MOËLLE DE L'ÉPÉE DANS LE POÊLE DE L'AIMÉE ?
— PARMI NOS ARTICLES DE QUINCAILLERIE PARESSEUSE, NOUS RECOMMANDONS LE ROBINET QUI S'ARRÊTE DE COULER QUAND ON NE L'ÉCOUTE PAS
— L'ASPIRANT HABITE JAVEL ET MOI J'AVAIS L'HABITE EN SPIRALE

Le film met donc en contiguïté deux espaces violemment hétérogènes, l'un optique, l'autre conceptuel, dont l'agencement peut être perçu comme une parodie de la structure du cinéma muet contemporain : images alternées avec les inter-titres ou cartons. Mais ici aucune relation sémantique ne lie ces deux tresses : la relation nouant le cercle à la spirale est strictement visuelle, même si la circularité des anagrammes entre en écho avec le motif de la gidouille d'Alfred Jarry, et avec d'autres préoccupations de Duchamp, incarnées par les *Témoins oculistes,* par exemple. Chaque disque optique, figurant un dessin différent, provoque une réaction visuelle spécifique. Certains ont tendance à être vus en relief, d'autres semblent plutôt creuser l'écran. Ce n'est d'ailleurs pas si sûr : il est possible qu'un même disque soit vu comme surgissant de l'écran par un spectateur, tandis que son voisin le perçoit comme pénétrant l'écran. Ceci s'accorde avec l'idée de Duchamp : « Ce sont les REGARDEURS qui font les tableaux ». Si les *Rotatives*, de par leur fonctionnement même, distinguaient nettement deux temps — le repos et le mouvement —, on peut dire qu'avec *Anémic Cinéma* le mouvement s'inscrit au cœur même du repos, réalisant ainsi ce qu'annonce l'anagramme (presque palindrome) de son titre. En effet, tous les plans sont fixes et sont structurés de la même manière (composition de l'image et durée des plans) — cas sans doute unique dans la cinématographie des années 1920 —, mais ils tirent tous leur puissance du mouvement qu'ils figurent, celui-ci pouvant s'enchaîner avec le mouvement réel des yeux, et même de la tête, du spectateur qui tarderait trop dans la lecture des titres en rotation.

Une note mystérieuse de la *Boîte verte*, dans laquelle Duchamp a réuni un ensemble d'esquisses et de propos se rapportant entre autres à son *Grand Verre*, pourrait être interprétée dans un contexte cinématique : « Nous déterminerons les conditions du Repos instantané (ou apparence allégorique) d'une succession [d'un ensemble] de faits divers semblant se nécessiter l'un l'autre par des lois, *pour isoler le signe de la concordance entre*, d'une part, ce *Repos* (capable de toutes les excentricités innombrables) et, d'autre part, un *choix de Possibilités* légitimées par ces lois et aussi les occasionnant[10] ».

Ne peut-on pas faire l'hypothèse que cette tension entre le « repos instantané » et la « succession des faits semblant se nécessiter l'un l'autre par des lois » peut renvoyer au lien paradoxal qui noue l'immobilité du photogramme projeté et le flux de la pellicule animée ? Hypothèse qui pourrait être renforcée par une note, variante de la précédente, qui insiste sur le fait que l'opération se passe « dans l'obscurité » et qui substitue à « repos instantané » l'expression « exposition extra-rapide ». Et le « repos capable de toutes les excentricités » ne fait-il pas penser aux cercles excentriques filmés en plans fixes, caméra au repos ? Le rapport – « le signe de la concordance » qui intéressait tant Duchamp – peut trouver une manière d'incarnation dans l'intervalle qui à la fois sépare et lie deux photogrammes. Intervalle infra-mince auquel l'apprenti cinéaste ne pouvait pas être insensible, puisque les disques, fixés sur une roue de bicyclette (!), ont été filmés (*tournés*) image par image, « millimètre par millimètre », pendant deux semaines avec Man Ray[11].

Les mouvements de l'effet spiralé sont de deux ordres : il y a d'abord le va et vient dans l'axe de la profondeur (perpendiculaire à l'écran), que l'on peut considérer comme métaphorique de l'acte sexuel : les jeux de mots de certains intertitres encouragent cette interprétation. Il y a aussi le mouvement latéral de la spirale, qui se poursuit virtuellement hors du cadre de l'écran. De même que les cartons invitent le spectateur-lecteur à des voyages linguistiques, cette spirale nous suggère qu'avec *Anémic Cinéma* le film sort de ses gonds. Opticeries et mise à feu de la langue : le film renvoie dos à dos le « cinéma pur », que revendiquait une part importante de l'avant-garde cinématographique des années 1920, et la coulée narrative sollicitée par le cinéma commercial. Cependant, avec la thématique circulaire, c'est aussi tout un pan de l'archéologie de l'optique et de la cinématique qui est réactivé : le disque de Newton, le Thaumatrope du Dr Paris, le Phénakistiscope de Joseph Plateau, la roue de Faraday, le Praxinoscope d'Émile Raynaud... *Anémic Cinéma* tresse les dimensions linguistique et optique, mais l'érotique affleure aussi par divers aspects :

– *iconique* : les cercles et disques, tournant sur eux-mêmes, ne peuvent manquer de renvoyer aux rouleaux de la *Broyeuse de chocolat*, métaphore pour Duchamp de l'activité « onanique » du célibataire, qui « broie son chocolat lui-même » ;

– *anémique* : lascive lenteur du déroulement rotatoire des disques ;

– *excentrique* : la propagation en surface du mouvement spiralé est singulièrement suggestive : contamination de l'onde érotique, à la manière d'un entêtant parfum « Rrose Sélavy ».

– *stéréoscopique* : grâce à l'« effet tire-bouchon », le suggestif va et vient des cercles dans l'axe de la profondeur peut aussi donner à croire qu'ils viennent toucher le spectateur[12].

La célèbre note de Duchamp «Art de précision, beauté d'indifférence» trouve peut-être avec *Anémic Cinéma* l'une de ses meilleures incarnations. Et le dernier plan du film, «copyrighted Rrose Sélavy», dans lequel une empreinte digitale accompagne la signature, signale ironiquement la situation nouvelle créée par le cinéma et analysée dix ans plus tard par Walter Benjamin : *L'Œuvre d'art à l'époque de sa reproductibilité technique*.

NOTES

1. Pierre Cabanne, *Entretiens avec Marcel Duchamp*, Paris, Belfond, 1967, p. 126.

2. Marcel Duchamp, propos rapporté par J. J. Sweeney dans «Eleven Europeans in America», *The Museum of Modern Art Bulletin*, New York, vol. XIII, nᵒ 4-5, 1946, p. 20.

3. *Ibid*.

4. Interview de Marcel Duchamp par Guy Viau, à la Radio-Télévision canadienne, le 17 janvier 1960. Transcrit dans *Fin*, Paris, nᵒ 5, juin 2000, p. 10.

5. Étienne-Jules Marey, *Le Mouvement,* Paris, Masson, 1894, p. 297 ; rééd. (incomplète) Nîmes, Jacqueline Chambon, p. 303.

6. Entretien avec Richard Hamilton enregistré le 27 septembre 1961 pour la BBC. Repris dans *Le Grand Déchiffreur. Richard Hamilton sur Marcel Duchamp*, Zurich, JRP/Ringier, 2009, p. 122.

7. Lettre datée du 26 juin 1955 adressée à Guy Weelen, citée par Arturo Schwarz, *The Complete Works of Marcel Duchamp*, Londres, Thames & Hudson, 1997, p. 918.

8. P. Cabanne, *Entretiens avec Marcel Duchamp*, *op. cit*, p. 135.

9. *Ibid*., p. 126.

10. Note de la *Boîte verte* (1934) intitulée «Préface», reproduite en fac-similé par A. Schwarz dans Marcel Duchamp, *Notes and Projects for The Large Glass*, Londres, Thames & Hudson, 1969, p. 183.

11. Cette centralité de la *Roue de bicyclette* dans les recherches sur le mouvement (et donc la nécessité de l'aborder avec une autre ligne généalogique que celle qui la réduit à n'être qu'un "proto-readymade") se confirme par l'utilisation métonymique d'un autre élément de la bicyclette – le pédalier ! – pour activer la Rotative demi-sphère lors des premiers essais (*cf.* la photographie publiée dans *Man Ray, directeur du mauvais movies* (dir. J.-M. Bouhours et P. de Haas), Paris Centre Pompidou, 1997, p. 12.

12. Dans son étude qui aborde les *Rotoreliefs*, Gabrielle Buffet rappelle que «le relief appartient au toucher et non à la vue» («Cœurs volants», *Cahiers d'Art*, vol. XI nᵒ 1-2, 1936, p. 34).

Germaine Dulac
La Coquille et le Clergyman
1927

RÉCITS DE RÊVE

GERMAINE DULAC | LA COQUILLE ET LE CLERGYMAN | 1927
MAN RAY | L'ÉTOILE DE MER | 1928
LUIS BUÑUEL | UN CHIEN ANDALOU | 1929

LA COQUILLE ET LE CLERGYMAN

Journaliste et féministe militante, Germaine Dulac (1882-1942), cinéaste d'avant-garde éprise de recherches esthétiques, fut parmi les premiers, en France, à considérer le cinéma comme un art et, dès 1916, elle s'y consacra tout entière. Réalisé à partir d'un scénario d'Antonin Artaud, *La Coquille et le Clergyman* est l'histoire d'un clergyman amoureux de l'épouse d'un général, en proie à une succession de visions qui le tourmentent. Il se voit tuant le général et poursuivant la femme dont il est épris. Ses rêves deviennent sans cesse plus étranges et terrifiants : ils atteignent leur paroxysme dans une scène au cours de laquelle le clergyman s'empare d'une coquille géante dont il avale le contenu avec avidité... Germaine Dulac se sert de mouvements de caméra dramatiques et d'angles insolites pour exprimer, en accord avec les théories freudiennes, les frustrations et les fantaisies sexuelles du jeune clergyman. « *La Coquille et le Clergyman* ne raconte pas une histoire mais développe une suite d'états d'esprits qui se déduisent les uns des autres comme la pensée se déduit de la pensée, sans que cette pensée reproduise la suite raisonnable des faits[1] », écrivait Antonin Artaud, l'auteur du scénario, en 1927. Désavoué par le poète, le film suscita un scandale surréaliste mémorable lors de sa sortie au Studio des Ursulines en février 1928.

Germaine Dulac
1882, Amiens (France) -
1942, Paris (France)
La Coquille et le Clergyman
1927
Film 35 mm noir et blanc,
muet, 42'03"
Achat 1986
AM 1986-F1089

Man Ray (Emmanuel
Radnitzky, dit)
1890, Philadelphie (États-
Unis) - 1976, Paris (France)
L'Étoile de mer
1928
Film 35 mm noir et blanc,
silencieux, 17'09"
Don de l'artiste 1975
AM 1975-F0219

Luis Buñuel
1900, Calanda (Espagne) -
1983, Mexico (Mexique)
Un chien andalou
1929
Film 35 mm noir et blanc,
silencieux, 15'45"
Collection privée - Dépôt
AM 1995-FDEP0001

NOTE

1. Antonin Artaud, « Le cinéma et l'abstraction », *Œuvres complètes*, t. III, « À propos du cinéma », Paris, Gallimard, 1978, p. 68.

Man Ray
L'Étoile de mer
1928

L'ÉTOILE DE MER

Inspiré d'un poème disparu de Robert Desnos, *L'Étoile de mer,* fondé sur des jeux polysémiques et sur l'interrelation entre les mots et les images, est sans doute l'exemple le plus pur de l'adaptation cinématographique surréaliste. Un homme rencontre une femme (Kiki de Montparnasse, l'égérie de Man Ray) qui vend des journaux dans la rue. Cette rencontre est suivie de plusieurs séquences où chacun d'eux apparaît seul. L'homme a pris à la femme un presse-papier en verre dans lequel est enchâssée une étoile de mer. À la fin du film, ils se retrouvent dans une scène presque identique à leur rencontre initiale, mais cette fois un autre homme (interprété par Desnos) arrive soudain et emmène la femme avec lui. Dans son film, Man Ray emploie par intermittence un objectif granuleux qui déforme les images, vues comme à travers un verre épais, accentuant ainsi le caractère subjectif et onirique de la vision.

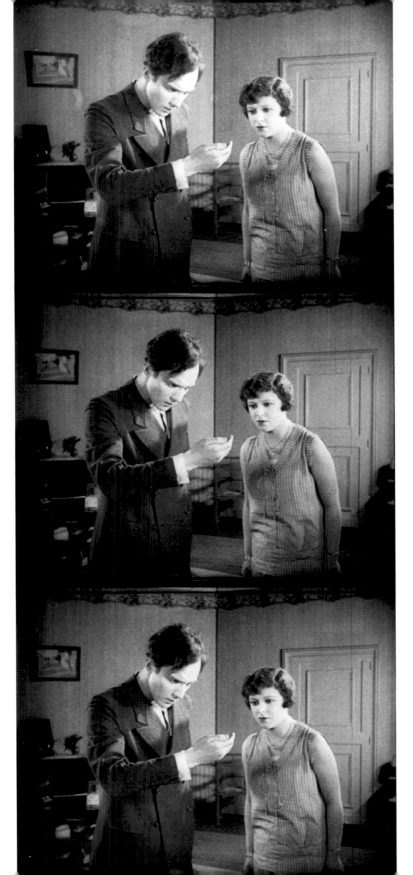

Luis Buñuel
Un chien andalou
1929

UN CHIEN ANDALOU

Fruit de la collaboration entre Luis Buñuel et Salvador Dalí, le scénario, initialement intitulé «Dangereux de se pencher au-dedans», a été écrit en Espagne, à Cadaqués, sur le mode surréaliste de l'écriture automatique: le cinéaste et le peintre se racontaient les rêves qu'ils avaient faits pendant la nuit afin de les mettre en scène, n'écartant que ceux qui leur semblaient trop logiques. Le premier rêve fait par Dalí fut celui d'une main dont sortait une multitude de fourmis; Buñuel, quant à lui, rêva de sa mère, de la lune et d'un nuage qui la traversait, puis d'un œil coupé par un rasoir. L'origine onirique de l'image de la main trouée est probablement une fiction: on trouve en effet, dans la revue *L'Amic de les arts*, un texte de Lluis Montanyà dans lequel se trouve insérée la question suivante: «¿ Per què en anar a recollir les engrunes de suro de terra, m'ha quedat al mig de la mà un forat negre, ple i compacte d'un bellugadis formiguer que pretenc de buidar amb una cullera?»: «Pourquoi, en allant ramasser des morceaux de liège tombés par terre, m'est-il resté au creux de la main un trou noir, compact et plein d'une grouillante fourmilière que je pense extraire avec une cuillère[1]?»

C'est à Pepín Bello, l'un de leurs amis qui participaient à la revue, plus qu'à leur imaginaire morbide, que Pepín et Buñuel doivent l'invention du *carnuzo,* du décomposé, de la pourriture. Qui laissera sa trace dans l'image de l'âne mort posé sur le piano du *Chien andalou*, ou encore dans celle des évêques putréfiés de *L'Âge d'or*. Ce penchant pour la putréfaction obéit à un double ressort: d'un côté, il procède de la tradition morale espagnole que l'on retrouve aussi bien dans la peinture religieuse que dans les *bodegones* [les scènes de boucherie]; d'autre part, il rattache la culture surréaliste au décadentisme fin de siècle.

En dépit du caractère onirique revendiqué des images, le film continue d'obéir à une facture narrative relativement classique. Buñuel: «Bien que je me sois servi d'éléments oniriques, le film n'est pas la description d'un rêve. Au contraire, le milieu ambiant et les personnages sont réels. Sa différence fondamentale avec d'autres films réside dans le fait que les actes de ses protagonistes sont animés par des pulsions dont les sources primordiales se confondent avec les sources irrationnelles qui sont, en l'occurrence, celles de la poésie. Parfois, les personnages agissent de manière énigmatique, jusqu'à la limite où le complexe pathologie-psychisme peut être énigmatique. Ce film s'adressait aux sentiments de l'inconscient humain et, ainsi, sa valeur est universelle, bien qu'il en devienne désagréable à certaine classe sociale cramponnée aux principes puritains de la morale[2].»

Les deux cinéastes refusent l'esthétique photographique des avant-gardes cinématographiques, telle qu'elle s'exprime par exemple dans le cinéma de Man Ray ou de Fernand Léger, pour défendre la recherche de l'objectivité nue, qu'ils trouvent, comme Francis Picabia, dans le cinéma comique (Ben Turpin, Harry Langdon...) et la *low culture* filmique. Georges Bataille défendra précisément pour ces raisons réalistes *Un chien andalou* dans la revue *Documents*: «Ce film se distingue des banales productions d'avant-garde avec lesquelles on serait tenté de le confondre en ceci que le scénario prédomine. Quelques faits très explicites se succèdent, sans suite logique il est vrai, mais pénétrant si loin dans l'horreur que les spectateurs sont pris à parti aussi directement que dans les films d'aventures. Pris à parti et même exactement pris à la gorge, et sans aucun artifice : savent-ils, en effet, ces spectateurs, où s'arrêteront, soit les auteurs de ce film, soit leurs pareils ? Si Buñuel lui-même après la prise de vue de l'œil tranché est resté huit jours malade (il dut d'autre part tourner la scène des cadavres d'ânes dans une atmosphère pestilentielle), comment ne pas voir à quel point l'horreur devient fascinante – et aussi qu'elle est seule assez brutale pour briser ce qui étouffe[3] ? »

NOTES

1. Lluis Montanyà, « Punt i apart » [« Point et aparté »], *L'Amic de les arts*, n° 31, 31 mars 1929. Cité dans Jean-Michel Bouhours, Nathalie Schœller (dir.), *Les Cahiers du Musée national d'art moderne*, hors-série « Archives », *L'Âge d'or. Correspondance Luis Buñuel-Charles de Noailles. Lettres et documents (1929-1976)*, 1993, p. 11.

2. Luis Buñuel, « Autobiographie 2 », *Positif*, n° 147, février 1973, p. 41.

3. Georges Bataille, « Œil », *Documents*, n° 4, septembre 1929, rubrique « Chronique – Dictionnaire », p. 216, note 1 ; rééd. Paris, Éditions Jean-Michel Place, 1991.

LE FILM NON-JOUÉ
DZIGA VERTOV | L'HOMME À LA CAMÉRA | 1929

La carrière cinématographique de David Kaufman, alias Dziga Vertov [en ukrainien, « la toupie qui tourne »], débute en 1918, au lendemain de la révolution d'Octobre, et accompagne la naissance de l'État soviétique pour culminer en 1929 avec la réalisation de *L'Homme à la caméra*. Dans ce long-métrage, peut-être son chef-d'œuvre, du moins son film le plus célèbre, Vertov poursuit le projet de cinéma-vérité engagé dans la série des *Kino-Pravda*, journaux filmés qu'il réalise de 1922 à 1925 avec son épouse, la monteuse Elizaveta Svilova, et son frère Mikhaïl, et dans les nombreux textes théoriques qu'il publie tout au long de la décennie.

L'Homme à la caméra est un poème épique sur la vie quotidienne dans l'URSS des années 1920 en même temps que le journal filmé d'un caméraman. La série de cartons sur laquelle s'ouvre le film souligne la dimension théorique de celui-ci, indissociable, selon Vertov, de sa dimension visuelle et plastique : il s'agit d'un film sans acteurs, sans scénario et sans intertitres. Le matériau filmique est monté en trois séries parallèles : les événements quotidiens, la réalisation du film – tournage et montage –, le spectateur de cinéma, de sorte que le film se confond avec le récit de sa production. Ainsi, dans la célèbre séquence du passage du train filmé en contre-plongée, Vertov montre successivement le passage du train, l'opérateur réalisant la séquence et la monteuse agençant les plans à la table de montage. Dans *L'Homme à la caméra*, Vertov développe une esthétique de la fragmentation. Une séquence peut ainsi commencer à Moscou, se poursuivre à Kiev et s'achever à Odessa. L'accélération elliptique des transferts spatiaux accrédite un nouveau type de temporalité perceptive, correspondant à l'abolition des distances que permettent les moyens de transport modernes (automobile, train, avion), tandis que ralentis et accélérés déréalisent la prise de vue et conduisent, avec les cadrages désaxés, à l'affirmation d'une nouvelle réalité, émancipée de la référence au sujet humain. Adoptant un point de vue délibérément anti-psychologique, Vertov considère les individus dans leur dimension

Dziga Vertov
1895, Bialystok (Pologne) -
1954, Moscou (URSS)
L'Homme à la caméra
1929
Film 35 mm noir et blanc,
silencieux, 71'59"
Achat 1987
AM 1987-F1094

Dziga Vertov
L'Homme à la caméra
1929

fonctionnelle (le policier, le mineur, la téléphoniste…) et ne les laisse apparaître que pour des durées très brèves. Le corps humain est filmé dans sa matérialité au même titre que les engrenages d'une machine, et plutôt des parties du corps que le corps tout entier : gros plans de mains, de jambes, de dos, des yeux, rarement des visages. Il reste pourtant un protagoniste dans le film : le caméraman, figure protéiforme, capable de grandir et de rapetisser, de s'immiscer dans tous les décors et tous les contextes à la faveur des surimpressions, l'œil de la caméra étant doué d'un pouvoir d'ubiquité sans limites. Cinéma-vérité, pour Vertov, ne signifie pas reproduction, mais invention de la réalité. C'est ainsi que, débarrassant le film de l'acteur et du scénario, c'est-à-dire de la narration et du langage, *L'Homme à la caméra* reste l'archétype du cinéma constructiviste et futuriste.

UN ART DE LA SUBVERSION
LUIS BUÑUEL | L'ÂGE D'OR | 1930

Le film s'ouvre sur des images de scorpions tirées d'un documentaire scientifique. Une île apparaît, gardée par des archevêques et habitée par des bandits, qui vivent dans une cabane misérable. Arrive une délégation d'importants personnages sous la conduite du gouverneur mayorquin, venue fonder la Rome impériale. Les bandits meurent lorsque arrivent ces personnages, alors que les archevêques sont devenus des squelettes figés dans la roche. La cérémonie de la pose de la première pierre est troublée par un scandale : un homme fait l'amour dans la boue avec une femme. Des policiers se saisissent de l'homme et l'entraînent. Ce dernier, qui a rompu avec un passé honorable, est amoureux fou d'une jeune femme de la haute bourgeoisie. Son père, le marquis de X..., donne une réception mondaine dans sa propriété. Des événements bizarres s'y déroulent : le feu éclate dans la cuisine, des ouvriers en charrette traversent le salon, le garde forestier tire à bout portant sur son fils désobéissant... Les amoureux se retrouvent, à la faveur d'un concert donné en plein air. Mais c'est au chef d'orchestre, un hideux vieillard, que la femme réserve ses faveurs. Désespéré, l'homme s'enfuit et saccage la chambre de l'aimée. Le dernier épisode (emprunté au marquis de Sade) évoque une orgie au château de Selliny : l'un des libertins est le Christ. Le dernier plan montre une croix où sont accrochés des cheveux de femme, sous une bourrasque de neige.

Dans son film, Buñuel utilise le son, qui en 1930 était une chose radicalement nouvelle, avec des partis pris très avant-gardistes : notamment, il intègre immédiatement le principe de la discrépance, de la disparité de l'image et du son, qui sera, après-guerre, l'un des ressorts du cinéma lettriste, il utilise massivement la voix off et la désynchronisation...

Luis Buñuel
1900, Calanda (Espagne) -
1983, Mexico (Mexique)
L'Âge d'or
1930
Film 35 mm noir et blanc, sonore, 63'
Dation 1989
AM 1989-F1128

Luis Buñuel
L'Âge d'or
1930

Hymne à l'amour fou et aux forces subversives capables de détruire la morale bourgeoise, *L'Âge d'or*, où se superposent l'*Évangile* et *Les 120 journées de Sodome*, violente attaque contre l'Église, l'armée et la famille, a été produit par le vicomte et la vicomtesse de Noailles, que Buñuel rencontra probablement à une projection d'*Un chien andalou*. Ce sont eux qui avaient demandé à Man Ray de tourner *Les Mystères du château du dé*, inspiré par leur maison récemment construite par Robert Mallet-Stevens sur les hauts de Hyères. Le film, dont le titre devait être *La Bête andalouse*, fut conçu, selon la même démarche qu'*Un chien andalou*, comme une collaboration de Buñuel et de Dalí. Cependant le peintre, cette fois, ne participa que de loin à l'écriture du film. Tourné de mars à mai 1930, *L'Âge d'or* reçut en juillet au cinéma Panthéon un accueil glacial de la part du Tout-Paris invité par les Noailles. Outre des allusions très claires à la masturbation, certaines images (l'ostensoir par terre) et certaines phrases dans la brochure-programme (« Le Comte de Blangis est évidemment le Christ ») étaient trop choquantes à l'époque. Lorsque, le 28 novembre, il sortit au Studio 28, le film provoqua la colère des ligues, qui attaquèrent la salle et lacérèrent plusieurs toiles surréalistes exposées dans l'entrée. Les projections purent reprendre mais sous la protection de la police. Il fut interdit définitivement le 11 décembre et les copies furent saisies. « Voilà le résultat d'un film que je croyais tendre par dessus de sa violence et qui laisserai le public plutôt rêveur au lieu de l'avoir plongé dans un cauchemar. Ce résultat je l'attendais, au contraire, pour le Chien Andalou[1] », écrivit dans son français incertain Buñuel au vicomte de Noailles le 26 décembre 1930, de Beverly Hills. Buñuel devra attendre trois ans avant de réaliser son film suivant, *Las Hurdes*, et le scandale de *L'Âge d'or* le poursuivra longtemps : réfugié aux États-Unis, travaillant au MoMA, il devra démissionner pendant les années de guerre à cause de l'affaire de *L'Âge d'or* et s'exiler de nouveau en 1946 au Mexique. C'est seulement en 1981 que le public put redécouvrir *L'Âge d'or,* après que les héritiers des Noailles eurent fait don du négatif original du film à l'État français.

NOTE
1. Jean-Michel Bouhours, Nathalie Schoeller (dir.), *Les Cahiers du Musée national d'art moderne*, hors-série « Archives », *L'Âge d'or. Correspondance Luis Buñuel-Charles de Noailles. Lettres et documents (1929-1976)*, 1993, p. 108.

SYNESTHÉSIES 1
MIKHAÏL TSEKHANOVSKI | PACIFIC 231 | 1931

Valérie Pozner

Pacific 231 a été réalisé à Léningrad en 1930-1931 par Mikhaïl Tsekhanovski, d'après le poème symphonique d'Arthur Honegger. Le caractère avant-gardiste du film doit être replacé dans le contexte du bouleversement majeur dû à l'arrivée – tardive en Union soviétique – du son au cinéma, qui relance une phase d'expérimentation, brève mais foisonnante. Si pour les autorités le son doit principalement bénéficier aux films d'agitation et de formation, les cinéastes dits « de gauche » rivalisent de propositions novatrices. Dziga Vertov réalise *Enthousiasme (Symphonie du Donbass)* (1930-1931), en déformant des sons naturels enregistrés à Léningrad, Kiev et dans le Donbass, tandis que Abram Room associe dans *Le Plan des grands travaux* (1930) des images des chantiers et des usines du premier plan quinquennal à des bruits imités en studio et à une musique due au compositeur futuriste Arseni Avraamov. Le film comprend de nombreux graphiques animés, réalisés par Tsekhanovski. Parallèlement aux premières expériences pratiques, dont un très petit nombre est aujourd'hui conservé, se développe dans la presse professionnelle un débat théorique d'une remarquable richesse sur les usages du son. L'évaluation critique des premiers parlants américains présentés en Union soviétique amène en effet une majorité de cinéastes à refuser une ligne dite « naturaliste » privilégiant la parole et l'adéquation son/image, et à proposer, à l'inverse, des sons et des bruits complexes (par leur origine ou leur traitement) et leur association contrapunctique avec les images. L'un des protagonistes de ce débat est Mikhaïl Tsekhanovski, qui affirme : « La rencontre avec le son (et particulièrement ce son organisé qu'est la musique) provoquera une transformation en profondeur de la structure même du cinéma muet, voire sa remise en cause radicale. Il entraînera une rupture tout aussi radicale des traditions séculaires de la musique[1]. »

Mikhaïl Tsekhanovski est né en 1889. Après un séjour à Paris, en 1908, au cours duquel il fréquente des ateliers de sculpture, il entame des études à l'Académie des beaux-arts de Saint-Pétersbourg, tout en suivant des cours de droit à l'université.

Mikhaïl Tsekhanovski
1889, Pooskourov (Russie) -
1965, Moscou (Russie)
Pacific 231
1931
Film 35 mm noir et blanc,
sonore, 10'
Achat 2010
AM 2010-F14

Il s'installe au début de la Première Guerre mondiale à Moscou, où il achève l'École de peinture, sculpture et architecture en 1918. Mobilisé dans l'Armée rouge, il est affecté comme dessinateur au secteur politique de la 16ᵉ armée, pour laquelle il confectionne des affiches, décore des trains d'agitation et des salles de théâtres et de clubs. Le pas est bientôt franchi, et Tsekhanovski assume toute la partie scénographique d'une vingtaine de spectacles. Parallèlement, il enseigne le dessin, la peinture, délivre des conférences sur l'art moderne à l'attention des soldats. Démobilisé en 1923, il travaille dans un atelier de lithographie, puis fonde un collectif, L'Hélice, qui réalise des affiches de cinéma, essentiellement pour les films américains, très présents sur les écrans soviétiques des années 1920. À partir de 1926, il est illustrateur à Léningrad, rattaché aux éditions de livres pour enfants Radouga. Il y subit l'influence du graphiste Vladimir Lebedev, proche du poète Samouil Marchak, tout en développant sa propre manière : celle-ci combine la technique de l'affiche, du graphisme industriel, avec un sens remarquable de la mise en page. Les personnages sont extraits de leur environnement spatial, simplifiés, généralisés, sans perdre de leur finesse. Placés dans la page, ils sont travaillés sans profondeur, mais avec un cadrage qui permet une meilleure caractérisation et une plus grande lisibilité. Ce travail d'aplat que développent au même moment David Sterenberg et d'autres graphistes vise à supprimer reflets, éclairages et ombres susceptibles de fausser la facture originale. Les objets et les personnages sont ensuite montés dans l'espace de la page, en travaillant simultanément sur le texte et la réserve. Tsekhanovski crée une série de petits livres présentant de manière simplifiée les techniques et les sciences aux enfants. Il y dessine très souvent des locomotives, symboles fétiches de la vitesse et de la modernité, qu'il n'est pas le seul alors à mettre en images...

En 1927 paraît *La Poste*, un poème de Samouil Marchak illustré par Tsekhanovski. Le livre remporte un énorme succès. Il évoque les tribulations d'une lettre qui court le monde à la recherche de son destinataire, lequel n'est autre que le poète et romancier Boris Jitkov, ami de Marchak, nommément cité dans le poème. La lettre prend le train, l'avion, le transatlantique, etc., avant de revenir à son point d'origine, son destinataire étant rentré de voyage. C'est un hymne bon enfant à l'unité professionnelle des modestes employés par-delà les frontières. On y rencontre divers personnages de facteurs, dans des situations variées, avec des modes de transports tantôt exotiques, tantôt ultramodernes. Tsekhanovski développe dans cet ouvrage son sens du montage et du rythme.

Il réalise dans la foulée, en 1928, trois petits *flip-books*, qui le font réfléchir à l'animation des images. La même année, très logiquement, il rejoint le secteur du cinéma d'animation du studio Sovkino de Léningrad. Sa vision du cinéma est en parfaite continuité avec le type d'illustration qu'il a pratiquée et que les images animées ont à charge de dynamiser. Il y signe l'année suivante une traduction cinématographique de *La Poste*, à l'aide de marionnettes bidimensionnelles. Tsekhanovski prend appui sur le dessin rythmique et les rimes du poème de Marchak, et travaille avec les formes pour créer une suite illustrative, sans tenter de recréer une structure narrative forte mais, bien au contraire, en jouant des répétitions, reprises, différences, décalages. Le film est entièrement peint au pochoir. Tsekhanovski est aussitôt reconnu comme un maître de l'animation et, plus encore, un maître du rythme. Surtout, le film marque une étape dans la reconnaissance de l'animation comme voie légitime du cinéma en Union soviétique. C'est logiquement à lui et au compositeur futuriste Avraamov que Room fait appel pour son *Plan des grands travaux*. Mais cette collaboration ne lui apporte que peu de satisfaction. Il note dans son journal : «J'ai perdu deux mois à un travail qui ne me rendra aucun service. On supprime les bons passages, tout est sau-poudré dans une macédoine commune... Je ne ferai pas le compte de tout, mais d'une manière générale, c'est mauvais. Il est vrai que je n'ai accepté ce travail que parce que je suis dans une situation matérielle sans issue [...]. Il est bientôt 9 h, et il est temps d'analyser mes pensées tant qu'elles sont encore claires ce matin dans ma tête. Voilà : 1) Récupérer tout ce qui traîne et le rapporter à la maison, il ne faut à aucun prix que ces ciné-voleurs utilisent ce que l'individu a de plus précieux – sa matière grise. 2) Ne pas se laisser entraîner à des petits travaux alimentaires (Kozintsev and co). 3) Viser coûte que coûte à travailler selon un plan, en ne choisissant que les tra-vaux qui peuvent servir à développer mes propres objectifs[2].»

Il imagine développer le thème du plan quinquennal sous forme de film d'anima-tion, mais n'est pas suivi par la direction du studio. En revanche, il se voit proposer en 1930 de donner une version sonore de *La Poste*. Il fait alors appel à un compo-siteur d'avant-garde, Vladimir Dechovov, ami de Prokofiev et de Darius Milhaud, qui écrit pour la scène (opéras, ballets, opérettes), notamment à destination des enfants. Figure de proue de l'avant-garde musicale, ce compositeur à l'écriture novatrice sera progressivement marginalisé dans la seconde moitié des années 1930. À la partition, qui souligne la construction rythmique de l'image, Tsekhanovski mêle des bruits réels d'avions, de trains, ainsi que la neige qui crisse sous les pas du facteur, l'aboiement d'un petit chien. Le texte du poème de Marchak est enregistré par le poète absur-diste Daniil Kharms.

La version sonore de *La Poste*, aujourd'hui perdue, est un deuxième succès. Le tra-vail de Tsekhanovski est ici très particulier, puisqu'il passe commande de la partition à partir du film muet, mais retravaille les images une fois cette partition enregistrée : il analyse le moment où intervient chaque mot, chaque accent de la phrase musicale, chaque son, puis adapte le canevas initial de la «partition visuelle». Il contrôle ainsi parfaitement les rapports entre images et sons à chaque mesure, chaque instant. Ce travail, mené par tâtonnements successifs, permet à Tsekhanovski de dévelop-per une réflexion plus poussée sur l'avenir du cinéma sonore : «Le cinéma dessiné sonore est un art où, pour la première fois dans l'histoire, se rencontrent musique et arts plastiques. De plus, il n'existe aucun autre art synthétique dans lequel les formes visuelles, sonores et musicales fusionnent de manière aussi organique. Avec l'introduction de la couleur nous assisterons à la naissance d'un art véritablement nouveau – celui de la peinture sonore dynamique[3]», écrit-il.

Mikhaïl Tsekhanovski
Pacific 231
1931

Si pour *La Poste* il s'agissait de trouver des équivalents sonores au travail graphique, la démarche, il en est désormais convaincu, doit être inverse. C'est bien la matière sonore qui doit dicter la mise en forme visuelle de l'œuvre. Son journal, récemment publié, offre de précieux éclaircissements sur son cheminement. *Pacific* est entrepris, ou plutôt imaginé la première fois en décembre 1929, comme en attestent ces notes :

«Samedi 14 décembre. Question d'extrême importance qui doit être résolue urgemment : que faire ? Une rhapsodie de Liszt ? Une fugue de Bach ? Une symphonie ou une sonate de Beethoven ? *Pacific* (clarté de la forme), ou quelque chose d'autre ? [...] Oui, *Pacific* – modernité, clarté de la forme, dynamique des trains – épatant.

21 décembre, dimanche matin. «*Pacific* de Honegger – je viens seulement de comprendre la facture de l'œuvre musicale. Un maître qui sait faire des choses aussi belles, qui procurent un tel plaisir, à partir de cet étrange matériau que sont les sons. Il y a de quoi rester étonné. C'est effectivement une production étrange, surprenante[4].»

Dès le 26 janvier, Tsekhanovski obtient les autorisations nécessaires, et le travail commence dans l'enthousiasme. Certes, par moments, il cède au désespoir : «*Pacific* est dans une mauvaise passe : manque d'assurance du fait de ma méconnaissance de la musique, de mon oreille peu développée, et de la difficulté de la tâche. [...] Je pense que ce travail sera ma dernière œuvre d'animation, voilà pourquoi elle doit être un modèle du genre. [...] Ces derniers jours, voilà que j'hésite, je ne suis plus persuadé de ma position. Je me prends à penser qu'il est erroné de poser la musique comme fondement du film sonore. Le fondement, ce doit être la représentation, tandis que la musique est un élément secondaire. Mais si c'est exact, que va devenir *Pacific* ? L'objectif devient plus difficile qu'il ne paraissait d'abord. Autrefois je pensais que le synchronisme, la coïncidence rythmique entre musique et images, serait un pas en avant colossal par rapport au film sonore tourné en extérieurs. Voilà qu'il m'apparaît à présent que ce n'est pas la coïncidence rythmique, les pieds des soldats marquant la mesure de la marche, qui sont l'essence du film sonore, mais quelque chose de différent et de bien plus complexe : le rapport rythmique qu'entretiennent les deux aspects, tâche incomparablement plus difficile à résoudre[5].»

Sa réflexion porte également sur le caractère représentatif de la musique de Honegger – qui risque de l'entraîner dans une direction trop illustrative. Il penche progressivement pour un travail de plus en plus abstrait, «non-objectal», au sens malevitchien du terme : c'est d'ailleurs à ce moment que Tsekhanovski répond dans les pages de *Proletarskoe kino* à l'article de Malevitch sur le cinéma comme art abstrait[6].

Parallèlement, il procède à une analyse de la transcription pour piano du poème symphonique, puis de la partition de chaque instrument : «Chaque note peut être visuellement notée. Sur une base aussi solide, on peut faire ce qu'on veut. [...] Ce sera la première illustration visuelle d'une musique[7].» Dans un second temps, il réfléchit à l'instrument qui exprime le mieux, à chaque moment, la phrase musicale et rythmique. Il songe d'abord à associer des images d'instruments réels et du dessin animé, puis choisit d'abandonner cette dernière option pour des images réelles de locomotive.

Il écrit : « Si *La Poste* a été une nouveauté dans le domaine de l'animation, *Pacific* sera également une nouveauté, mais dans un domaine bien plus sérieux : celui du cinéma sonore. [...] Il est entièrement original du point de vue visuel. Il n'a aucun antécédent ni par les principes, ni par la forme[8]. » En mai, il procède aux premières prises de vue de l'orchestre, réfléchit aux cadrages. Parallèlement, il travaille toujours à la version sonore de *La Poste*. La charge de travail est donc énorme, dans la mesure où il assume pratiquement toutes les opérations. *La Poste* est achevée en août 1930. Il se remet à *Pacific* fin octobre.

Parallèlement, il rédige des scénarios dont chacun est imaginé comme un nouveau pas dans l'évolution du cinéma sonore. En novembre 1930, il assiste à la première projection d'*Enthousiasme*. Si les cadrages obliques et la composition des plans ne lui semblent pas justifiés et visent trop ouvertement l'effet esthétique, il est fasciné par le travail de Vertov sur la matière sonore, et note dans son journal : « Le traitement audacieux et libre du son – telle est la voie pour le montage sonore[9]. »

Il en ressort une critique de son propre travail sur *Pacific* : « Le son ne doit pas être nécessairement exprimé par l'instrument qui le produit. Seul le caractère rythmique du mouvement doit être corrélé à la musique[10]. » Il revient à son projet d'introduire des parties dessinées et animées, qui seraient, cette fois, totalement abstraites. C'est alors que lui vient l'idée de la surimpression, qui introduit une tension, une densité qui se prolonge dans les images de la locomotive. Avec l'image du chef d'orchestre, l'ensemble crée une tension dynamique, une énergie qui fournit un équivalent visuel au rythme musical de l'œuvre d'Honegger. Le film est achevé fin février 1931.

Aussitôt, il s'attelle à un nouveau projet, *Gopak* (du nom d'une danse traditionnelle ukrainienne). Le film étant perdu, il est difficile aujourd'hui d'en imaginer l'univers visuel. Mais son journal conserve la trace de ses sombres pressentiments : il redoute les accusations de formalisme et se demande s'il aura la force de tenir face aux attaques et à la pression des autorités.

En mai 1931, il présente *Pacific* devant les membres de l'Association professionnelle des cinéastes, à Moscou. Il note dans son journal : « Pas un triomphe, mais ça a fait du bruit[11]. » Il est à nouveau invité fin juillet, lors de la grande conférence sur le cinéma sonore organisée à Moscou. La projection est accompagnée d'un exposé explicatif, longuement applaudi par les cinéastes. Il jouit de l'estime des plus grands, particulièrement de Poudovkine, tandis que les responsables de la production lui promettent de soutenir ses projets suivants. Mais le tournant vers la fiction divertissante, acté dès l'année suivante, marginalisera peu à peu Tsekhanovski.

Dans la suite de sa carrière, il poursuit ses recherches sur la synthèse musicale et sonore. C'est notamment le cas pour le *Conte du pope et de son serviteur Balda*, d'après un poème de Pouchkine, dont la musique est composée par Chostakovitch. Le studio lui interdit d'achever cette œuvre remarquable, dont seules quelques images du début sont conservées. On y voit une foire russe, montrée à travers des personnages et des situations grotesques, dans un style qui rappelle le début de *La Punaise* de Maïakovski (1925). Tsekhanovski s'écarte ici résolument du genre folklorique, néo-traditionnaliste, des illustrations classiques de Pouchkine. Comme pour *Pacific,* la partition musicale dicte le travail graphique. Mais Tsekhanovski revient ici au dessin – plus exactement, au papier découpé. Il réalise ensuite dans un style plus classique *Le Conte du souriceau stupide*, sur un poème de Marchak et une musique de Chostakovitch. Mais les moyens expressifs, de même que la technique employée, sont très loin des expériences passées, et assez caractéristiques de l'évolution «Disney» de l'animation soviétique. Tsekhanovski entreprend dans la foulée une *Valse des couleurs* sur une partition de Tchaïkovski, pour un «Ciné-concert» diffusé en 1941, à la veille de la guerre. Si le principe choisi pour l'expression visuelle du ballet de Tchaïkovski est le même que pour *Pacific* (images d'instrumentistes, auxquels il ajoute ici des danseuses), la musique est classique et l'expression mesurée. Le film manque d'émotion, et tout en étant élégant, reste très conventionnel. Sa carrière, dans l'après-guerre, le mène à adopter la technique dite «éclair», où le dessin d'animation vient reproduire des prises de vues avec des acteurs réels. Les personnages perdent tout le charme du dessin. Tsekhanovski achève sa carrière en réalisant en 1964 un remake décevant de *La Poste*.

C'est du côté de ses projets non réalisés des années 1930 qu'il faut chercher des prolongements à *La Poste*, et surtout à *Pacific*. Tsekhanovski imagine notamment un portrait de sa ville, Léningrad, dont la matière sonore et parlée puise dans le jargon populaire et le langage de la rue pour développer une «symphonie de la grande ville», très différente, il est vrai, de celle de Walter Ruttmann.

Point d'apogée d'une carrière largement entravée, *Pacific 231,* de Mikhaïl Tsekhanovski, constitue simultanément l'acmé des recherches expérimentales des cinéastes soviétiques sur le cinéma sonore.

NOTES

1. Mikhaïl Tsekhanovski, «Specifika tonfil'ma [La Spécificité du cinéma sonore]», *Proletarskoe kino*, 1931, n° 12, p. 12-19.

2. Le journal de Tsekhanovski a été publié en russe dans *Kinovedcheskie Zapiski*, n° 54, octobre 2001, p. 170-211 et n° 55, décembre 2001, p. 216-273.

3. «Specifika tonfil'ma», *op. cit.*

4. *Kinovedcheskie Zapiski*, n° 54, *op. cit.*, p. 209.

5. *Ibid.*, n° 55, p. 222.

6. Kasimir Malevitch «Les lois picturales dans les problèmes du cinématographe», publié dans *Kino i kultura*, n° 9, 1929 (en français dans *Cinémathèque*, n° 8, 1995, p. 62-77). L'article de Tsekhanovski, intitulé «Kino i zhivopis'» [Cinéma et peinture] est publié dans *Proletarskoe kino*, 1931, n° 4, p. 5-7.

7. Journal de Tsekhanovski, *Kinovedcheskie Zapiski*, n° 55, p. 224.

8. *Ibid.*

9. *Ibid.*, p. 236.

10. *Ibid.*, p. 238.

11. *Ibid.*, p. 259.

SYNESTHÉSIES 2
OSKAR FISCHINGER | STUDIE Nr. 8 | 1931

Marcella Lista

Entre 1929 et 1933, Oskar Fischinger réalise quatorze *Studien*, «études» abstraites en noir et blanc, sans titre, dont le graphisme est étroitement synchronisé sur le rythme de musiques vives et accentuées. Travail de recherche, cette série jette un pont entre la tradition ancienne de la «musique oculaire» et l'industrie naissante du cinéma sonore. La composition de ces courts-métrages, faisceaux et particules lumineux s'animant sur fond noir, se réfère en effet à l'imagerie baroque des feux d'artifice autant qu'elle tire parti des expériences pionnières menées au début des années 1920 par Walter Ruttmann, Viking Eggeling et Hans Richter dans le domaine du film abstrait, où les métaphores musicales ont déjà offert un modèle structurel. Avec Fischinger s'instaure un dialogue ouvertement illustratif entre son et image. Mêlant jeu et virtuosité, il conduit la synesthésie, au tournant des années 1930, à une popularité sans précédent lorsque le succès public des *Studien* leur vaut d'être intégrées à la programmation des salles de cinéma les mieux équipées de Berlin, en première partie de longs-métrages de fiction. Une progressive évolution technique sous-tend cette conquête. Tandis que la première *Étude*, aujourd'hui disparue, était accompagnée en salle à l'orgue de cinéma, les *Études n°s 2* à 5 étaient synchronisées manuellement sur des disques de gramophone. C'est à partir de l'*Étude n° 6* que l'artiste accède à la technique du son optique, qui, fixant la bande sonore sur la pellicule, rend possible une synchronisation rigoureuse du son et de l'image. L'artiste explore tout d'abord un répertoire de musiques légères, au tempo enlevé: foxtrot, valse, fandango. Avec la précision du son optique, un choix plus ambitieux se précise: tandis que l'*Étude n° 7* est construite sur la *Cinquième danse hongroise* de Brahms, l'*Étude n° 8* prend pour point de départ le scherzo symphonique *L'Apprenti Sorcier*

Oskar Fischinger
1900, Gelnhausen
(Allemagne) - 1967,
Los Angeles (États-Unis)
Studie Nr.8
1931
Film 35 mm noir et blanc,
sonore, 5'04"
Achat 1987
AM 1987-F1102

composé par Paul Dukas en 1897, d'après la ballade de «L'Apprenti Sorcier» de Goethe. Fischinger s'attache ici le prestige d'œuvres symphoniques particulièrement populaires du répertoire classique récent, tout en répondant à la haute exigence rythmique qui confère à son langage synesthésique un impact visuel inédit. Seule l'*Étude n° 8* cependant, dont l'exégète de l'artiste, William Moritz, affirme que c'est «la composition la plus complexe[1]», déploie à travers sa double source musicale et littéraire le projet d'une véritable sémantique du film abstrait.

FIÈVRE SYNESTHÉSIQUE

Né en 1900, Oskar Fischinger est l'un des rares protagonistes du premier cinéma expérimental à n'être pas issu des beaux-arts. Apprenti dans une usine de fabrication d'orgues, puis auprès d'un studio d'architecture à Gelnhausen, sa ville natale – près de Francfort –, il acquiert en 1922 le titre d'ingénieur[2]. La position biaise qu'il revendiquera au sein du cinéma de recherche est celle d'un inventeur de techniques autant que de formes : du brevet déposé en 1922 pour sa *Wachsmaschine*, machine à découper la cire, aux figurines de pâte à modeler qui font apparaître dès 1926 son attention à l'univers de Walt Disney[3], des silhouettes découpées et différentes techniques de teinture et de coloration qu'il expérimente à partir de 1926 aux premières projections multiples entreprises la même année. Le projet d'un art filmique synesthésique s'impose rapidement comme quête d'une nouvelle synthèse des arts. En 1921, Fischinger assiste à la première du *Lichtspiel Opus I* de Ruttmann, donné à Francfort avec l'accompagnement de la musique originale pour quatuor à cordes de Max Butting, qui fut composé à partir du film dans l'esprit d'un entrelacement souple et relativement libre avec la composition visuelle. En 1926-1927, Fischinger apporte une évolution significative à ces recherches, en répondant à l'invitation du compositeur hongrois Alexander László, auteur d'un orgue de couleurs et d'un traité théorique de musique optique, *Die Farblichtmusik* (Leipzig, 1925). Le fruit de cette collaboration est l'un des premiers dispositifs publics d'*expanded cinema* : présenté en 1926 dans divers théâtres à travers l'Allemagne, le spectacle déploie trois projections filmiques colorées auxquelles s'ajoutent des ambiances chromatiques et des images fixes produites par l'orgue de László. L'indigence de l'accompagnement musical exécuté par le compositeur, au regard de l'impact visuel des films de Fischinger, conduit rapidement le jeune cinéaste à poursuivre seul la présentation de projections multiples – où le climax comporte jusqu'à cinq projecteurs à la fois –, accompagnées cette fois d'un petit ensemble de percussions. Sous le titre de *Fieber* [« Fièvre »], ces performances déplacent le registre de la musique des couleurs, saisissant le spectateur dans une immersion sensorielle propre au chavirement des sens. Seul subsiste de ces expériences le film connu sous le titre *R1 – Ein Formspiel*. Fischinger a réimprimé plusieurs essais et fragments de pellicule, dont *R1*, avec le procédé trichrome Gasparcolor en 1933. Mêlant couleur et noir et blanc, le film témoigne surtout du principe d'hybridation formelle retenu par l'artiste, glissant librement à l'intérieur de son répertoire d'images, des formes de mandalas produites par sa machine à cire aux courbes ondoyantes tracées par des tuyaux d'orgues stylisés[4].

Avec les *Studien*, commencées en 1929, Fischinger revient à des moyens qui semblent en comparaison extrêmement réduits. La technique graphique utilisée est celle, rudimentaire, des *Opus* de Ruttmann : des dessins à l'encre et au fusain sur papier, photogramme par photogramme, tirés ensuite en négatif. Si Fischinger joue de la texture soyeuse du fusain, qui amplifie subtilement la persistance rétinienne et la qualité atmosphérique qui en résulte, son graphisme net, rapide et incisif se démarque de celui de Ruttmann. Dans les compositions comme accélérées de Fischinger, les lignes et particules lumineuses sont au service d'une transposition visuelle de la partition musicale, perçue dans ses moindres mouvements de phrase, de rythme, d'intensité et de timbre. Une adéquation vertigineuse des sensations visuelles et sonores résume le projet artistique, à l'heure des débats soulevés par l'arrivée du son synchrone au sein du « film absolu » de l'avant-garde.

MONTAGE, RÉALISME ET SYNTHÈSE : DES USAGES DU SON SYNCHRONE

En juillet 1928 est publié en Russie, et rapidement diffusé dans toute l'Europe, le « Manifeste » signé par Sergueï Eisenstein, Vsevolod Poudovkine et Grigori Alexandrov, réagissant à la diffusion industrielle du cinéma sonore avec l'appel à un « contrepoint orchestral d'images-visions et d'images-sons[5] ». Pour les cinéastes de l'avant-garde russe, il s'agit de prévenir l'usage purement naturaliste du son, autrement dit l'« invasion du théâtre à l'écran », à laquelle ils opposent la logique du montage du son et de l'image comme éléments indépendants l'un de l'autre : « les premières expériences avec le son doivent être dirigées vers sa « non-coïncidence » avec des images visuelles[6] », défendent-ils. Dès le mois d'août, Walter Ruttmann se dit à son tour en train d'explorer le son synchrone du cinéma « en direction d'un contrepoint optique-visuel, d'une action musicale réciproque de moments visibles et audibles ». Cette recherche se matérialise de manière extrême dans son célèbre « Hörspiel » *Week-End* (1929-1930), film sonore sans images dont le fil narratif est le simple montage de prises de son en milieu naturel. « Par film sonore, écrit Ruttmann à propos de cette œuvre, on ne doit pas comprendre ici la combinaison de la photographie optique et de la photographie acoustique, mais bien plutôt un procédé de photographie des phénomènes audibles non-stylisés, et y compris leur caractère spatial. [...] Ce ne seront pas seulement le rythme et la dynamique qui serviront la volonté formelle de ce nouvel art acoustique, mais aussi l'espace avec la gamme entière qui conditionne les changements de sons[7]. » L'orientation des recherches de Ruttmann vers une « photographie » du son et la recherche d'effets réalistes de perspective acoustique (éloignement et rapprochement du son, effets de déplacement, etc.) s'inscrivent dans la continuité du choix de prises de vues réelles dès 1927 avec *Berlin. Die Sinfonie der Grossstadt*. La position publique adoptée alors par Fischinger réaffirme au contraire son investigation des qualités non-figuratives du son comme de l'image. Lors du deuxième congrès scientifique et artistique *Couleur-Son* organisé à Hambourg, en octobre 1930, l'artiste défend la conception, inverse de celle de Ruttmann, d'un son homogène induit par l'enregistrement et l'amplification électriques, qui serait l'essence du cinéma sonore : « Soulignons [...] que dans le cas du son synchrone il ne s'agit pas du tout de son réel. Psychologiquement, il y a une différence essentielle entre assister à un concert ou à un opéra, dans le lieu "vivant", et y participer de tous ses sens – et entendre un son produit électriquement. Dans le premier cas, c'est la terre nourricière qui s'adresse à nous avec toutes ses forces cosmiques ; dans le second, c'est un flot qui est dirigé unilatéralement vers les yeux et le cerveau du spectateur grâce à la position de l'appareil derrière l'écran. [...] le spectateur sera bien saisi dans sa totalité, et non fasciné de façon partielle, soit intellectuellement, soit magiquement[8]. » Au moment de prendre pour objet artistique la ballade de *L'Apprenti Sorcier*, Fischinger se réfère au son optique avec une véritable mystique de l'électricité, il s'en remet au modèle de la transmission électrique comme une transmission quasi fluidique. À l'action primitive, tellurique, du mythe recréé sur la scène par l'union matérielle des arts, l'artiste oppose la synesthésie purifiée du film sonore : un flux électrique homogène de source unique, susceptible d'atteindre directement le cerveau du spectateur.

La bande sonore de *Studie Nr. 8* elle-même est une ellipse, un raccourci. Paul Dukas, qui était encore en vie, réclamait en effet des droits trop importants pour un jeune cinéaste expérimental. N'ayant pu couvrir les droits d'utilisation que pour la face A du disque, Fischinger parvint *in extremis* à acquérir les deux dernières mesures de l'enregistrement. En résulte un montage acoustique, précipitant par ces deux mesures additionnelles une conclusion brusque mais efficace au milieu de la composition. L'attachement de Fischinger à cette double référence, poétique et musicale, au prix d'une entorse à l'unité de la composition, est programmatique. Parmi les sources de cette œuvre, William Moritz attire l'attention sur deux commandes cinématographiques adressées à Fischinger à la fin des années 1920, alors qu'il avait déjà acquis une solide réputation de cinéaste d'animation. La première est la conception et la réalisation d'effets spéciaux pour le film de science-fiction de Fritz Lang, *Frau im Mond* [« La Femme sur la Lune »], 1929. L'artiste y figure notamment l'espace extraterrestre par la compénétration de réseaux graphiques de vibrations. La seconde est *Hohelied der Kraft* [« Hymne à l'énergie »], documentaire scientifique d'Hubert Schonger sur l'énergie électrique, paru en 1930, décrivant la naissance et la vie des atomes. *Studie Nr.8* fait en effet figure d'une plongée magique au cœur de la matière, dans les fractions infinitésimales qui président à sa mise en mouvement. Comme dans *Rythme coloré*, projet de dessin animé pensé par Leopold Survage en 1913, on assiste non seulement à une exploration matricielle, mais encore à l'exposition d'un processus conjoint de destruction et de création, où l'échelle de l'atome semble entrer en résonance avec celle d'un espace cosmique traversé d'énergies. L'artiste s'y inscrit à la fois en Faust et en Prométhée :

Enfin le vieux maître sorcier
il m'a laissé seul ! en son absence,
de chaque esprit familier
j'exigerai l'obéissance.
Des formules, des écrits,
J'observerai bien l'artifice.
Qu'avec l'aide des esprits,
Un prodige s'accomplisse.

La parabole de Goethe, transposée dans les masses orchestrales de Paul Dukas, est restée célèbre dans l'imaginaire cinématographique pour le traitement qu'en fit Walt Disney dans *Fantasia* en 1939. Fischinger, émigré à Hollywood en février 1936, a temporairement été employé dans les studios Disney pour la réalisation de ce premier long-métrage synesthésique[9]. Non seulement il avait devancé cet engouement, en donnant à la fable sa première lecture comme féérie cosmique et fantaisie virtuose, mais il avait engagé lui-même très consciemment, avec cette œuvre, le projet d'un nouvel art synesthésique pensé en fonction de l'échelle industrielle du cinéma sonore.

« DANSE DES LIGNES » ET « AVENIR DE LA MUSIQUE »

De l'Europe aux États-Unis, l'œuvre de Fischinger connaît une double réception. Dans le contexte allemand des années 1920, où l'esthétique naissante du cinéma puise au débat de la comparaison des arts, l'abstraction stylisée qui caractérise les *Studien* est notamment accueillie sous l'appellation post wagnérienne de *danse de l'avenir*. C'est la notion que défend le critique de danse et de théâtre, plus tard associé au IIIe Reich, Fritz Böhme. Dans ses nombreuses recensions consacrées à Fischinger et en particulier aux *Études* en noir et blanc, ce dernier expose le principe d'une « danse instrumentale », produite par des moyens mécaniques purement abstraits : « Il s'agit d'un imaginaire propre à la danse, qui se manifeste par la symbolique graphique du mouvement, dans la course des lignes ou leurs regroupements, les rapports de tension, les oscillations et impulsions linéaires, et dans toutes les formes dynamiques du rythme dansé. En vérité, un jeu de formes vivantes[10]. » Pour Böhme, les *Studien* se rapportent à la danse en tant qu'elles apparaissent comme une formule abstraite de la vie biologique saisie dans son caractère élémentaire. Dans son célèbre essai publié en 1924, *L'Homme visible*, Béla Balázs mettait déjà en exergue le développement conjoint de la danse moderne et du film, tous deux en quête d'une « langue maternelle de l'Humanité, [...] le langage des mouvements[11] ». C'est à ses yeux au niveau de « l'argument » du film que la spécificité de ses moyens apparaît : « Le cinéma est *un art de surface*, écrit-il, où "l'intérieur est à l'extérieur". Toutefois [...] il est un art du mouvement dans le temps et de la continuité organique, et il peut de ce fait présenter une psychologie vraie ou fausse, avoir un sens clair ou confus. Seulement, cette psychologie et ce sens ne résident pas dans la "signification

profonde" d'une pensée, mais sont intégralement exposés en surface : celle d'un phénomène sensible. De là procède ce caractère primitif de la fable d'un film, qui déplaît
tant aux gens de lettres[12]. » Bien que le propos de Balázs se rapporte au langage des
gestes corporels tel qu'il l'observe dans le cinéma narratif déjà très élaboré du seuil
des années 1920, il offre indirectement un éclairage des recherches menées par le
cinéma «pur» dans le domaine du langage graphique du mouvement. Touchant au
récit archaïque de la maîtrise magique des éléments, *Studie Nr. 8* fait en cela figure
de parabole autoréflexive du cinéma : il tisse à travers la suggestion visuelle et l'enve-
loppement synesthésique un exemplum de l'expérience filmique elle-même.

Sur la côte Ouest des États-Unis, où Fischinger émigre dans l'entre-deux-guerres à
l'invitation des studios Paramount, c'est dans le milieu de la musique expérimentale
que ses recherches trouvent une résonance inattendue. L'exploration virtuose des
«correspondances» au moyen du film sonore est l'un des catalyseurs des réflexions
menées par John Cage pour un *avenir de la musique* dont le propos est l'émancipation
et l'élargissement illimités du champ musical. Cage relate rétroactivement sa rencontre avec Fischinger en ces termes : «Je suis tombé sur Oskar Fischinger, qui faisait des films abstraits à partir de morceaux de musique ; et il utilisait, entre autres,
les danses hongroises de Brahms. Une amie commune a eu l'idée que j'écrive de la
musique pour qu'il s'en serve pour faire un film abstrait, et donc j'ai travaillé avec lui.
Pendant que nous travaillions ensemble, je déplaçais des panneaux colorés suspendus à un câble. J'avais une longue perche avec une plume de poulet, et il fallait que
je bouge et ensuite que je l'immobilise. Quand c'était parfaitement immobile – il était
assis sur une chaise avec la caméra –, il faisait un cliché. Ensuite je les bougeais,
dans la direction qu'il souhaitait, un autre centimètre et ainsi de suite, et alors il prenait une autre image. À la fin c'était un beau film dans lequel ces carrés, triangles
et cercles, et autres formes bougeaient et changeaient de couleur. Au cours de ce
travail fastidieux, il fit une remarque qui fut importante pour moi. Il dit que tout dans
le monde a un esprit qui est relayé par son propre son, et ceci mit le feu aux poudres

pour ainsi dire[13] ». Le compositeur évoque ailleurs, plus précisément, l'inspiration apportée par Fischinger dans son propre travail avec des ensembles de percussions : «Fischinger m'a dit que toute chose dans le monde a un esprit qu'on peut atteindre par sa sonorité. Je n'ai aucun goût pour le spiritisme mais je me suis mis à tapoter doucement tout ce que je voyais. J'explorais tout par le son. Ce qui est à l'origine de mon premier orchestre de percussions[14]. » La rencontre n'est pas datée avec précision[15]. Cependant, les premières œuvres pour percussions ont été écrites par Cage en 1935, soit avant l'arrivée de Fischinger aux États-Unis en février 1936. Les recherches de Fischinger sur le son synthétique, qui figurent parmi les démarches pionnières dans ce domaine développées en Europe au tournant des années 1930, touchent en revanche de manière évidente aux prémices de la musique électroacoustique. L'idée de la lecture acoustique de formes graphiques dessinées sur la piste sonore (grâce à la cellule photoélectrique du projecteur) paraît dès 1932 dans un article de Fischinger, «Klingende Ornamente », où l'artiste invite à concevoir des pistes sonores plus larges en marge de la piste image. Ce modèle de piste sonore élargie serait «essentiel pour une composition complexe et distincte, avec un effet abstrait, différent de celui d'un orchestre, en utilisant plusieurs bandes son de 3 mm courant de manière parallèle. Chaque piste produirait un son différent, un son bien défini, et, en les organisant ensemble, le compositeur pourrait dessiner et organiser des ondes se superposant et s'intersectant de la manière la plus minutieuse[16]. » Dans ce même article, Fischinger anticipe que, parmi les équipements à prévoir, on doit pouvoir disposer de «la possibilité de rejouer le son enregistré sur un haut-parleur à tout moment, aussi souvent qu'on le désire[17] ». Dans «The Future of Music. Credo », conférence donnée en 1937, Cage aborde l'avenir de la musique en convoquant précisément la maîtrise électroacoustique du son que permet le film : «Il est à présent possible pour les compositeurs de faire de la musique directement, sans l'intermédiaire d'interprètes. Tout dessin reproduit suffisamment de fois sur la piste sonore est audible. 280 cercles par seconde sur une piste sonore produiront un certain son, tandis qu'un portrait de Beethoven reproduit 50 fois par seconde sur une bande-son produira non seulement une hauteur différente, mais encore une autre qualité sonore[18].» On sait que Fischinger a repris à Los Angeles ses recherches sur le son synthétique, à partir de son premier essai réalisé au début des années 1930, *Tönende Ornamente*, qui fait défiler à l'image tout un vocabulaire de formes abstraites, tandis que l'on entend le son produit par ces mêmes formes dans la bande-son. Dans l'imaginaire synesthésique, cette technique établit bien un rapport physique, matériel, entre la chose et le son susceptible de s'en dégager : la lecture acoustique de la forme par la cellule de sélénium fait contact comme on relève une empreinte. L'impact d'une telle pensée sur la maturation théorique des idées de Cage dans la deuxième moitié des années 1930 reste difficile à saisir de manière tangible. Elle se donne à lire en filigrane dans le foisonnement d'une histoire mêlée des débuts du film abstrait, encore empreints de la forte charge symbolique véhiculée par les sources baroques et romantiques de la synesthésie, et les prémices du tout-sonore pensé par la nouvelle musique expérimentale, dont la posture ne pouvait que tourner le dos aux avatars hollywoodiens de l'abstraction.

NOTES

1. William Moritz, *Optical Poetry: The Life and Works of Oskar Fischinger*, Bloomington and Indianapolis, Indiana University Press, 2004, p. 27.

2. *Ibid.*, p. 3.

3. Dans son court-métrage *Die Boxer* (1926), Fischinger introduit les personnages de Mickey et de Donald sur un ring de boxe.

4. La musique, comme le plus important du matériau filmique, est perdue. Le Center for Visual Music propose en 2012, sous le titre *Raum. Licht-Kunst*, une reconstitution numérique de l'œuvre sous la forme d'une triple projection installée dans l'espace muséal, accompagnée d'un choix de musiques postérieures : *Ionisation*, d'Edgar Varèse (1929-1931) et *Double Music* de John Cage et Lou Harrison (1941).

5. « Manifest » paraît initialement dans *Sovietski Ekran*, n° 32, juillet 1928, puis sous le titre « Achtung ! Goldgrube ! Gedanken über die Zukunft des Hörfilms », dans *Lichtbild-Bühne* (Berlin), n° 181, 28 juillet 1928, avant d'être largement traduit dans les revues spécialisées du monde occidental.

6. *Ibid*.

7. « Neue Gestaltung von Tonfilm und Funk. Programm einer fotografischen Hörkunst » [« La formation nouvelle du film sonore et de la radio. Programme pour un art acoustique photographique »], *Film-Kurier*, Berlin, 11, n° 255, 26 octobre 1929.

8. Oskar Fischinger, « Farbe-Tonprobleme des Films. Zur Vorführung meines synästhetischen Films *R.5* » [« Les problèmes de couleur et de son au cinéma : à propos de mon film synesthésique *R.5* »], dans Georg Anschütz (dir.), *Farbe-Ton-Forschungen,* Hambourg, Psychologisch-ästhetische Forschungsgesellschaft, 1931. Trad. française dans *L'Avant-Garde cinématographique allemande des années 20 / Der Deutsche Avant-Garde Film der 20er Jahre*, Munich, Goethe Institut, 1989.

9. Pour plus de précisions au sujet de cette collaboration, voir Marcella Lista « Des correspondances au *Mickey Mouse Effect* : l'œuvre d'art totale et le cinéma d'animation », *L'Œuvre d'art totale,* Paris, Gallimard et Musée du Louvre, 2003.

10. F. Böhme, « Der Tanz der Linien », *Deutsche Allgemeine Zeitung*, 16 août 1930. Voir aussi, du même auteur, *Der Tanz der Zukunft*, Munich, Delphin, 1926.

11. Béla Balázs, *L'Homme visible et l'Esprit du cinéma* [*Der sichtbare Mensch oder die Kultur des Films*, 1924], trad. C. Maillard, Belval, Circé, 2010, p. 20.

12. *Ibid.*, p. 31.

13. Voir Joel Eric Suben, entretien sur bande magnétique avec John Cage [1983], cité dans Richard Kostelanetz, *Conversing with Cage*, New York, Limelight, 1988. Trad. française : R. Kostelanetz, *Conversation avec John Cage*, traduit et présenté par Marc Dachy, Paris, Éditions des Syrtes, 2000, p. 37-38.

14. John Cage, cité dans Joan Peyser, *Boulez: Composer, Conductor, Enigma*, New York, Schirmer Books, 1976 ; repris dans R. Kostelanetz, *ibid.*, p. 75-76.

15. W. Moritz considère que le film décrit est *An Optical Poem* (1936), synchronisé sur la *Rhapsodie hongroise n° 2* de Liszt, bien que des passages utilisant des pastilles de couleurs suspendues apparaissent déjà dans *Allegretto* (1936), synchronisé sur une pièce de jazz de Ralph Rainger, *Radio Dynamics*. Réalisé par la MGM, *An Optical Poem* a bénéficié d'une production en studio, dans des conditions sans doute plus professionnelles que la situation décrite par Cage.

16. Supplément de la *Deutsche Allgemeine Zeitung* du 28 juillet 1932.

17. *Ibid*.

18. J. Cage, « The Future of Music. Credo », *Silence: Lectures and Writings*, Weslayan

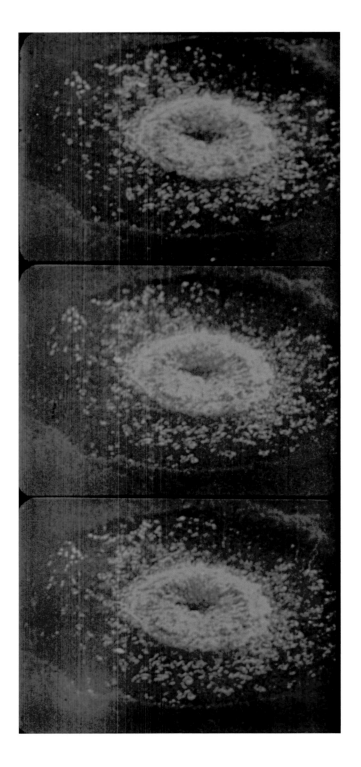

Joseph Cornell
Rose Hobart
1937

FOUND FOOTAGE : LE FILM COUTURÉ
JOSEPH CORNELL | ROSE HOBART | 1937

Rose Hobart, réalisé par Joseph Cornell en 1936, est la version condensée en dix-neuf minutes d'un mélodrame Universal tourné par George Melford en 1931, *East of Borneo*, dont Cornell s'était procuré une copie dans une brocante du New Jersey. Le film devait être projeté à travers une vitre bleue[1] avec une nouvelle bande-son constituée de morceaux dansants brésiliens montés en boucle[2]. Les plans sélectionnés, réagencés en une succession de faux raccords, d'ellipses et de disjonctions, presque tous centrés sur Rose Hobart, l'actrice éponyme du film, constituent, dans leur enchaînement non-narratif, un blason cinématographique du corps féminin. L'intrigue d'*East of Borneo* était celle d'un film d'aventure conventionnel : au terme d'un long périple qui la menait jusque dans le royaume imaginaire de Murada, en Indonésie, Linda retrouvait son mari médecin, qui, croyant qu'elle l'avait quitté, avait sombré dans l'alcool, avant de tomber sous l'influence du monarque régnant sur ce royaume perdu au fond d'une jungle infestée de crocodiles et de singes et balayée d'orages tropicaux. Linda, cherchant à repousser les avances du Prince, tirait sur lui et le blessait avant de s'enfuir avec son mari enfin sevré, tandis que le volcan entrait en éruption. Si Cornell a su capter et actualiser les harmoniques érotiques du film de Melford, dans *Rose Hobart*, à l'intrigue d'*East of Borneo* s'en substitue une autre, plus secrète et plus profonde : celle de la capture du pro-filmique dans l'espace de la représentation. Rose Hobart, au fil des plans recomposés par Cornell, semble s'orienter dans un labyrinthe à la recherche du passage qui conduit de la fiction à la réalité et reconduit invinciblement de la réalité à la fiction. Par un subtil jeu de ruptures dans les alternances des champs et des contrechamps et dans les consécutions (un effet, dans *Rose Hobart*, précède souvent sa cause), en inversant les plans tournés par Melford, voire en les remontant à l'envers, la fiction originelle se trouve

Joseph Cornell
1903, Nyack (États-Unis) -
1972, New York (États-Unis)
Rose Hobart
1937
Film 16 mm couleur, sonore,
17'25"
Achat 1982
AM 1982-F1064

entièrement mise à plat avant d'être réagencée sous une forme nouvelle. Le *remake* dénoue le récit littéral pour le reconstituer, chargé d'une teneur onirique, à un nouveau degré de profondeur. À la faveur de l'opération de remontage, ce n'est plus la figure de Linda qui apparaît, mais celle de l'actrice dont le nom donne son titre au film : elle vient affleurer sous les traits du personnage, auquel elle n'adhère plus tout à fait et dans lequel elle revient inlassablement se configurer, à la manière d'un fantôme qui hanterait ses propres images.

En 1937, *Harper's Bazaar*, en illustration d'un article intitulé «The Pulse of Fashion», publiait un papier collé de Cornell daté de 1931, *Woman and Sewing Machine*, qui pourrait être l'origine cachée de *Rose Hobart* et semble, de manière plus générale, illustrer la valeur particulière du photomontage, fondée sur le rapport dialectique entre composition antinaturaliste ou paradoxale et caractère documentaire des images : le collage représente, dans la tradition surréaliste, la silhouette d'une femme découpée dans un rouleau de tissu ou de papier passant dans une machine à coudre. À la manière de l'aiguille qui perfore l'effigie féminine en même temps qu'elle la suture, les ciseaux de Cornell découpent le canevas originel du film et le remontent autrement. *Woman and the Sewing Machine* livre la formule de ce transfert du corps dans l'univers de la représentation, dont le film de 1936, que Cornell décrivait comme «une tapisserie en action[3]», sera le manifeste : sur le modèle de *La Femme à la machine à coudre*, *Rose Hobart* est moins le remake d'*East of Borneo* qu'un déplacement du collage de 1931, utilisant les plans tournés par Melford non comme un modèle mais comme un matériau. Rose Hobart (entendue comme figure filmique) n'est pas l'être de chair de l'actrice, dont elle ne conserve que des facettes fugitives et changeantes, mais un assemblage de surfaces, assemblage lui-même conçu comme une opération de couturage[4].

Selon Walter Benjamin, la question du montage est intrinsèquement liée à la nature illusionniste du film, et conditionne, en deçà même de l'organisation des images déjà tournées, le moment de la prise de vue et le phénomène de la photo-impression[5]. La caméra a si profondément pénétré la réalité filmique, dit-il, que, pour en dissimuler la présence et suturer ses images, le cinéma doit déployer toutes les ressources du montage, soit dans le plan (au moyen du cadrage), soit entre les plans (au moyen de la séquentialité). Développant alors une opposition entre le mage qui guérit le malade par simple contact de surface et le chirurgien qui en incise la peau et fouille la profondeur de sa chair, Benjamin associe la peinture, qui se tient à l'extérieur des corps, à la magie (la peinture, dit-il, est même un dispositif d'extériorisation), tandis que la caméra, à la manière d'un instrument chirurgical, pénètre dans la texture des choses[6]. L'image de la peinture est globale, celle du film est fragmentée en une multiplicité de parties qui se recomposent selon une organisation nouvelle pour donner naissance à un corps chimérique. Le film est donc le principe actif du photomontage : plus qu'avec le pouvoir de mettre en mouvement les images, il se confond avec celui de les diviser et de les recomposer en de nouveaux agencements irréels.

Joseph Cornell
Rose Hobart
1937

Beau comme la rencontre fortuite sur une table de dissection d'une machine à coudre et d'un parapluie, le célèbre collage de Man Ray de 1932, témoigne précisément de cette conception du montage comme complexe de suture et de synapse (successivement ou simultanément, il découpe les corps et efface les traces de sa découpe), dont Cornell donnait l'illustration et dont Benjamin faisait la théorie : l'illustration littérale de la formule de Lautréamont, que Breton s'était appropriée pour en faire le mot d'ordre du geste surréaliste, n'est pas le simple appareillage de deux figures disparates, mais la description du mécanisme même du photomontage, entendu comme activation ou économie de la disparité. Rien, en dernière instance, n'échappe à la signifiance : au principe du photomontage surréaliste, on retrouve la propriété de la dialectique hégelienne selon laquelle l'absence de relation est encore une forme de relation[7]. Dans l'allégorie cruelle imaginée par Man Ray, sur le plan de la table de dissection, la machine à coudre apparaît comme la figure même du montage : elle n'est pas la simple contrepartie incohérente du parapluie face auquel elle s'inscrit, mais l'instrument de sa transformation en surface, c'est-à-dire de son *déploiement*.

NOTES

1. Les copies de distribution sont désormais teintées.

2. *Porto Alegre* et *Belem Bayonee*, de Nestor Amaral. Comme l'a noté Annette Michelson, l'emploi de la musique souligne paradoxalement le caractère muet des images montées par Cornell (Annette Michelson, « Rose Hobart and Monsieur Phot : Early Films from Utopia Parkway », *Artforum*, n° 10, juin 1973, p. 57).

3. Joseph Cornell, *Journal*, c. 1956, cité par Jodi Hauptman, *Joseph Cornell. Stargazing in the Cinema*, New Haven et Londres, Yale University Press, 1999, p. 83.

4. J. Hauptman, *Joseph Cornell Stargazing in the Cinema*, *ibid.*, p. 85-87.

5. Walter Benjamin, « L'œuvre d'art à l'ère de sa reproductibilité technique » (1re version, 1935), trad. Rainer Rochlitz, § XIV, *Œuvres*, t. III,

Paris, Gallimard, « Folio », 2000, p. 98 *sq.* Dernière version (1939), § 11, p. 299 *sq.*

6. Dix ans plus tôt, Blaise Cendrars, pour décrire le moment de la prise de vue, emploie la même image agressive : « [...] intervenant en toute hâte avec mon Akeley-camera comme un chirurgien armé de son bistouri ou un bourreau chinois de son grand sabre, en pratiquant de larges coups de panoramique incisive et en me servant avec dextérité des diffuseurs, des tamiseurs, d'un jeu de lampes et d'éclairages truqués... » (*Bifur*, 1, mai 1929).

7. Principe que, prenant à partie Tristan Tzara, Georges Bataille épinglera violemment dans *Documents* pour lui opposer une économie visuelle, selon lui réellement hégelienne, de la non-résolution (Georges Bataille, « Figure humaine », *Documents*, n° 4, septembre 1929, p. 200).

MONOCHROME 1
DWINELL GRANT | COLOR SEQUENCE | 1943

Au cours des années 1920, on trouve de multiples exemples de flicker effects dans le dessin animé (notamment dans la série des Felix the Cat d'Otto Messmer ou dans celle des Oswald the Lucky Rabbit de Walt Disney), sans doute parce que le dessin animé, réalisé image par image, favorise ou même appelle le clignotement, mais aussi dans le «cinéma photographique». En 1968, Marcel L'Herbier déclarait à propos de *L'Inhumaine* (1924) : «Ce qu'on ne voit plus dans les copies d'aujourd'hui, c'est que non seulement la copie était teintée en rouge, mais encore, à certains moments d'éclatement, j'avais supprimé complètement l'image et j'avais intercalé des fragments de pellicule de différentes couleurs, si bien que, tout à coup, on recevait dans les yeux des éclairs de blanc pur, et deux secondes après, des éclairs de rouge, ou de bleu, et l'image réapparaissait[1]. » Et dès les années 1910, dans la séquence en couleur sur laquelle se clôt le film de Mario Caserini *Les Derniers Jours de Pompéi* (1913), l'intensité chromatique de l'éruption du Vésuve est accentuée par l'insertion d'un photogramme rouge isolé[2]. Si les effets de clignotement apparaissent très tôt dans l'histoire du cinéma, *Color Sequence*, réalisé en 1943, reste sans doute la première expérience de *flicker* intégral : dénué de toute composante figurative, le film-étude de Dwinell Grant est entièrement constitué de plages de couleur alternées, une succession sérielle et modulaire de cadres de couleur pure où chaque image, constituant une unité expressive insécable, dénuée de parties, se trouve *de facto* identifiée au champ. C'est le type de surfaces monochromes que l'on trouve en peinture dans les années 1950 (les *Sixty Four Panels. Colors for a Large Wall* d'Ellsworth Kelly, par exemple, datent de 1951), à ceci près que les panneaux de couleur ne se déploient pas latéralement dans l'espace mais se succèdent linéairement dans le même cadre et que Dwinell Grant utilise les ressources plastiques du défilement pour produire des effets chromatiques et lumineux que l'agencement statique des surfaces ne permet pas. La simple description des 192 dernières images, c'est-à-dire des six dernières secondes du film, permet de rendre compte du style compositionnel élaboré par Dwinell Grant, reposant sur un glissement insensible et continu du contraste à la fusion : une série alternée de plans monochromes violets, bleus, verts se succèdent

Dwinell Grant
1912, Springfield
(États-Unis) - 1991,
Doylestown (États-Unis)
Color Sequence
1943
Film 16 mm, couleur,
silencieux, 2'
Achat 1982
AM 1982-F1051

selon un rythme dégressif 6/5/4/3/2/1, produisant un effet de vibration intensifié de manière régulière. Le dernier triolet (un violet/un bleu/un vert) est répété dix fois. À cette modulation de couleurs froides succède une suite de plages de couleur rose de longueur décroissante, entre lesquelles l'insertion de photogrammes bleus produit un frémissement qui, comme dans la série froide, va en s'amplifiant, en proportion inverse de la longueur des segments : 23 roses / 1 bleu / 18 roses / 1 bleu / 10 roses / 1 bleu / 3 roses / 1 bleu / 3 roses / 1 bleu / 1 rose / 1 bleu / 1 rose. Enfin, une suite de 27 photogrammes transparents introduit un éclat de lumière pure qui se résout dans un ultime fondu au bleu. Dans les années 1960, Jules Olitski allait déclarer qu'il aimerait vaporiser directement de la couleur dans l'espace. Quinze ans plus tôt, en produisant, dans *Color Sequence*, des effets de couleur strictement atmosphériques, libérés simultanément de toute consistance tactile et de toute référence au dessin, Dwinell Grant avait réalisé ce vœu.

Dwinell Grant
Color Sequence
1943

NOTES

1. « Entretien avec Jean-André Fieschi », *Cahiers du cinéma*, n° 202, juin-juillet 1968.

2. Le photogramme rouge n'apparaît que dans la copie restaurée conservée au British Film Institute.

DISCRÉPANCE, CISELURE

ISIDORE ISOU | TRAITÉ DE BAVE ET D'ÉTERNITÉ | 1951

Jean-Michel Bouhours

Isidore Isou
(Jean Goldstein, dit)
1925, Botosani (Roumanie) -
2007, Paris (France)
Traité de bave et d'éternité
1951
Film 35 mm noir et blanc,
sonore, 123'25"
Achat 1976
AM 1976-F0179

L'auteur du *Traité de bave et d'éternité*, Isidore Isou (pour l'état civil, Jean Isidore Isou Goldstein), arrive à Paris au cours de l'été 1945, en provenance de Roumanie. Il y fait rapidement la connaissance de Gabriel Pomerand, une «figure» de Saint-Germain des Prés, poète-vagabond, avec lequel il crée le Lettrisme et organise en janvier 1946 la première manifestation du mouvement à la Salle des sociétés savantes, avec conférences et récital de poésie abstraite fondée sur les lettres. Ils rencontrent très vite François Dufrêne, également poète, qui les rejoint en 1946.

Dès l'année suivante, Isou publie deux ouvrages dans la prestigieuse maison d'édition Gallimard : *Agrégation d'un nom et d'un messie* et *Introduction à une nouvelle poésie et une nouvelle musique*. En 1948, il rédige les premiers textes «juventistes», et Pomerand écrit *Le Cri et son archange*. En 1949, Isou publie un traité complet d'économie politique, *Soulèvement de la jeunesse*. Basé sur une nouvelle dialectique historique entre «assis» et «externes», celui-ci situe ouvertement l'espoir révolutionnaire du côté des jeunes générations, appelées à relayer la conscience de classe d'un prolétariat en voie de disparition : celles et ceux qui n'ont pas de privilèges à perdre sont, tant dans l'art que dans le domaine social et politique, porteurs d'un potentiel révolutionnaire. Ce texte prophétique «annonce» les révoltes étudiantes de mai 1968 en France, en Europe, ainsi qu'aux États Unis et en Chine. En 1950, le mouvement s'est étoffé avec la venue de nouveaux membres, parmi lesquels Maurice Lemaître, Jean-Louis Brau, Serge Berna, François Dufrêne, CP Matricon et Gil J Wolman. Suivront les récitals historiques du Tabou, mais, vraisemblablement, le mot «récital» ne traduit pas tout à fait l'ambiance improvisée, voire dérisoire parfois, des interventions et des premières conférences publiques du groupe.

Le film d'Isidore Isou *Traité de bave et d'éternité*, tourné en 1950-1951, est entré dans les collections du Musée national d'art moderne au début de l'année 1976, à l'occasion de la manifestation «Une histoire du cinéma», organisée, à la demande de Pontus Hulten, son directeur d'alors, par Peter Kubelka.

Cofondateur, avec Jonas Mekas, de l'Anthology Film Archives, à New York, Kubelka mettait en œuvre une généalogie internationale du film expérimental pour laquelle la partie française contemporaine pouvait paraître congrue. Au milieu des années 1970, le cinéma expérimental français était aux prémices de son renouveau et avait des difficultés à donner de la voix. L'inscription du film d'Isou et de celui de Maurice Lemaître *Le Film est déjà commencé?* dans la sélection de Kubelka se fit à retardement. La négociation financière fut menée par Lemaître, agissant pour le compte d'Isou; elle incluait une sauvegarde du film 35 mm (un négatif nitrate), à partir de laquelle a été tirée ensuite une copie restaurée d'une durée de 110 minutes.

Ce film fut un choc pour toute la génération de cinéastes et cinéphiles dont je faisais partie, qui découvraient simultanément le cinéma underground américain et le cinéma lettriste. Il fallut attendre l'exposition «Paris-Paris», en 1981, pour voir d'autres films de ce mouvement, demeurés dans l'ombre depuis 1976, dont les auteurs payaient le prix de leur dissidence historique de 1952 avec Isou: *L'Anticoncept* de Gil J Wolman et *Tambours du jugement premier* de François Dufrêne. Quant à *Hurlements en faveur de Sade*, de Guy Debord, de 1951, il resta invisible jusqu'à la disparition de son auteur. Enfin, *La Barque de la vie courante*, de Jean-Louis Brau, demeure encore aujourd'hui une œuvre inaccessible.

Aux dires de Maurice Lemaître, le premier titre du film fut *La Bave et l'Éternité*. La bave, car à moins, il n'y a pas d'éternité. Symbolisant la calomnie, l'acte infâmant et diffamant, la souillure, la bave renvoie à un acte artistique à la fois violent et dégradant pour sa victime, qui va le recevoir en pleine face. Isou fait référence, dans le film, aux «crachats de Picasso». C'est au prix de ce geste désespéré, qui rompt avec les conventions sociales et culturelles du temps, que l'auteur peut prétendre à l'Éternité. L'imbrication de la bave, ou du cri, et de la prétention à la postérité demeurera incompréhensible tant pour le public que pour la critique de l'époque. En ajoutant «Traité de» dans son titre, Isou mit en avant le caractère de manifeste de son film.

Le tournage démarra à la mi-août 1950, pour se terminer en mai 1951[1]. Conçu sur un mode tautologique, le film raconte sa propre odyssée, et non une histoire. Isou y reprend le paradigme joycien du monologue intérieur pour exposer l'aventure de Daniel, figure de démiurge, qui se remémore pendant sa déambulation dans le quartier de Saint-Germain des Prés, entre la Salle des Sociétés savantes et la rue Saint-Benoît, le débat que lui-même a initié dans un ciné-club du quartier et qui pourrait s'intituler, avec des accents debordiens: «Pour en finir avec cet organisme ballonné qu'est le cinéma des années 50».

La seconde partie du film, intitulée «Le développement», relate, par un montage d'images banales, une «journée de tendresse empoisonnante», une histoire d'amour insipide et sans lendemain entre Daniel et Denise, rencontrée dans un bal de quartier. La romance fait long feu et Denise quitte Daniel.

Dans ce chapitre, l'intégrité du film est mise à mal par des « ciselures ». Il ne s'agit pas à proprement parler d'une innovation graphique : le Canadien Norman MacLaren, dont Isou avait probablement vu les films, en réalisait déjà. Cependant, ce qui différencie la démarche d'Isou, c'est son projet destructif de l'image, portant un ultime coup de grâce à un enchaînement de séquences qui elles-mêmes sont quelconques, « sans qualités ». Celles-ci sont souvent des images de récupération [*found footage*] et alternent avec des plans tournés dans Paris où Isou apparaît aux côtés de personnalités telles que Blaise Cendrars, Jean Cocteau, Marcel Achard, Daniel Gélin, dont le contenu se réduit à une simple pose devant l'appareil. Une sorte de degré zéro du langage cinématographique – fondé sur des images non choisies, des images ratées, un montage absurde et névrotique –, qui trouve son achèvement dans une tentative d'élimination physique de l'image à coup de scalpels, aiguilles et divers objets contondants.

Dans la troisième partie, intitulée « La preuve », Daniel rencontre Ève, qui tombe amoureuse de lui mais est effrayée par son « cerveau trop lourd ». La cause de la discorde entre eux est le projet du film lui-même. Pour Daniel, l'amour est une perte de temps : animé par l'ambition de conquérir le monde et par la révolte contre les valeurs établies, il ne peut s'encombrer d'une histoire sentimentale. Isou « substitue » ainsi à la trame romanesque – parangon du cinéma traditionnel – le processus intellectuel et matériel menant à un film de type « introspectif ».

PUBLICATION PAR LEMAÎTRE DU SYNOPSIS DU FILM

L'entreprise isouienne oscille entre la destruction et la déconstruction du cinéma. La *déconstruction* (au sens derridien) se nomme ici « discrépance » ; à savoir une déconnection sémantique et/ou analogique entre l'image et le son. Néanmoins, la figure de la tautologie, les références à l'histoire du cinéma et aux grands maîtres du cinéma montrent que l'entreprise d'Isou ne relève pas d'un projet isolé mais d'un acte révolutionnaire engageant le passé et l'avenir.

Isou proclame l'indifférence du son à l'image, au mépris des règles mises en place par le cinéma sonore à la fin des années 1920 : image et son font ici bande à part pour mieux faire exploser la cellule de base du médium. Il a parfaitement conscience d'avoir sérieusement entamé l'équilibre bipolaire du cinéma entre l'image et le son. Dès lors que l'image est « vidée » de sa substance, le son doit prendre le relais pour conserver un niveau informationnel suffisant. C'est le support du cri, l'image n'en sera qu'un complément et pourra même devenir superfétatoire.

La violence d'Isou est à la fois sonore et verbale. Le son sera « teRRible », dit-il à plusieurs reprises. Photographie pourrie et sons criards doivent anéantir, écraser, ratatiner le spectateur.

CANNES, LE STUDIO DE L'ÉTOILE ET LA RÉCEPTION DU FILM

Le film est présenté au cinquième Festival de Cannes, le 20 avril 1951. Il ne s'agit pas d'une sélection officielle mais d'une projection imposée par Isou lui-même, vraisemblablement appuyé par Jean Cocteau, membre du jury; et cette projection a lieu malgré l'état d'inachèvement du film. La première partie est terminée; en revanche, les deux suivantes ne sont qu'une copie-travail du son. Il manque l'image, mais cette absence ne semble pas être rédhibitoire pour son auteur. Est-ce sous l'effet de la précipitation? On peut le penser, mais cette «négligence», voire cette indifférence envers l'image cinématographique est aussi prémonitoire. Elle annonce l'«Appendice sur le débat passé et futur du ciné-club», en épilogue de l'essai théorique *Esthétique du cinéma*, qui paraîtra dans le numéro unique de la revue *Ion* en 1952, et qui préconise la disparition du film au profit du débat.

Plongés dans l'obscurité, les spectateurs manifestent rapidement leur colère; l'auteur est même giflé par une spectatrice mécontente. *Le Traité de bave et d'éternité* provoque un scandale dans un festival atone, à l'issue duquel la Palme d'or sera néanmoins décernée à Luis Buñuel pour *Los Olvidados*.

Jean Cocteau continue de soutenir le film, malgré une projection houleuse et la personnalité encombrante d'un Isou immodeste qui crie au génie incompris. La presse se montrera peu amène, ne percevant rien d'autre dans le film qu'un essai inachevé, exécuté à la sauvette.

Le 23 mai 1951, le film est présenté complété au ciné-club du Musée de l'Homme, dirigé par Armand Cauliez; mais, là encore, le succès n'est pas au rendez-vous. Il sort ensuite en salle, au Studio de l'Étoile, au début de l'année 1952, rencontrant toujours aussi peu d'écho.

LE CONTEXTE DU FILM

Le début des années 1950 marque le retour sur scène de la génération des cinéastes de l'avant-guerre: les Marcel Carné, René Clair, Louis Daquin, Henri-Georges Clouzot, Jean Becker, qui ont fait les beaux jours du cinéma réaliste français. Autant-Lara réalise *L'Auberge rouge*, Becker, *Casque d'or*, Christian-Jaque, *Barbe bleue* et, enfin, Sacha Guitry, *La Poison*. Quelques personnalités comme Jacques Tati, Robert Bresson ou Alain Resnais apportent un certain renouveau, mais leurs tentatives restent isolées et ne suffisent pas à transformer le cinéma français, très ancré dans ses certitudes du passé. Sur la scène internationale, le cinéma néo-réaliste italien apporte un vent frais et neuf.

Le contexte critique a complètement changé par rapport à l'avant-guerre; il n'est plus favorable aux grandes théories cinématographiques qui avaient porté le concept de «cinéma d'avant-garde» et qui sont jugées obsolètes au début des années 1950. André Bazin, théoricien majeur de cette période, envisage les films d'avant-garde comme les avatars d'une époque révolue. Le cinéma lettriste va par conséquent opérer isolé ; il ne peut compter sur la légitimation d'un milieu avant-gardiste qui n'existe plus au lendemain de la guerre, et qui ne se reconstituera que vingt-cinq ans plus tard.

LA RÉCEPTION CRITIQUE

Pourquoi ce film est-il si déroutant ? Le personnage central, Daniel, y proclame une volonté de changer radicalement l'esthétique : « Le crachat sur d'anciens chefs-d'œuvre est notre chance unique de créer dans le cinéma nos chefs-d'œuvre à nous. » Le lettrisme annonce une nouvelle poésie, une nouvelle musique, un art nouveau[2] ; pour autant, la critique n'y voit qu'un esprit de destruction nihiliste. Maurice Schérer (alias Éric Rohmer) écrit dans les *Cahiers du cinéma* de mars 1952 un long article, « Isou ou les choses telles qu'elles sont » – seule étude sérieuse de l'époque –, dans lequel il s'insurge contre ce « destructivisme isouien », qu'il juge réactionnaire : « Pour se permettre de détruire, il faut savoir construire de façon positive », déclare-t-il, s'inscrivant en faux contre le « pessimisme radical » d'Isou et s'obstinant à voir dans le cinéma un art jeune, en partie vierge et porteur d'espoir. Ce désaccord est essentiel entre le critique des *Cahiers du cinéma*, fortement marqué par la dialectique du sens de l'Histoire, et le chef de file du lettrisme, qui esquisse une posture déjà postmoderne.

L'ensemble de la théorie d'Isou est fondé sur l'esthétique du chaos, de la « destruction pour le rien », et l'esthétique du laid, ou l'attirance perverse pour le laid. Comme Dalí, qui, à propos de ses « montres molles », avait évoqué le camembert, proclamant : « Dieu est une montagne de fromage », Isou utilisera cette métaphore dans son film, mais sur le registre olfactif, cette fois : « Il faut un certain raffinement du palais pour s'intéresser aux fromages qui puent[3] ». Il est plus aisé pour un néophyte d'apprécier le « pasteurisé », une demi-mesure imposée par la dictature du goût.

C'est pourtant cette demi-mesure incarnée par la Nouvelle Vague, à laquelle appartiendra Rohmer, qui va triompher en trouvant son espace économique, esthétique, public, critique et théorique, tandis que le cinéma lettriste, après la fièvre de 1950-1952, connaîtra une longue période d'oubli. Hormis une programmation organisée au San Francisco Museum of Art en 1952, dans le cadre du cycle *Art in Cinema* dirigé par Frank Stauffacher, le film d'Isou sera peu visible jusqu'en 1976.

Le doute qui était celui de la critique, mais aussi du public, tourne à l'agacement devant le discours péremptoire et l'orgueil démesuré d'Isou, qui se pose en historiographe et hagiographe de sa propre personne, et se proclame l'héritier, sinon le maître, des plus grands. La critique va éreinter le film, souvent sur un mode de raillerie stupide. Les lettristes rétorquent par des actions ou des tracts de la plus grande virulence, dont la stratégie et le ton sont empruntés à l'activisme politique : « Le film le plus révoltant de l'histoire du cinéma est saboté par le mutisme et l'imbécillité d'une critique de ratés. Les vieux impuissants qui dirigent les salles de cinéma ne veulent pas de ce film ! La jeunesse excédée fait appel directement au public et lui demande de venir en masse au Studio de l'Étoile». «Madame, j'ai lu votre critique du film de Jean-Isidore Isou dans Libération, écrit Debord au critique Simone Dubreuil. Mais vous êtes horrible à voir, ce qui devrait vous interdire de mettre vos grands pieds sur des questions intellectuelles[4].»

Le film reste trois semaines à l'affiche : trois semaines au cours desquelles les lettristes mènent en permanence des opérations commandos dans le quartier. Celles-ci sont accusées d'être d'esprit fasciste par Rohmer, qui ne faisait vraisemblablement que résumer dans son article des Cahiers un jugement répandu.

L'ESPACE THÉORIQUE D'ISOU

À l'inverse des films dits «expérimentaux», le Traité adopte les standards des films classiques : leur durée, leur mode de production. Sa présentation au Festival de Cannes et la sortie en salle démontrent que la stratégie d'Isou vise à «pourrir» de l'intérieur le système corporatiste du cinéma. De ce point de vue, sa démarche a des similitudes avec celle empruntée par Luis Buñuel pour L'Âge d'or, en 1930. Cette stratégie est identique à celle des nouveaux cinémas et de la Nouvelle Vague française ; elle consiste à «entrer dans la maison pour en changer les règles». Une dizaine d'années plus tard, Jonas Mekas aux États-Unis, et avec lui tout le cinéma underground, inventera, dans un autre contexte – celui de la contre-culture – un anti-système à la fois esthétique et économique.

Si Isou revendique autant la paternité d'Erich Von Stroheim que celle du premier Luis Buñuel ou du jeune René Clair, sa théorie cinématographique («Esthétique du cinéma») ne s'inscrit pas dans la continuité des avant-gardes historiques. Le cinéma n'est plus le champ prometteur – celui de l'anti-tradition – d'un cinéma pur, de la synthèse des arts ou des recherches synesthésiques. Isou ne se raccroche pas plus aux paradigmes picturaux ou musicaux. Le cinéma tel qu'il le définit n'a pas de supériorité congénitale vis-à-vis des autres arts. Il est qualifié d'art «parvenu», qui ne peut prétendre à précipiter la fin ou l'obsolescence des autres domaines artistiques, comme cela avait été souvent annoncé dans les années 1920. Isou se démarque par ailleurs des théories des avant-gardes historiques, en réfutant à la fois le concept d'«art du mouvement» et le référent à la peinture, souvent invoqué. Le cinéma est un art singulier, certes ; c'est l'art de la reproduction (la «particule essentielle du cinéma[5]»), et en cela il se démarque de tous les autres domaines artistiques, lesquels relèvent, eux, de la représentation. Isou réfute par ailleurs la notion de mouvement, qui, selon lui, n'est pas l'apanage du seul cinéma (mais aussi celui de la danse et du théâtre), au profit de celle d'écoulement. Ce concept est effectivement en résonance avec le dispositif lui-même : il englobe à la fois l'agitation des images, leur cristallisation et leur immobilisme. Gil J Wolman, autre lettriste, reprendra ce principe du mouvement «extrinsèque», dématérialisé – c'est-à-dire un mouvement hors de l'image ou en l'absence d'image –, avec le terme de «cinématochrone», qu'il emploie à propos de son film L'Anticoncept (1952) ; on pense également aux premiers

CINÉ AVANT-GARDE 52

Directeur : A. CAULIEZ

Tous les jeudis à 20 h. 30
au Musée de l'Homme, Place du Trocadéro

● Le seul Club d'avant-garde qui ait présenté les **3** films du groupe lettriste :

"Traité de Bave et d'Éternité"
d'Isidore Isou

"Le Film est déja commencé"
de Maurice Lemaître

"L'Anticoncept"
de Gil J Wolman

Programme du Ciné Avant-Garde 52
annonçant la projection des films
d'Isidore Isou, de Maurice Lemaître
et de Gil J Wolman

films d'Andy Warhol, aux *Fluxfilms* de George Maciunas et Peter Moore, ou, plus récemment, à *24 Hours Psycho*, de Douglas Gordon.

Revenons sur la discrépance, qui met en œuvre une autonomie de l'image et du son. Le concept n'est certes pas une nouveauté. Dès 1928, alors qu'avaient lieu les premières expérimentations de cinéma sonore, Sergueï Eisenstein, Alexandre Poudovkine et Grigori Alexandrov avaient énoncé la théorie du « contrepoint » : « Seule l'utilisation du son en guise de contrepoint vis-à-vis d'un morceau de montage visuel offre de nouvelles possibilités de développer et de perfectionner le montage. Les premières expériences avec le son doivent être dirigées vers sa « non-coïncidence » avec les images visuelles. Cette méthode d'attaque, seule, produira la sensation recherchée, qui conduira, avec le temps, à la création d'un nouveau contrepoint orchestral d'images visions et d'images sons. [...] Le son travaillé en tant qu'élément nouveau du montage (et comme élément indépendant de l'image visuelle) introduira inévitablement un moyen nouveau et extrêmement effectif d'exprimer et de résoudre les problèmes complexes auxquels nous nous sommes heurtés jusqu'à présent, et que nous n'avons pas pu résoudre en raison de l'impossibilité où l'on était de leur trouver une solution à l'aide des seuls éléments visuels. La "méthode du contrepoint" appliquée à la construction du film sonore et parlant, non seulement n'altérera pas le caractère international du cinéma, mais encore rehaussera *sa signification et son pouvoir de culture à un degré inconnu jusqu'ici* [6]. »

Les Russes envisagent le son comme une dimension supplémentaire et synes-thésique du cinéma muet, qui va permettre de poursuivre les recherches entamées avec le langage visuel de l'image seule. De leur point de vue, le son ne remet pas en cause le statut de l'image et ses prédicats : il va accentuer l'efficacité de la rhéto-rique visuelle. Mais cette vision ne cadre pas avec la conception historique d'Isou, qui distingue phase amplique et phase ciselante des arts, et où un art académique est à un moment de son histoire mis en situation d'échec (représenté par un gou-let d'étranglement) par un processus de déconstruction de sa forme achevée ; l'im-pressionnisme en peinture ou le symbolisme en littérature sont souvent pris comme paradigmes. Chez Isou, le son n'est donc pas un élément de progression de la forme achevée du cinéma, mais le support du procès de l'image. La métaphore en serait la peinture *Amos* de 1952, portrait photographique « miné » par une surcharge scriptu-rale sur l'ensemble de l'image.

Roman Jakobson, dès 1933, avait ouvert la voie d'une autonomisation de l'image et du son. Il refusait le rapport d'allégeance entre l'image et le son, pour un cinéma défi-nitivement libéré de l'effet de réalité : « En outre, de nombreuses discussions avaient lieu à ce moment-là [en 1933] ; certains jeunes d'avant-garde soutenaient que le film sonore était la fin du cinéma, parce que la grande originalité du cinéma était précisé-ment le mutisme, ils disaient qu'il s'agissait d'une synecdoque indispensable. Je me suis alors opposé à cette thèse, réactionnaire si vous voulez, affirmant que le rapport entre ce qu'on entend et ce qu'on voit au cinéma ne doit pas du tout imiter le rapport de ce qu'on entend et ce qu'on voit dans la vie. Dans l'article, par exemple, j'imaginais un dialogue entre des gens qu'on ne voit pas sur l'écran, pendant qu'on verrait, sur celui-ci, des choses totalement différentes[7].» Jean-Luc Godard utilisera souvent l'éclatement de l'espace-temps cinématographique par l'autonomisation de l'image et du son. Pour autant, la discrépance va au-delà, et cet au-delà est un reniement du principe d'ontologie du cinéma défendu par André Bazin, l'un des piliers théoriques du cinéma d'auteur des années 1960.

LA POSTÉRITÉ DU FILM D'ISOU

Le *Traité* est une œuvre clé dans l'histoire du mouvement lettriste : sa portée est immense. Il fonde une cinématographie originale et inventive. Les concepts de «discrépance» et de «ciselure», la réévaluation du rapport du spectateur au dispositif cinématographique, abordé pour la toute première fois, sont autant de voies nouvelles. La problématique du *Traité* – dont l'élaboration est l'objet d'une réflexion à partager avec les spectateurs – sera largement reprise par Maurice Lemaître, Roland Sabatier ou Marc O, et annonce le concept d'«œuvre ouverte» d'Umberto Eco, ainsi que celui d'«art supertemporel» du même Isou. Le film fait école pour un nouvel âge «amplique» du cinéma, porté par une théologie isouienne de la création permanente.

Le *Traité*, par sa rhétorique du dépassement de l'art, sa radicalité discursive, sa portée polémiste et subversive, contrairement à ce que pensait la critique de l'époque, qui ne voyait dans l'entreprise qu'un échec ou un cul-de-sac, va déclencher un processus de déconstruction radicale – une «mystérieuse poétique de la fin de l'art», bien au-delà de la seule sphère cinématographique – de la part des fondateurs de l'Internationale Lettriste, Gil J Wolman, Serge Berna, Jean-Louis Brau et Guy Debord. Or, cette dissidence, qui intervient quelques mois après la présentation du *Traité*, prive d'une certaine façon Isou et son mouvement des avancées et des acquis qu'ils avaient initiés. Le lettrisme s'inscrit dans une filiation poétique revendiquée par Isou lui-même, celles des symbolistes et des surréalistes ; mais le rendez-vous a été manqué avec les dadaïstes (pour cause de conflits avec Iliazd, Tristan Tzara ou Raoul Hausmann sur la paternité de la «poésie phonétique»). Isou, avec Maurice Lemaître, allait tenir un discours de déni intenable sur Dada, la poésie abstraite du Cabaret Voltaire étant notamment reléguée au rang d'épiphénomène. A contrario, la reconnaissance des prédécesseurs et de l'héritage dadaïste – que Debord ou Wolman sauront revendiquer – aurait offert à Isou la justification historique dont il avait besoin. L'auteur du *Traité* (destructif) *de bave et d'éternité* aurait pu revendiquer une posture anti-artistique d'inspiration dadaïste, et son film n'en aurait subi aucun ombrage. Faute de cela, le film passa pendant de nombreuses décennies pour un acte isolé et orphelin.

Isidore Isou
Amos
1952
Peinture sur photographie
39 x 28,5 cm
Coll. Elke et Qrno Morenz,
Berlin

NOTES

1. Maurice Lemaître, «Réalisation et sauvetage du *Traité*», publié par la fondation Bismuth-Lemaître en 2009, au moment de la sortie du film en DVD.

2. Voir le tract de la première manifestation lettriste du 8 janvier 1946.

3. Bande sonore du film.

4. Guy Debord, *Enregistrements magnétiques* (1952-1961), édition établie par Jean-Louis Rançon, Paris, Gallimard, «NRF», 2010, p. 51.

5. «Esthétique du cinéma», *Ion* (Paris), numéro unique, 1952.

6. Sergueï Eisenstein, Vsevolod Poudovkine, Gregori Alexandrov : «Contrepoint orchestral», *Anthologie du cinéma. Rétrospective par les textes de l'art muet qui devint parlant*, textes réunis par Marcel Lapierre, Paris, La nouvelle édition, 1946, p. 243-246 (1re publ., connue sous le titre de «Manifeste du contre-point orchestral», *Zhizn Isskustva*, n°32, 5 août 1928, Léningrad).

7. Roman Jakobson, «Entretien sur le cinéma, avec Adriano Aprà et Luigi Faccini», *Revue d'esthétique*, numéro spécial *Cinéma. Théorie, lectures*, textes réunis et présentés par Dominique Noguez, Paris, Klincksieck, 1973, p. 404.

L'APPAREIL DE LA (DI)VISION
GIL J WOLMAN | L'ANTICONCEPT | 1951

En 1951, Gil J Wolman prolonge la théorie lettriste d'Isidore Isou et son projet de destruction sémantique du langage en s'attaquant à la lettre elle-même, dissociant la consonne de la voyelle pour libérer le souffle de la parole articulée.

La même année, il réalise *L'Anticoncept*, cherchant à détruire l'image au moyen de sa projection même. L'écran disparaît derrière un ballon-sonde en latex sur lequel alternent des plans noirs et blancs que seules perturbent et différencient les éraflures et les particules de poussière déposées sur la pellicule. La violence des clignotements et leurs effets physiologiques remplacent l'expérience illusionniste de l'image photo-impressionnée. La bande sonore est un poème non-narratif entrecoupé de « mégapneumies », la nouvelle poésie du souffle dont Wolman invente le principe en 1950.

Gil Joseph Wolman
1929, Paris (France) -
1995, Paris (France)
L'Anticoncept
1951
Installation
cinématographique
Film 35 mm noir et blanc,
sonore, 60'
Achat 1990
AM 1988-F1112

UN FILM FAIT DE REBUTS
JOSEPH CORNELL | REDNOW GNIR | 1955-1970 ?

Enrico Camporesi

Rednow Gnir (1955-1970?) a pour origine un événement urbain : la démolition du train aérien, dit « El » (Elevated Train), sur la Third Avenue à New York, le 12 mai 1955. Pour Joseph Cornell, celui-ci était un pur vecteur d'observation. Depuis ce train, il pouvait regarder dans les appartements qui donnaient sur la voie, comme si leurs fenêtres étaient des vitrines un peu semblables à celles qu'il utilisait dans ses boîtes. Comme il ne filmait jamais lui-même, il pensa d'abord à Rudy Burckhardt comme opérateur, mais ce dernier tardant à lui répondre, il s'adressa, par l'intermédiaire de Parker Tyler, à Stan Brakhage[1]. Brakhage tourna son film sur trois ou quatre bobines de pellicule Kodachrome 16 mm (que Cornell lui avait remises), le monta et l'intitula *The Wonder Ring*. Jeu sur les surfaces réfléchissantes et processus d'abstraction visuelle, le résultat ne fut pas apprécié du commanditaire, qui concocta sa propre « version ». Les écrits publiés à propos de cette œuvre (y compris ceux de Brakhage) ne donnent du film qu'une description sommaire et ne conservent du processus technique choisi par l'artiste que l'inversion[2]. Le cinéaste se serait contenté de reprendre le film de Brakhage en l'inversant, en le retournant latéralement. Autrement dit, *Rednow Gnir* serait l'exact reflet de *The Wonder Ring*. Mais, lorsque l'on considère les deux films de plus près, comme l'a fait Mark Toscano, le restaurateur de l'Academy Film Archive de Los Angeles, on s'aperçoit que dans *Rednow Gnir* les images n'apparaissent pas en miroir. En outre, non seulement la succession des cadrages est totalement différente d'un film à l'autre, mais les prises de vue elles-mêmes n'ont rien de commun (par exemple, les panneaux publicitaires qui figurent dans le film de Cornell sont absents de celui de Brakhage). La raison en est que ce dernier a laissé à Cornell les rushes qu'il n'avait pas utilisés, ne gardant de son travail que ce qu'il avait monté et considérait comme une étape clé dans son parcours de *filmmaker*[3]. Loin de se contenter d'inverser *The Wonder Ring*, Cornell a travaillé sur ces rebuts, les montant dans son style aisément reconnaissable, notamment grâce à la particularité de ses collures[4]. Mais, tandis que les *collage films* qu'il avait réalisés dans les années 1930 sublimaient l'impureté fondamentale de la matière filmique, ce film tardif reste littéralement un rebut.

Joseph Cornell
1903, Nyack (États-Unis) -
1972, New York (États-Unis)
Rednow Gnir
1955-1970 ?
Film 16 mm couleur,
silencieux, 6'30"
Achat 1975
AM 1975-F0116

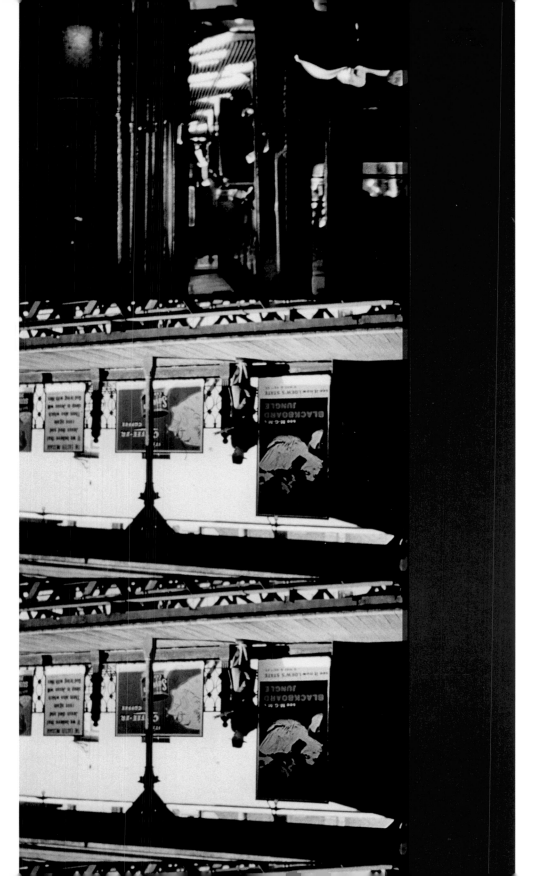

un sac de médecine », explique-t-il. « Je le remuais, le remuais, et pour moi le sac devenait un hochet, je chantais avec. J'imitais des rituels indigènes pour y trouver ma place. Quand je les avais imités suffisamment longtemps pour m'y sentir à l'aise, alors je plongeais dans le sac de médecine, prenais les morceaux de film découpés et les collais ensemble[3]. »

Outre celles des cow-boys et des Indiens, deux histoires se nouent dans *Cowboy Indian*. La première est celle de l'art d'avant-garde, expérimentale, mais toujours occidentale. La seconde est une autre vision poétique, qualifiée par le cinéaste lui-même d'« aborigène », en ce qu'elle n'aurait « pas perdu ses racines avec la nature[4] ». L'opposé donc de la pensée moderne d'Occidentaux « maîtres et possesseurs de la nature », selon la formule de Descartes. Campant le rôle d'un « sauvage » qui massacre le produit de l'industrie du spectacle, Raphael Montañez Ortiz ravive dans l'immédiate après-guerre la porosité entre avant-garde et primitivisme.

DESTRUCTION ET AVANT-GARDE

Inaugurée à la fin des années 1950 par une suite de films « détruits » – dont *Cowboy Indian* –, l'œuvre de Raphael Montañez Ortiz se poursuit ensuite pendant deux décennies à travers la peinture, la sculpture, les happenings, avant de revenir aux manipulations d'images animées. Mais toujours, elle s'inscrit dans une dynamique que l'on peut qualifier de « performative », résultat d'une action – publique ou non. *Golf* (1957), son tout premier film, n'échappe pas à la règle. Ici, la matière première de l'œuvre, un documentaire pédagogique sur le golf, a été perforée par l'artiste de manière aléatoire tandis qu'il répétait à haute voix la phrase « Emptiness is space » [« Le vide c'est l'espace »]. Pendant la minute de projection de *Golf*, matière et image fusionnent en un espace blanc circulaire qui fluctue sur l'écran de projection. À la réutilisation d'un matériau déjà existant – technique du *found footage* – est associée ici une attaque physique. La destruction du film vient faire coïncider pellicule, image et projection. Sur l'écran, la perforation devient un point blanc. Le trou dans le film est une tache dans l'illusion, le rappel de la nature matérielle du film et le faisceau laissé vierge du projecteur.

Cette idée d'un film qui s'affiche comme tel, donnant à voir ses composants, peut s'inscrire dans les prémices d'un cinéma « structurel » et de sa volonté de l'affirmation du médium. Dans cette optique, plusieurs films des années 1960 et 1970 donneront d'ailleurs une place centrale à la destruction. *T,O,U,C,H,I,N,G* (1969), de Paul Sharits, son rythme épileptique et sa bande-son nihiliste, ou encore *Nostalgia* (1971), d'Hollis Frampton, et ses images fixes qui brûlent, figurent dans ce corpus. Dans la perspective structurelle, détruire le matériau c'est détruire la perspective, détruire l'illusion du mouvement, détruire le cinéma pour révéler le film.

Mais en 1958, c'est encore dans une dimension iconographique de la destruction que doit être placé le cinéma de Montañez Ortiz. Dans *Cowboy Indian,* la violence et la destruction sont à l'image : les coups de feu, le camp retranché et les Indiens qui meurent. Raphael Montañez Ortiz dit avoir réalisé quatre films armé de son toma-hawk. À côté de *Cowboy Indian*, seul subsiste aujourd'hui *News Reel* (1958), construit à partir de films d'actualités récupérés. Dans celui-ci, le montage juxtapose, entre autres, une explosion nucléaire et une bénédiction papale. Placées bout à bout, les deux séquences s'apparentent à une extrême-onction planétaire. Une bénédiction finale qui est également prononcée la même année dans *A Movie* (1958), de Bruce Conner, où sont alignés de manière similaire le souverain pontife et un champignon atomique. Le montage virtuose de Conner s'oppose à celui de Montañez Ortiz, simple fruit du hasard, mais le chef-d'œuvre du Californien partage la même vision catastro-phique du « progrès ».

Course à l'atome aidant, le jugement dernier est dans l'air du temps à la fin des années 1950. Au début des Trente Glorieuses, Bruce Conner et Raphael Montañez Ortiz ne sont pas seuls à sentir le vent de la destruction. La Guerre froide, les luttes coloniales et les espérances révolutionnaires alimentent sur les deux rives de l'Atlan-tique un climat propice à un exercice cathartique de la destruction. Le 17 mars 1960, l'*Hommage à New York* de Jean Tinguely s'écroule sur le parvis du MoMA. Quelques mois auparavant, c'est à Londres que Gustav Metzger a publié son manifeste pour un art « *auto-destructif* ». Cette pratique intègre son propre processus de désintégra-tion, et, comme le précisera Metzger dans un second manifeste en 1960, « démontre la capacité de l'homme à accélérer les processus de désintégration de la nature et à les ordonner. L'art auto-destructif reflète le perfectionnisme compulsif des usines d'armements – polis jusqu'au point de destruction[5] ».

De deux années postérieur, le « Destructivist Manifesto » rédigé par Raphael Montañez Ortiz redit la même nécessité d'une riposte artistique : « Il y a aujourd'hui dans le monde une poignée d'artistes qui travaille dans une voie qui est unique dans l'histoire de l'art. Leur art est un art qui sépare les assembleurs des désassembleurs, les constructeurs des destructeurs. Ces artistes sont des destructeurs, matérialistes et sensuels, qui s'engagent directement dans le processus. Ces artistes sont des "destructivistes" et ne prétendent pas s'amuser avec le jeu heureux de la création joué par Dieu ; au contraire, leur art est une réponse à la volonté envahissante de tuer[6]. »

Entre les « destructivistes », la jonction est faite en 1966, date à laquelle Raphael Montañez Ortiz se rend à Londres pour participer au « Destruction in Art Symposium » initié par Metzger et John J. Sharkey. L'événement regroupe des personnalités telles que John Latham, Jean-Jacques Lebel, les actionnistes viennois, Henri Chopin ou encore Yoko Ono. Montañez Ortiz y réalisera plusieurs performances, dont la projec-tion d'un film de guerre dont il retarde à la main le défilement afin de consumer les photogrammes. « Fluxus », « happening », « poésie concrète »…, les expressions fédé-rées par le symposium ravivent les gestes iconoclastes du dadaïsme de la fin des années 1910, sans innocence ni amnésie. Chopin est alors en relation étroite avec Raoul Hausmann, Lebel ne peut rien ignorer de Duchamp, et Montañez Ortiz fréquente assidûment Richard Huelsenbeck, alors installé comme psychanalyste à New York.

Raphael Montañez Ortiz
Cowboy Indian
1957-1958

RACINES ABORIGÈNES

Dans son manifeste, Raphael Montañez Ortiz défend d'ailleurs une tradition avant-gardiste «classique» : un assaut sur des positions conservatrices, des camps retranchés défendant des conceptions dépassées de l'art et de la vie. Cette image d'une charge héroïque court d'un bout à l'autre de l'histoire des avant-gardes. Elle est dans l'adoption même d'un terme militaire par Saint-Simon en 1825 pour désigner des artistes et poètes éclairant le futur. Et elle s'étend jusqu'à «l'étendard de la bonne vieille cause» relevé par les situationnistes pour un dernier assaut, qu'ils mèneront jusqu'à la fin des années 1960. Cette épopée, qui aura duré plus d'un siècle, est évoquée sur le ton de la nostalgie par Guy Debord en 1979 dans son dernier film, *In girum imus nocte et consumimur igni* : «Les avant-gardes n'ont qu'un temps ; et ce qui peut leur arriver de plus heureux, c'est, au plein sens du terme, d'avoir fait leur temps. Après, elles s'engagent dans des opérations sur un plus vaste théâtre[7]», témoigne en voix off l'auteur de *La Société du spectacle*, tandis qu'à l'écran se multiplient les charges de cavalerie. Mais s'avançant torse nu, coiffée de plumes et couverte de peintures de guerre, «l'avant-garde» de Raphael Montañez Ortiz est un peu différente.

«Mon but était alors de trouver une relation plus forte à une esthétique qui ne soit pas eurocentriste dans ses stratégies. Mon grand-père était à moitié Yaqui, alors j'ai cherché dans mes racines aborigènes et cherché des rituels Yaqui ou autres pour les incorporer dans mon travail sur le film et créer un rituel magique de revanche[8]», se souvient l'artiste. En premier lieu, cette «revanche» vaut pour la violence exercée par les colons sur les tribus indiennes et qui s'exprime dans le racisme d'un western comme *Winchester 73*. Mais, plus largement, elle peut être considérée comme un retour de bâton postcolonial. En 1992, le philosophe sud-américain Enrique Dussel résumait ainsi la chose : «Selon notre thèse centrale, 1492 est la date de naissance de la modernité [...]. La Modernité prit naissance dans les cités européennes du Moyen Âge, libres, centres de très grande créativité. Mais elle "naquit" quand l'Europe put s'affronter à un "autre" qu'elle-même et le contrôler, le vaincre, le violenter ; quand elle put se définir comme un "ego" découvreur, conquérant, colonisateur, de l'Altérité constitutive de sa propre modernité. [...] De sorte que 1492 est le moment de naissance de la Modernité comme concept correct de l'origine d'un mythe de violence sacrificielle très particulier, et, en même temps, comme processus d'occultation du non-européen[9].»

Retournement de cette «violence sacrificielle», le rituel adopté par Raphael Montañez Ortiz est un bricolage syncrétique. S'y croisent quelques bribes d'héritage familial, l'adoption d'une forme populaire (le western) et des lectures paradoxales pour un Amérindien, parmi lesquelles le cycle du *Rameau d'or* de James Frazer (1854-1941). Écrite au début du XXᵉ siècle par un précurseur écossais de la démarche anthropologique, la somme est une compilation de faits sociaux et religieux, où se mêlent observations ethnographiques, textes antiques et croyances populaires. Dans le premier volume de son cycle, Frazer se penche sur la figure du «Roi magicien» dans

Raphael Montañez Ortiz
Cowboy Indian
1957-1958

les sociétés primitives. Il récapitule le fonctionnement de la magie « sympathique »
par laquelle « les choses agissent à distance les unes par rapport aux autres par une
sympathie secrète, dont l'impulsion se transmet des unes sur les autres au moyen
de ce que nous pouvons concevoir comme un éther invisible, semblable, si l'on peut
dire, à celui que postule la science moderne, dans un but précisément similaire, à
savoir comment les choses peuvent s'affecter réciproquement à travers un espace
qui apparaît comme vide. » De là dérivent deux grandes catégories de magie : la magie
contagieuse (loi de contact) et la magie homéopathique (qui agit par similitude), soit
« l'application la plus familière de l'idée que tout semblable appelle le semblable se
trouve sans doute dans les tentatives faites universellement, et dans tous les temps,
afin de blesser ou de détruire un ennemi en blessant ou en détruisant son effigie,
cela dans la croyance que la souffrance de cette effigie commandera la souffrance
de l'individu et la destruction de l'une, la mort de l'autre ».

L'assimilation de ce principe est moteur dans *Cowboy Indian.* L'artiste s'y empare
de l'image du mythe de la conquête de l'Ouest. De par ses propriétés contagieuses
et homéopathiques, la copie argentique du western y est considérée comme l'équivalent d'une poupée vaudou. « Mais ce ne sont pas des croisés qui vinrent. C'étaient
des fugitifs d'une civilisation que nous sommes en train de manger », écrit en 1928

dans son *Manifeste anthropophage* le poète brésilien Oswald de Andrade, retournant comme un gant l'histoire de la colonisation pour inventer la modernité brésilienne. Copie mutilée d'un western, *Cowboy Indian* s'inscrit dans la même perspective inversée. En massacrant un produit de l'*entertainment* hollywoodien, le cinéaste scalpe le mythe de l'Ouest américain. Il le dépouille littéralement de son corps (la pellicule) et de ses esprits (les images, le récit).

Dans cette reconquête, l'artiste n'était toutefois qu'un véhicule, les esprits lui ont montré le chemin. C'est en effet sous leurs hospices qu'une cérémonie restée secrète, en 1957, pour des raisons rituelles[10], avait précédé le sacrifice final. Lors de celle-ci, le film dans sa totalité y avait été découpé en 28 parties, correspondant aux 28 ramifications de la *Big Horn Medicine Wheel*, site indien millénaire du Wyoming. C'est l'orientation des astres qui a ensuite désigné les parties à conserver. Pour qui connaît *Winchester 1973*, ingrédient de base du rituel, les esprits ont visé juste. Car les Indiens, qui ne sont qu'accessoires dans un scénario centré sur la querelle de deux frères, se retrouvent ici au centre du film.

Dans un autre western, *L'Homme qui tua Liberty Valence*, John Ford place dans la bouche d'un journaliste une réplique devenue célèbre : « Quand la légende dépasse la réalité, on publie la légende. » Nous publions donc ici que ce sont les âmes des ancêtres, et non une réflexion sur le médium, la théorie du détournement situationniste ou l'influence de Dada, qui ont guidé la main de Raphael Montañez Ortiz.

NOTES

1. Franz Kafka, « Fragment narratif », *Œuvres complètes*, Paris, Gallimard, « La Pléiade ».

2. D'origine portoricaine, Raphael Montañez Ortiz compte dans ses ascendances des ancêtres portugais, espagnols, irlandais, mais également « Yaqui », tribu indienne du Mexique. Ses origines sont indissociables de son engagement, notamment de la fondation en 1969 du Museo del Bario à New York, premier musée d'art hispanique des États-Unis.

3. Cité par Scott MacDonald, « Media Destructionism: The Digital / Laser / Videos of Raphael Montañez Ortiz », dans Chon Noriega et Ana Lopez (eds.), *The Ethnic Eye: Latino Media Arts*, Minneapolis, University of Minnesota Press, 1996, p. 184.

4. Correspondance avec l'artiste, février 2010.

5. Gustav Metzger, « Manifesto Auto-destructive Art ? », dans Kristine Stiles et Peter Selz (ed.), *Theories and Documents of Contemporary Art. A Sourcebook of Artists' Writings*, Berkeley, University of California Press, 1996, p. 401-404.

6. Raphael Montañez Ortiz, « Destructivism: A Manifesto », *Theories and Documents of Contemporary Art*, *ibid.*, p. 722-723.

7. Guy Debord, *In girum…*, édition critique dans Guy Debord, *Œuvres*, Gallimard, 2006, p. 1783.

8. Correspondance avec l'artiste, février 2010.

9. Enrique Dussel, *1492. L'Occultation de l'autre*, Paris, Les Éditions ouvrières, 1992, p. 5-6.

10. Correspondance avec l'artiste, février 2010.

FILM, ANTI-FILM, MÉTA-FILM
BRUCE CONNER | A MOVIE | 1958

Valérie Mavridorakis

Bruce Conner
1933, McPherson (États-Unis) - 2008, San Francisco (États-Unis)
A Movie
1958
Film 16 mm noir et blanc, sonore, 11'
Achat 1977
AM 1977-F1004

Dans *L'Obsolescence de l'homme*, publié en 1956, Günther Anders analyse deux traits de l'homme de masse «à l'époque de la deuxième révolution industrielle» : son *iconomanie* dévorante, et son aveuglement face à l'apocalypse nucléaire potentielle[1]. Deux ans plus tard, Bruce Conner, âgé de vingt-cinq ans, présente à l'East and West Gallery de San Francisco son premier film, performativement intitulé *A Movie*. Un film qui, non sans humour noir, semble donner une forme concise et percutante aux considérations d'Anders.

Parce qu'il reflète le climat psycho-politique américain des années 1950, *A Movie* est un produit de son époque. Parce qu'il déplace dans un nouveau médium des procédures et des motifs que son auteur expérimente aussi dans d'autres pratiques artistiques, *A Movie* manifeste la remarquable capacité exploratrice de Conner, dont l'entrée en cinéma fit date. Parce que, par son montage de *found footages*, il dérègle les conventions de l'industrie hollywoodienne, *A Movie* se présente comme un *anti-film* exposant, dans une logique moderniste, les qualités matérielles et les propriétés illusionnistes du médium cinématographique. Parce que l'artiste assemble des fragments trouvés ressortissant à divers genres cinématographiques, sa première incursion dans le domaine des images en mouvement est aussi un *méta-film*. Pourtant, comme l'indique son titre, *A Movie* est bien tout simplement un film, et même une épopée cinématographique, sinon une œuvre d'anticipation.

A MOVIE, FILM DE GUERRE (FROIDE)

> «A Movie *traite des films. Du sexe et de la violence. Du pouvoir. De la guerre, de l'agression, de l'argent*[2].»

A Movie est réalisé par Conner à San Francisco, où il s'installe à la fin de l'année 1957, après avoir passé son enfance dans le Kansas, étudié les beaux-arts à l'université du Nebraska puis à celle du Colorado et, entretemps, séjourné brièvement à New York. Avant de devenir un artiste protéiforme, dont les œuvres ont été qualifiées de *beat*, de *junk* ou de *funk*, Conner fut ce garçon du Middle West qui grandit dans une région où «si vous vous intéressiez à la poésie, à la musique classique, à l'art, vous étiez taxé de pédé (*queer*), de coco (*commie*) ou juste de taré (*jerk*)[3]», un milieu où quiconque prêtait attention à la culture passait pour subversif. Ce qui, en ces temps de maccarthysme, signifiait «traître aux intérêts américains». La formation de Conner coïncide donc avec la période la plus paranoïaque qu'ait connue l'Amérique avant le 11 Septembre, suivie par l'ère éminemment conservatrice d'Eisenhower, durant laquelle l'angoisse sourde et constante de la Troisième Guerre mondiale le dispute au confort garanti par la prospérité économique. De ce sentiment de puissance miné par la conscience de la fragilité de l'équilibre mondial et par la menace d'une technologie meurtrière potentiellement incontrôlable, *A Movie* se fait l'écho, de même qu'y retentissent sans doute les effets dévastateurs et les retombées émancipatrices des deux célèbres rapports du biologiste Alfred C. Kinsey, *Le Comportement sexuel de l'homme* en 1948, et *Le Comportement sexuel de la femme* en 1953[4], deux «bombes» lâchées sur l'esprit puritain de l'époque; de même, encore, que ce film, et d'autres qui lui succéderont, en particulier *Report* (1963-1967, qui fait fond du traitement télévisuel et radiophonique de l'assassinat de Kennedy et incorpore des fragments de spots publicitaires), n'est pas sans rapport objectif avec la publication concomitante du best-seller de Vance Packard *La Persuasion clandestine*[5]. Cet ouvrage entendait en effet mettre au jour les méthodes de manipulation développées à l'échelle d'une nation par les publicitaires, les entreprises, les politiciens. Si ces mécanismes nous sont aujourd'hui familiers, leur analyse était nouvelle à la fin des années 1950. Ainsi, au-delà de son originalité formelle et de sa dimension critique, *A Movie* est-il, par son matériau même, une œuvre imprégnée des doutes et des craintes de son temps.

A MOVIE, ASSEMBLAGE D'IMAGES MOBILES

La pratique du collage apparaît très tôt dans le travail de Conner. L'anthologie *The Dada Painters and Poets*, publiée par Robert Motherwell en 1951, circulait dans les écoles d'art, et Conner en avait eu connaissance par son ami le poète Michael McClure alors qu'il était étudiant[6]. L'œuvre qui lui vaudra le Prix de la San Francisco Art Association en 1958, *Sans titre* (1954-1961[7]), porte la marque de l'esthétique de Kurt Schwitters. Mais, significativement, l'artiste utilise aussi le verso de ce tableau, pour une autre composition, qui contraste nettement avec l'avers abstrait. S'y accumulent des images de provenances hétérogènes, sinon antithétiques: magazines féminins, revues «pour hommes», dont sont extraites nombre de femmes nues aux poses suggestives, *pulps* de science-fiction, reproductions d'œuvres d'art. Des étiquettes portant les mentions «Fragile» et «Attention: vous êtes en grand danger» semblent clignoter dans cette cacophonie visuelle où Conner a aussi incorporé sa convocation à une visite médicale militaire. «Il y a tout un monde de communication qui intervient au dos des tableaux et des œuvres d'art et que les gens ignorent, affirme-t-il. J'ai décidé que c'était là un domaine sur lequel j'allais travailler[8].»

Dans *A Movie*, il montre effectivement ce que, des films, d'ordinaire nous ne voyons pas – amorces, chutes, fragments de pellicule noire ou transparente. Mais, en dehors de ces résidus, l'essentiel de la matière de son premier film se trouve déjà dans cet atlas personnel : imagerie populaire, stéréotypes sexuels, menaces de tous ordres, y compris militaire. Par ailleurs, on reconnaît dans l'angle supérieur gauche la photo de Marcel Duchamp (face et profil)[9] et un autocollant jaune qui proclame « Ez for Prez » (« Ezra Pound for President[10] »). Que se glissent dans ce collage l'inventeur du *ready-made* et l'auteur des *Cantos*, poèmes tissés d'emprunts à de multiples traditions littéraires, n'est pas innocent : Conner s'inscrit dans une généalogie moderne qui rejoue le *déjà-là*, le *déjà-donné*, contre l'illusion de l'authenticité auctoriale. Comme Schwitters, comme Duchamp, comme Pound, mais plus encore comme le feront William S. Burroughs et Brion Gysin à partir de 1959 avec le *cut-up*, il reprend ici le geste moderne, mélancolique par excellence, de la collecte, de l'élection et de l'agencement de matériaux préexistants. C'est ce qu'il fera dans ses films, c'est ce qu'il fait aussi dans ses assemblages.

Quand Conner s'installe à San Francisco en 1957, il y retrouve McClure et se joint à une communauté d'artistes (Joan et Bill Brown, Jay DeFeo, Wally Hedrick, Manuel Neri, Wallace Berman, George Herms) qui, à la suite de la première génération des écrivains *beat*, assument leur marginalité dans une ville où les galeries sont presque inexistantes et où exposer consiste plutôt à organiser des fêtes entre amis[11].

Plusieurs d'entre eux sont des assemblagistes, qui trouvent dans leur environnement urbain une esthétique et un stock inépuisable d'objets de rebut. C'est dans ce contexte que Conner fonde, dès son arrivée, la « Rat Bastard Protective Association », parodie de fraternité artistique, dont le nom s'inspire de celui du syndicat des éboueurs de la ville, Scavengers Protective Association.

Fouiller les poubelles, utiliser les « cadavres » de la société de consommation, tel est en effet le projet des Rat Bastards. Conner pratique alors intensivement l'assemblage d'objets, de colifichets et de fragments divers, qu'il fait tenir ensemble en utilisant des bas de nylon, des morceaux de dentelle ou de tissu transparent, qui identifient son « style » et donnent à ses œuvres un aspect organique, érotique et morbide. Ces assemblages ressemblent à de fragiles reliquaires voués à la désagrégation (et nombre d'entre eux disparaîtront). L'horizon matériel et métaphorique de ce travail est bien la destruction. Aussi n'est-il guère surprenant que la destruction soit le motif majeur du premier film de Conner. Poursuivant la réalisation de ses assemblages jusqu'en 1964[12], l'artiste fait alors alterner l'usage de deux matériaux transparents qu'il découpe et réorganise : le nylon et la pellicule de celluloïd.

Aussi, force est de reconnaître que les éléments et méthodes mis en œuvre d'un médium à l'autre par Conner, s'ils ne sont pas identiques, sont au moins homologues et comparables dans leurs spécificités réciproques[13]. Et son travail y trouve une remarquable unité thématique et procédurale, alors même que l'artiste n'a eu de cesse de le déplacer ou de l'interrompre.

A MOVIE, FILM MODERNISTE

La genèse du premier film de Conner est d'ailleurs liée à cette logique de l'assemblage, à partir de laquelle l'artiste avait projeté un environnement. Celui-ci devait réunir des objets et des miroirs, dont la position aurait été régulièrement modifiée. S'y seraient ajoutés des lumières stroboscopiques, des effets sonores aléatoires provenant d'une radio, d'une télévision et d'un magnétophone, plus un film, projeté en boucle. C'est ainsi que naît l'idée de *A Movie*. Sauf que Conner n'a pas de caméra et que le dispositif de rétroprojection qu'il imagine (c'est la visite d'une exposition consacrée à Walt Disney qui le lui inspire) dépasse très largement ses moyens. *A Movie* sera donc du cinéma sans caméra, réalisé à partir de rebuts filmiques, de métrages de pellicule trouvés (ou found footages). Dans un magasin spécialisé qui stocke des bobines de seconde main, Conner achète des chutes de films de série B, des compilations d'actualités, un court-métrage d'accidents et de cascades automobiles, et quantité d'amorces. Cette collection de pellicules est complétée par une pièce qu'il conserve depuis des années et dont un plan constitue la première séquence figurative de *A Movie* : un film de charme (ou *girlie movie*) subtilisé dans le tiroir du frère d'un de ses camarades de classe. Ses amis cinéastes Stan Brakhage et Larry Jordan[14] lui expliquent la technique du montage, et ce dernier lui prête un banc pour qu'il puisse réaliser son film.

Avec *A Movie*, Conner n'invente évidemment pas le found footage : le procédé d'insertion de fragments de films dans le montage d'un autre est utilisé depuis les années 1920 par des cinéastes indépendants, mais aussi par Hollywood, pour des raisons souvent économiques[15]. Conner ignorait probablement l'opus du lettriste Maurice Lemaître intitulé *Le Film est déjà commencé ?*, qui date de 1951. Il a pu voir, en revanche, le *Rose Hobart* (1937) de Joseph Cornell, entièrement réalisé à partir des images d'un *jungle movie* de la Columbia, *East of Borneo* (1931). Brakhage et Jordan, tous deux proches de Cornell[16], ont pu au moins lui parler de cette ode onirique dédiée à l'actrice du même nom.

Toutefois, si Conner se reconnaît des influences, celles-ci proviennent de la dynamique spécifique des bandes-annonces, qui démontent par ellipses les récits du cinéma hollywoodien pour en isoler les stars et les moments-clés, peut-être encore d'*Entr'acte,* de René Clair (1924), et de sa poursuite d'un corbillard en folie[17], mais, surtout, de la fameuse séquence de « l'arrivée des secours » du film de Leo McCarey *Duck Soup* (1933), avec les Marx Brothers : un bref mais vertigineux montage de found footages qui l'impressionne profondément alors qu'il est adolescent, au point qu'il ambitionne, dès lors, de faire un jour un film qui « combinerait les scènes et les bandes-son de tous les films que j'aurais vus à partir de là[18] ».

Avant de décrire la structure globale du film, il convient d'insister sur son générique. Celui-ci est en effet réduit à sa plus simple expression : le nom de Bruce

Conner et le titre, rien d'autre. C'est donc d'abord le nom de l'auteur qui apparaît, en capitales blanches sur fond noir. Il s'affiche, seul, durant 52 secondes, durée évidemment inhabituelle. Un noir, un blanc, de nouveau un noir, une succession de cercles blancs, puis le titre en *flicker*, qui clignote quelques secondes comme une enseigne de Broadway. Y succèdent diverses amorces, ces signes purement fonctionnels utilisés par les projectionnistes pour lancer la bobine et faire le point, et que, normalement, le spectateur ne voit pas : de la matière filmique ignorée du public, comme le sont les dos des tableaux. L'amorce se poursuit par un compte à rebours incomplet, au terme duquel surgit une fille nue (celle du girlie movie volé) qui enlève son bas droit (du nylon, signature du Conner assemblagiste, qui se double maintenant du Conner cinéaste). Reviennent le compte à rebours, d'autres fragments d'amorces, où apparaît le mot « START », puis un carton, « THE END », encore de l'amorce, puis le titre, *A MOVIE*, cette fois à l'envers, sur lequel s'achève ce générique en forme de prologue. Le tout dure 1 minute 37 secondes, soit un peu plus de 10 % de la totalité du film, et justifie la tautologie de son titre : *A Movie* s'annonce et s'énonce comme un film autoréflexif ironique, exposant son médium avant toute chose, montrant la pellicule, hypertrophiant son paratexte en insistant sur l'auteur et le titre (qui reviendra encore par trois fois). Un condensé moderniste qui embrouille les conventions du cinéma narratif en annonçant la fin tout au début, non seulement parce que THE END succède à START, mais aussi parce que la scène où succombe l'héroïne désirée intervient avant même qu'une action quelconque ait commencé et non pas au terme de quelque stratégie scénaristique. Emblème du cinéma sans caméra, *A Movie* va paradoxalement parcourir ensuite toute une typologie des mouvements de caméra et dresser, à sa façon, « une sorte d'hymne au cinéma en gloire », pour reprendre l'expression de Dominique Noguez[19].

A MOVIE, COURSE-POURSUITE

L'unité de *A Movie* est donnée par le rythme des images, qui s'enchaînent avec une précision de montage machiavélique et qui entraînent le spectateur dans un flux continu que quelques pauses de noir, d'amorces ou d'apaisement iconographique ne ralentissent guère. L'homogénéité est également assurée par l'emploi d'images exclusivement en noir et blanc (c'est le cas des 19 films en 16 mm réalisés par Conner, à l'exception de *Looking for Mushrooms*, 1959-1967) et par la bande-son. Cette dernière est un poème symphonique d'Ottorino Respighi, *Pins de Rome* (1924). Conner raconte qu'il était en train de monter les premières minutes de son film quand il a allumé la radio, où passait justement la pièce de Respighi[20]. Il la connaissait et la jugea parfaite pour sa bande-son. Bonheur du hasard objectif, le compositeur italien utilise précisément dans cette œuvre un enregistrement de chant de rossignol, faisant lui-même usage d'un « *sound footage* » (ce passage n'est cependant pas conservé dans la bande-son). Conner reprit son montage avec cette musique en tête. Respighi offre un accompagnement qui parodie l'usage illustratif de la bande-son du

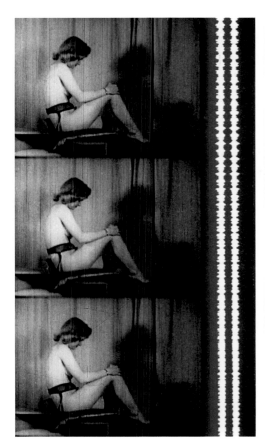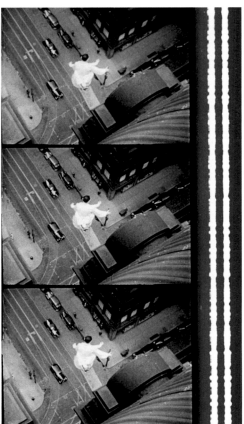

Bruce Conner
A Movie
1958

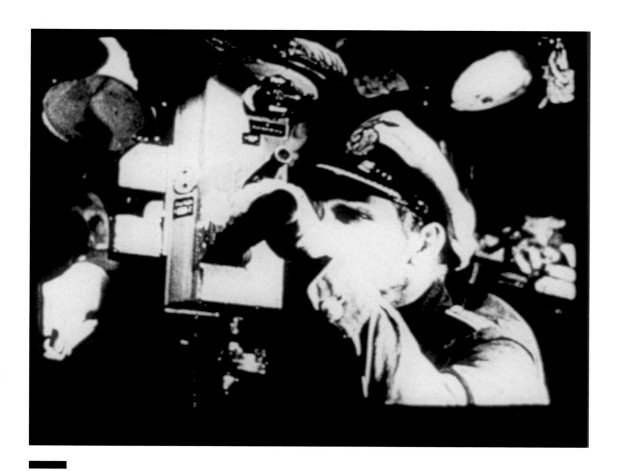

Bruce Conner
A Movie
1958

cinéma hollywoodien : la musique ne correspond pas à la violence des images, mais elle contribue à l'emphatiser. Les *Pins de Rome* sont par ailleurs composés de quatre thèmes, dont trois sont retenus, selon les trois « mouvements » que l'on peut discerner dans *A Movie*.

Premier « mouvement »

La première partie du film (prologue compris) coïncide exactement avec les premiers « Pins » de Respighi (ceux de la « Villa Borghèse »). La musique est alors assez allègre.

Après le titre renversé, apparaissent, sur une crête, des Indiens qui se lancent à l'attaque d'un convoi. Surgit alors, sur son cheval blanc, le mythique cow-boy Hopalong Cassidy, héros d'une dizaine de westerns entre les années 1930 et 1950. Après cette galopade, le point de vue change quand le convoi fait face au spectateur et qu'il s'ensuit un enchaînement de séquences frontales, soit : la charge des pompiers, de la cavalerie, d'un éléphant, d'un chariot, et puis d'un tank. Succède à cette ruée, éclectique mais unanime, une sélection de courses de voitures. Ces premières scènes rappellent le burlesque et le *nonsense* des Marx Brothers.

Tout à coup, cependant, une voiture tombe du haut d'une falaise. C'est le premier accident potentiellement mortel du film, comme semble le signifier le nouveau carton, « THE END », qui précède la réapparition du titre. La musique change alors de thème, on passe à un rythme plus lent et à une tonalité romantique (avec « Les Pins près d'une catacombe »).

Deuxième « mouvement »

Une séquence ethnographique montre une étrange procession, puis un plan noir, puis de nouveau le titre, puis un enchaînement d'images aériennes, dont la sérénité n'est troublée que par l'arrière-pensée d'une chute putative : un zeppelin, des funambules au-dessus de New York, suivis par le piqué d'un minuscule avion. Un noir, le titre encore, un sous-marin plonge, et survient le gag célèbre du film : le commandant du sous-marin regarde au périscope / plan de la jeune Marilyn Monroe en sous-vêtements, renversée sur un lit / panique du commandant / une main appuie sur la commande de tir / une torpille fend la mer / une explosion se conclut par un majestueux champignon atomique.

Ce cataclysme nucléaire orgasmique semble alors engendrer, par la mécanique du montage, une cascade d'accidents dont les effets comiques sont dignes des bêtisiers télévisés. Un surfeur glisse d'abord élégamment sur sa vague, puis le reste déraille : des pirogues manquent de chavirer, des skieurs nautiques perdent l'équilibre, des hors-bord quittent leur trajectoire, des vélos grotesques rivalisent, des motos s'embourbent, jusqu'à ce qu'un biplan rate son atterrissage et tombe à l'eau. Après un noir, ce deuxième mouvement loufoque et grinçant se termine par un gros plan assez effrayant sur Theodore Roosevelt prononçant un discours, suivi par la rupture d'un pont suspendu.

Bruce Conner
Sans titre (verso)
1954-1961
Collage
Papier, bois, adhésif, clous, peinture,
agrafes, support fibre de bois
Coll. Walker Art Center, Minneapolis
T.B. Walker Acquisition Fund, 1992

Troisième «mouvement»

Sur un écran noir de 20 secondes, la musique s'arrête puis repart avec le quatrième thème de Respighi, «Les Pins près de la Via Appia» (voie sur laquelle passaient les armées romaines). Le rythme prend alors un caractère martial et la musique enflera jusqu'au finale, tandis que les images deviennent également plus dramatiques puisqu'une guerre planétaire semble avoir éclaté : des avions de chasse s'écrasent, des bombes explosent de nouveau, un volcan entre en éruption, un pape couronne un souverain, des tanks se déploient, un zeppelin s'enflamme, puis une voiture. Une brève accalmie poétique vient rompre la tension : quelques parachutes blancs tournoient dans le ciel, puis un ballon noir s'abat en torche. Après cette alerte, nouvelle pause d'innocence édénique (et exotique) : des palmiers, un buffle, des biches, un flûtiste charme une jeune fille. Le monde respire encore au loin mais la guerre s'étend. Reviennent le pont de Tacoma, qui ondule puis se vrille (cette catastrophe s'est produite en 1940), le zeppelin en feu ; d'autres parachutes tombent des cieux, un navire coule. À ce stade, les images sont presque toutes entrecoupées de noirs, comme si nos paupières clignaient sous l'effet de ce spectacle qui empire : un peloton d'exécution fait feu sur un traître assis de dos, surviennent les dépouilles de Mussolini et de ses proches, pendues par les pieds, un charnier de la Seconde Guerre mondiale, une bombe atomique explose encore et l'éléphant qui chargeait est maintenant abattu. Des enfants africains tremblent et pleurent, des prisonniers sont rassemblés, le zeppelin finit par s'écraser dans son brasier.

La conclusion du film, sur le finale de Respighi, nous ramène au monde subaquatique entrevu dans la séquence du sous-marin, et dans lequel évolue maintenant un plongeur. Les plans sont entrecoupés de noirs plus insistants qui accentuent la perception du collage et atténuent les effets d'illusion. Pourtant, c'est alors que le regard du spectateur se confond un instant avec celui du plongeur dans un banc de poissons. Ce bref plan en caméra subjective suppose un mouvement d'identification, à la faveur duquel le plongeur-spectateur découvre la carcasse d'un bateau et s'enfonce dans une écoutille, tandis qu'en un bouquet final le soleil fait miroiter la surface de l'eau vue en contre-plongée. Dans ce film fait d'épaves d'autres films, cette figure qui sort du champ en se glissant dans un trou noir ne peut que faire métaphore et du film et de l'auteur. Et si l'aube se lève toujours sur le monde, la dernière silhouette humaine de *A Movie*, plutôt que de se tourner vers cette promesse de *happy end*, préfère descendre dans les ténèbres, ultime disjonction de l'ironie connerienne.

LES CATACLYSMES DU REGARD

Conner a souvent affirmé que le flux effréné d'images qui constitue *A Movie* favorisait une expérience perceptive différente pour chaque spectateur, et, même, une expérience évolutive, si l'on regarde le film plusieurs fois de suite. S'il est certain que nombre de séquences nous frappent immédiatement, parce qu'elles éveillent notre

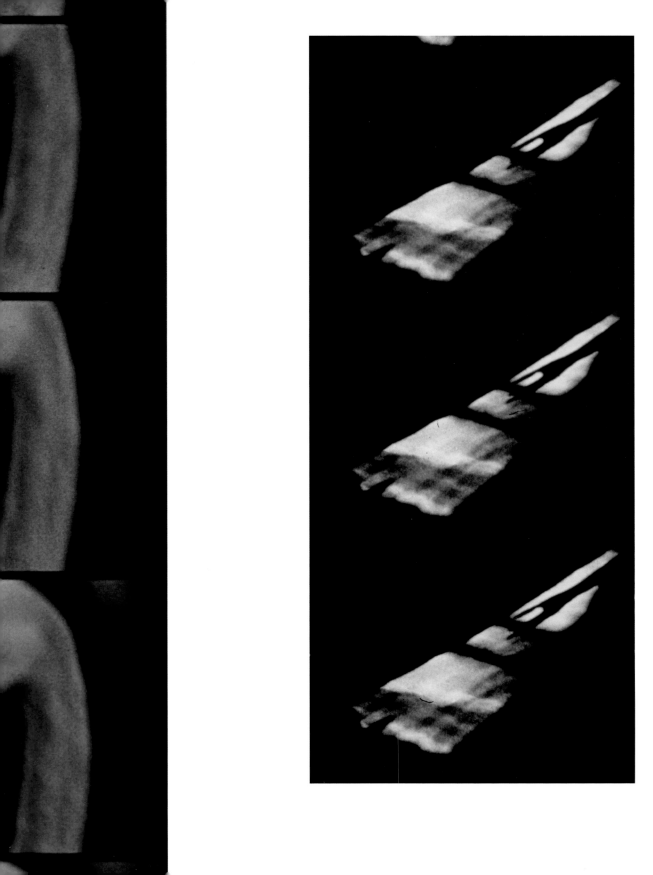

volontiers une représentation dramatique du devenir humain : il y a en elle une question posée à la matière, à l'instabilité des classifications, à l'échange des règnes de la Nature[2]. » Ce qui se transforme dans *Anticipation of the Night*, et nous fait traverser au passage les divers règnes animal, végétal et minéral, émane de la vision dernière d'une ombre qui retourne à l'ombre, d'un *homme-ombre* qui n'est pas sans évoquer le « Rêve d'une ombre, l'homme » de la *Huitième Pythique* de Pindare, moins une vie que l'on verrait défiler au moment ultime qu'un théâtre d'ombres, une métaphore du cinéma que Brakhage met à mort, celui du *psychodrame* de ses débuts. D'où vient que la première figure humaine, après l'ombre qui n'en a pas, se révèle être celle de l'enfant qui joue sur la pelouse, de l'*infans* qui ne parle pas encore. Le film raconte d'abord l'histoire d'une renaissance du regard dans une nouvelle forme de cinéma, silencieux et *lyrique* au sens où l'entend P. Adams Sitney : « Le film lyrique donne au cinéaste derrière la caméra le premier rôle du film. Les images du film sont celles qu'il voit, filmées de manière à ce qu'on n'oublie jamais qu'il est là et que l'on sache comment il réagit à sa propre vision[3]. »

Le sujet de l'énoncé (le personnage) et le sujet de l'énonciation (le cinéaste) ne font plus qu'un. L'énoncé n'est plus que le sillage apparent du frayage de l'énonciation, et le sujet l'empreinte du *subjectile*, avec, dans le cas de Brakhage, le sentiment d'un film en roue libre qui charrie, sans jamais que les uns aient préséance ou droit de regard sur les autres, autant de rêves éveillés que nocturnes, de souvenirs fantasmés que de prémonitions démenties, de gestes inchoatifs que d'actions irrémédiables. Plus encore que des états de conscience, *Anticipation of the Night* semble s'être donné pour propos de filmer leur devenir en déjouant les clivages opérés par les grammairiens du cinéma entre plans objectifs, subjectifs ou semi-subjectifs, par ses sémiologues entre discours direct, indirect ou indirect-libre, voire par ses philosophes entre images – perception, affection et action. Le film a l'allure d'un monologue intérieur, mais visuel et silencieux, déroulant l'*association libre*, mais formellement surdéterminée, d'un certain nombre de motifs récurrents ou pas (l'homme-ombre, la porte, les arbres, le bébé sur la pelouse, l'arc-en-ciel, la rose dans la boule, le manège, la lune et le temple, les enfants endormis et leurs rêves d'animaux, la pendaison finale) qui requiert de la part du spectateur, toutes défenses levées, une *attention flottante* symétrique, réceptive au travail inconscient suscité en lui. Le « présent continu » cher à Gertrude Stein en est, de l'aveu même de Brakhage, la temporalité privilégiée, à l'image plus ancienne de Chronos, cette modalité du temps propre aux corps où le passé qui n'existe déjà plus et le futur pas encore se résorbent dans un perpétuel présent, que les stoïciens opposent à l'Aiôn des incorporels, du sens et des événements purs, où un présent évanescent se voit toujours déjà scindé par son passé rémanent et son futur imminent[4]. *(nostalgia)* (1971) de Hollis Frampton, avec son décalage systématique de la parole et de l'image, l'une tournée vers le futur et l'autre vers le passé, pourrait être le parangon cinématographique de ce dernier.

L'espace d'*Anticipation of the Night*, qui oscille entre surface et profondeur, proche et lointain, optique et haptique, procède, lui aussi, de ce cinéma généralisé de la vision, celle d'abord, les yeux fermés, des phosphènes avec leur cortège d'éblouissements, de points brillants et d'impressions colorées dans un champ visuel aveuglé, celle ensuite, les yeux entrouverts, de l'Imaginaire («Le cinéma est le seul médium qui puisse extérioriser l'imagination en mouvement», dit Brakhage), cet écran intérieur où se projettent rêves, souvenirs et fantasmes inconscients, celle, enfin et surtout, de la perception enfantine d'avant la parole et l'accession au Symbolique, où les corps sont encore morcelés, les pulsions partielles et les désirs polymorphes.

Cette vision *infans*, et plus couramment ce motif de l'enfance, désigne beaucoup plus qu'un thème, même avec variations, d'*Anticipation of the Night*. Elle est coextensive à l'ensemble de l'œuvre de Brakhage, dont elle définit à la fois la logique et l'enjeu. Elle irrigue nombre de ses films, de *Scenes from Under Childhood* (1967-1970), qui nous dévoile, par ses clignotements de couleurs et ses images subliminales, la naissance simultanée de la perception et du plan qui en rend compte jusqu'à *A Child's Garden and the Serious Sea* (1991), qui en constitue l'aboutissement poétique. Elle conjoint ainsi *enfance du sujet*, de tout sujet quand il s'ouvre au monde, *enfance de la création*, quand elle est encore nimbée de l'aura romantique de « l'œil à l'état sauvage » d'André Breton, mais envisagé ici comme fiction nécessaire à l'éclosion d'une certaine radicalité, *enfance du monde*, mais d'un « monde d'avant "Au commencement était le verbe[5]" », filmé dans sa chair même, infiniment petit avec *Mothlight* (1963), autant qu'infiniment grand quand le *Prelude: Dog Star Man* lui rend sa dimension cosmique en retravaillant de manière sidérante des images sidérales venues d'ailleurs, et, finalement, *enfance* même *du cinéma*. Brakhage le réinvente de fond en comble en reprenant, à nouveaux frais, ses recherches formelles antérieures. L'hypermobilité de sa caméra, prolongement instantané de sa main et de son corps, lui permet d'alterner pauses rêveuses et pulsions imprévisibles. Par ses filés de lumière et de couleurs, brefs et fulgurants (la foudre et l'éclair illumineront *Fire of Waters* en 1965), elle commue toutes choses en signes, toutes figures en écritures. Le montage plastique (*plastic cutting*), quant à lui, relance l'ensemble par l'hyperfluidité des raccords qui associent, au-delà ou en deçà de la représentation, les motifs qui la font et la défont, les mouvements *du* ou *dans* le plan qui la plongent et la replongent dans le flux sans cesse renouvelé du film. Affaire de *rythme* des images d'autant plus perceptible qu'il n'est couvert par celui d'aucun son, où il faut savoir entendre moins le ressac de la vague que l'écoulement du fleuve, s'il est vrai que le mot grec ῥυθμός [« rythme »] vient de ῥεῖν [« couler »], où il s'avère, chez les atomistes Leucippe et Démocrite, qualifier la forme distinctive de ce qui est mouvant, par opposition à celle, σχῆμα, de ce qui est fixe, avant que Platon ne les synthétise dans le sens de la récurrence musicale et chorégraphique que le terme a gardé[6]. Tout coule. Là gît l'héraclitéisme profond de Brakhage, cinéaste par excellence du devenir. Celui-ci n'est ni un état ni même le passage d'un état à un autre, avec la finalité illusoire que cela suppose, c'est un processus, une métamorphose, le changement comme tel. Le scénario mortifère d'*Anticipation of the Night*, qui a rendu Brakhage étranger à son film, cache un *devenir-enfant* qui, à son tour, recèle un double devenir, animal (daim, ours, héron) et végétal (herbe, fleur, arbre). Ce devenir ne relève ni de l'imitation ni de la recréation d'une perception enfantine, encore moins de la remémoration de souvenirs enfouis ou de la régression vers un passé édénique, mais d'une enfance à venir dans l'involution, plus que dans l'évolution, d'une *anti-mémoire* et d'un voyage immobile où cette enfance est produite, plus que donnée, par une écriture filmique à la fois follement singulière et complètement détachée de son auteur : « Ce sera l'enfance, mais ce ne doit pas être mon enfance[7]. »

NOTES

1. Stan Brakhage, « On *Anticipation of the Night* », *Filmwise*, n° 1, 1961, trad. Dominique Noguez, *Une renaissance du cinéma. Le Cinéma « underground » américain. Histoire, économie, esthétique*, Paris, Klincksieck, 1985, p. 132.

2. Roland Barthes, « All Except You. Saul Steinberg », *Œuvres complètes*, t. IV, Paris, Le Seuil, 2002, p. 961.

3. P. Adams Sitney, *Le Cinéma visionnaire. L'Avant-Garde américaine. 1943-2000*, trad. Pip Chodorov et Christian Lebrat, Paris, Paris Expérimental, 2002, p. 159.

4. Voir Gilles Deleuze, *Logique du sens*, Paris, Les Éditions de Minuit, coll. « Critique », 1969, p. 190-197.

5. Stan Brakhage, *Métaphores et vision*, trad. Pierre Camus, Paris, Éditions du Centre Pompidou, coll. « Photo Vidéo », 1998, p. 19.

6. Voir Émile Benvéniste, « La notion de "rythme" dans son expression linguistique », *Problèmes de linguistique générale*, t. I, Paris, Gallimard, coll. « Bibliothèque des sciences humaines », 1966, p. 327-335.

7. Virginia Woolf citée par Gilles Deleuze et Félix Guattari, *Capitalisme et schizophrénie 2. Mille Plateaux*, Paris, Les Éditions de Minuit, coll. « Critique », 1980, p. 360.

CINÉMA MÉTRIQUE
PETER KUBELKA | ARNULF RAINER | 1958-1960

Arnulf Rainer est le troisième film métrique de Peter Kubelka, après *Adebar* (1956-1957) et *Schwechater* (1957-1958). À la différence des précédents, il ne présente aucun trace de figuration. Il est composé de quatre éléments : amorce noire, amorce transparente, bande-son saturée et bande-son vide. Loin de la sensualité impressionniste du *Color Sequence* de Dwinell Grant, *Arnulf Rainer* obéit à un modèle arithmétique et musical : réalisé sans caméra et sans table de montage, le film est entièrement écrit (c'est-à-dire calculé). Kubelka, qui n'a peur de rien – mais en un sens, il n'a pas tort –, affirmait qu'avec *Arnulf Rainer* il avait produit le seul film absolument pérenne de l'histoire du cinéma, puisque indéfiniment reproductible à partir de sa partition. Les modules fondamentaux qui le composent sont des microstructures de 1, 2, 4, 8, 12 ou 24 images. L'ensemble repose sur 16 grandes unités de 576 photogrammes (soit 24 fois 24, c'est-à-dire 1^2 seconde). Chaque unité comporte un ensemble de thèmes de longueur variable : 288, 192, 144, 96, 72, 48, 36, 24, 18, 16, 12, 9, 8, 6, 4 ou 2 images, soit 16 thèmes. Une unité ne contient jamais la totalité des thèmes. Dans chacune d'elles, ces derniers, se succédant du plus long au plus court, obéissent à un principe d'intensification. Soit la deuxième unité, dont le thème le plus long comporte 144 cadres. Celui-ci consiste en un module de 24 cadres répété 6 fois, qui se décompose ainsi : 3 noirs, 4 blancs, 2 noirs, 6 blancs, 1 noir, 8 blancs. Lui succède une séquence de 96 cadres dont le module de base, répété 4 fois, est composé de 24 cadres : 4 noirs, 4 blancs, 2 noirs, 2 blancs, 2 noirs, 2 blancs, 2 noirs, 1 blanc, 1 noir, 1 blanc, 2 noirs, 1 blanc. Le rythme est plus heurté que dans le premier thème : le troisième et le quatrième thèmes s'étendent sur 18 cadres chacun. Ils se composent de lumière blanche continue, tandis que le système d'opposition des tons se poursuit. Bien que l'alternance d'images noires et d'images blanches puisse produire des effets optiques singuliers, *Arnulf Rainer* est construit de telle manière que l'effet stroboscopique ne se prolonge pas suffisamment pour induire des effets sensoriels indéterminés. C'est une construction rationnelle, qui n'est pourtant pas sans éveiller des résonances cosmologiques. Kubelka parle en effet, au lieu de la succession noir / blanc, d'une alternance d'obscurité et de lumière : avec *Arnulf Rainer*, il crée un dispositif démiurgique qui lui permet, 24 fois par seconde, de passer de la nuit au jour et du jour à la nuit.

Peter Kubelka
1934, Vienne (Autriche)
Arnulf Rainer
1958-1960
Film 35 mm noir et blanc,
sonore, 6'14"
Achat 1975
AM 1975-F0193

Peter Kubelka
Arnulf Rainer
1958-1960

FILM-HERBIER
STAN BRAKHAGE | MOTHLIGHT | 1963

Mothlight a été réalisé dans un dénuement extrême, avec les simples matériaux de la nature : sans argent pour acheter et faire développer de la pellicule, Stan Brakhage fixe sur de l'amorce transparente, avec des Scotch Mylar, des papillons de nuit morts, des fleurs, des feuilles et des graines. À trois reprises, des nuées de papillons et de plantes apparaissent sur l'écran, se densifient, s'éparpillent et se dispersent. Une série d'ailes transparentes défile decrescendo, entrecoupée de plages blanches. Le troisième mouvement reprend le premier, puis une aile isolée apparaît après un blanc prolongé sur quoi s'achève le film[1]. *Mothlight* a été tourné sur un fond blanc, de sorte que le motif, ailes de papillon et brins d'herbe, ne remplit jamais l'écran, produisant un effet de surface : la transparence, l'extrême vitesse de défilement remplacent la profondeur par la complexité ornementale. *Mothlight* reprend le mouvement de l'arabesque inspirée de la forme végétale du rinceau (acanthe, feuille ou grappe de vigne, palmette ou rosace) se déplaçant sur le plan plastique[2] : comme l'arabesque, le film ne dessine aucune figure isolée, son principe est celui d'un mouvement continu qui entraîne le regard au-delà des formes fixes et peut se déployer à l'infini : le regard se perd entre les motifs dispersés des ailes de papillon ou des fleurs séchées, ou suit la ligne courbe des brins d'herbe défilant sans rupture le long du ruban transparent de la pellicule. L'architecture fragile du film est constituée d'enchaînements de courbes et de contre-courbes qui se ramifient et se croisent pour déployer sur le plan un réseau linéaire régulier, dont la dynamique est sans cesse relancée et dont l'équilibre, régi par une symétrie de l'ensemble et des détails internes, exclut tout effet dramatique. Le monde apparaît dans un éclat tremblé de fragments épars, « As a moth might see from birth to death if black were white[3] ».

Stan Brakhage
1933, Kansas City
(États-Unis) - 2003,
Victoria (Canada)
Mothlight
1963
Film 16 mm couleur,
silencieux, 4'
Achat 1993
AM 1993-F1242

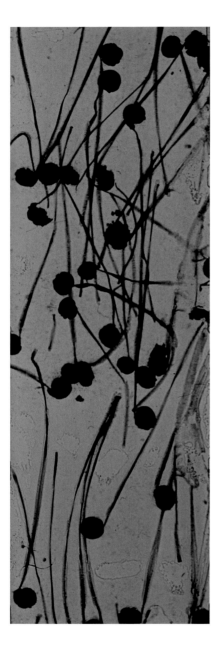

Stan Brakhage
Mothlight
1963
Film 16 mm couleur,
silencieux, 4'
Achat 1993
AM 1993-F1242

NOTES

1. Voir la lettre de Stan Brakhage à Robert Kelly, reproduite dans « Respond Dance », le dernier chapitre de « Metaphors on Vision », *Film Culture,* n° 30, automne 1963.

2. Voir Aloïs Riegl, *Questions de style. Fondements d'une histoire de l'ornementation*, Paris, Hazan, 1992.

3. « Ce qu'un papillon de nuit verrait de sa naissance à sa mort si le noir était blanc. »

UN THÉÂTRE DE LA CRUAUTÉ
JONAS MEKAS | THE BRIG | 1964

Gilles A. Tiberghien

C'est en 1964 que Jonas Mekas tournera *The Brig*, d'après la pièce de Kenneth Brown, mise en scène par Judith Malina et scénographiée par Julian Beck, les fondateurs du Living Theatre. Dans les quinze ans qui précèdent, depuis son départ de Lituanie et son arrivée à New York avec son frère Adolfas en 1949, Jonas Mekas, outre ses activités d'écrivain, de critique et de poète, s'est mobilisé pour la diffusion et la reconnaissance d'un cinéma alternatif, dit parfois « underground » ou « indépendant ». Il lance la revue *Film Culture* en 1954, participe à la formation du New American Cinema Group en 1960 avec, entre autres, Robert Frank, Peter Bogdanovich et Shirley Clarke, et crée à New York la Film-Makers' Cooperative en 1961. En dépit de cette intense activité, Mekas n'a cessé pendant tout ce temps de filmer, pratiquant une manière de journal cinématographique au moyen d'une Bolex achetée à peine débarqué aux États-Unis. Une forme qui s'impose à lui et qu'il va systématiser toujours davantage. En 1961, il réalisera *Guns of the Trees*, tourné en plans fixes, sur des textes d'Allen Ginsberg. « Une expérience semi-professionnelle mal vécue, écrit Patrice Rollet, qui l'éloignera paradoxalement du cinéma traditionnel[1]. »

Judith Malina et Julian Beck, eux aussi installés à New York, partagent avec Mekas un goût très vif pour la poésie, car, loin de jouer un répertoire traditionnel ou un théâtre de type psychologique, si contemporain soit-il, le Living, dès ses débuts, monte des pièces à partir de textes poétiques comme ceux de Ginsberg, justement, ou de Kerouak, de Paul Goodman, de Gertrude Stein, mais aussi de William Carlos Williams − sa pièce *Many Loves* − et de Pirandello - avec *Ce soir on improvise* −, les deux textes de Williams et de Pirandello ayant ceci de commun d'interroger la nature même de ce qu'est le théâtre. Les débuts du Living, qui coïncident d'ailleurs avec l'arrivée de Mekas à New York, sont difficiles. Le style exigeant de ce théâtre, sur le plan artistique, ne lui attire pas tout d'abord un grand succès public, et ses

Jonas Mekas
1922, Semeniskiai (URSS)
The Brig
1964
Film 16 mm noir et blanc, sonore, 68'
Achat 2008
AM 2008-F7

fondateurs seront expulsés en 1952 de leur première salle, le Cherry Lane, un peu plus d'un an après s'y être établis. De plus en plus engagés politiquement et socialement, ils montent des pièces où l'improvisation a une large part. En 1958, ils créent *The Connection*, mettant en scène des drogués et des dealers dans un style extrêmement réaliste, qui déstabilise les spectateurs. « Le spectacle, écrit Giovanni Lista, doit convaincre le public qu'il se trouve face à un groupe de véritables drogués, lesquels sont en attente de leur *connection*, c'est-à-dire du dealer qui leur fournira la drogue. On fait croire au public qu'un producteur de cinéma est là, avec sa troupe, pour tourner un film sur les drogués pour leur demander de se comporter comme d'habitude lorsqu'ils attendent leur revendeur. Parmi les toxicomanes il y a aussi quatre musiciens de jazz qui improvisent quelques thèmes[2]. » Pendant l'entracte, les acteurs se faufilent dans le public pour mendier une dose, créant une terrible gêne, qui finira par provoquer un scandale mais remportera aussi un succès considérable, puisque le spectacle va rester trois ans à l'affiche. De cette pièce, Shirley Clarke tirera un film, d'abord censuré aux États-Unis, qui sortira finalement en 1962[3]. À son sujet, Mekas notait dans son journal, le 4 octobre : « Ainsi *The Connection* – comme souvent le nouvel art "nihiliste", "dadaïste", d'"évasion", etc. – est une forme d'art positive, qui ne ment pas, ne truque pas, ne la ramène pas sur nous-mêmes. Il va plus loin que l'art naturaliste, pragmatique, de surface, et montre quelque chose de l'essence[4]. »

Tirant parti des expérimentations de Cage avec le hasard et des happenings d'Alan Kaprow, le Living se dégage de plus en plus du texte et de la psychologie dialoguée pour expérimenter des pièces aléatoires, comme celle de Jackson MacLow, *The Marrying Maiden*, qui ne rencontrera d'ailleurs aucun succès. C'est à la même époque que Julian Beck et Judith Malina accueillent Robert Morris pour sa performance, *Column*, en 1961. La colonne, un parallélépipède en bois dressé sur scène, devait se tenir immobile trois minutes puis être basculée par le corps de l'artiste, caché à l'intérieur, et rester à l'horizontale trois autres minutes. Morris s'étant blessé pendant les répétitions, c'est un dispositif mécanique qui provoqua la chute du parallélépipède.

Avec *The Brig* [« La Taule », ou « Le Cachot »], le Living va remporter un nouveau succès à scandale déterminant pour son histoire, puisque les autorités le contraindront alors à fermer ses portes. À la suite de *sit-in* et de représentations interdites, les deux membres fondateurs du Living seront emprisonnés quelques semaines, en 1963, avant de s'exiler en Europe.

La pièce est basée sur un scénario d'un jeune écrivain, Kenneth H. Brown, qui raconte une journée passée dans une prison pour Marines. Pour monter la pièce, Judith Malina décide de mettre les acteurs de la troupe dans des conditions comparables. « Il ne s'agit plus, comme l'écrit Franck Jotterand, de "revivre" des émotions déposées dans sa mémoire, mais de les "vivre" réellement. Le résultat est un spectacle terrifiant dont on pourrait analyser la structure en terme de happening : "Construire un environnement en forme de cage de fer. Y disposer des couchettes superposées. Dessiner sur le sol, par un système aléatoire, des raies blanches que les acteurs n'auront pas le droit de franchir sans demander l'autorisation aux meneurs de jeu[5]"». En effet, Judith Malina demanda à ses acteurs d'observer un «règlement de répétition» écrit sur le modèle du règlement carcéral : «Ce "règlement" carcéral inventé par la Marine des États-Unis est une source essentielle de l'action, si bien que nous avons décidé, dès le départ, de l'imprimer dans chaque programme», explique Judith Malina, «pour que le spectateur ait entre les mains les grandes lignes de la mise en scène de *The Brig*[6].»

Le système est fait de règles et de pénalités en cas d'infractions à ces règles, concernant par exemple les absences, les retards, la mauvaise conduite, les pertes d'accessoires, etc. Chacun des acteurs qui participait au spectacle décida librement de se soumettre à ce règlement comme s'il était dans une prison militaire. Chacun faisait bénéficier aux autres de son expérience quand il le pouvait, car plusieurs d'entre eux avaient, quelques années auparavant, été incorporés dans la Marine. L'auteur du scénario, qui avait lui-même passé une journée dans une prison de ce genre, expliquait «comment frapper les casquettes, comment faire un lit au carré, comment passer la serpillière, comment fouiller et se faire fouiller, dans quelle main tenir le savon et la brosse à dent [...]. Chic Ciccarelli, qui jouait le directeur de la prison», raconte Judith Malina, «était un ancien Marine, et se rappelait avec une précision touchante et terrible l'euphorie froide et dure de l'entraînement [...]. Des spectateurs stupéfaits venus acheter leur billet entraient souvent au milieu d'une violente réprimande du chef d'exercice. Ce n'était pas le ton poli d'un metteur en scène discutant de son personnage avec un acteur, c'était Cicarelli qui hurlait : "Relève la tête, espèce d'asticot infect[7]"».

Jonas Mekas explique qu'il était allé voir *The Brig* le soir de la dernière représentation. Suite aux plaintes des autorités, les propriétaires avaient décidé de fermer le théâtre le lendemain. Frappé par la façon dont la pièce est jouée, il a aussitôt l'idée d'en faire un documentaire, de la filmer comme s'il était un reporter auquel on aurait donné l'autorisation d'entrer dans une geôle pour montrer ce qui s'y passe. Ce soir-là, sans rester jusqu'au bout de la représentation, il va faire part de son projet aux Beck, qui acceptent avec enthousiasme, sans savoir trop comment s'y prendre puisque la troupe doit vider les lieux le soir même. Le lendemain, malgré tout, Mekas, qui a pu trouver pellicule et équipement, entre, la nuit, en passant par la goulotte à charbon, suivi des acteurs, qui remontent la partie des décors qu'on avait déjà commencé à retirer. Puis les acteurs jouent à huis clos, filmés avec l'éclairage du théâtre encore en place, en posant simplement deux gros projecteurs sur la première rangée de sièges, pour qu'on ne les voit pas et que le cinéaste puisse ainsi se déplacer plus facilement. Mekas dispose alors de trois caméras 16 mm «avec système d'enregistrement du son sur pellicule et des magasins de dix minutes. Je n'ai pas arrêté de changer de caméra en cours de route», raconte-t-il. «La représentation était arrêtée toutes les dix minutes pour le changement de caméra en reprenant l'action quelques minutes plus tôt à chaque reprise. J'ai donc filmé la pièce par prises de dix minutes, douze prises en tout[8].»

Jonas Mekas
The Brig
1964

Pour faire une captation de la pièce, il aurait fallu que Mekas puisse la voir d'abord dans son intégralité, s'en imprègne et détermine ainsi certains repères, comme c'est l'usage pour ce genre de cinéma. Ici, au contraire, il découvre l'action au fur à mesure qu'il tourne. Il assume en quelque sorte un statut de «reporter» saisissant les événements sur le vif, un reporter intégré au déroulement de la pièce, comme un «observateur participant» puisqu'il se trouve tout le temps au milieu des acteurs, agissant avec eux et perturbant, si peu que ce soit, la mise en scène. «Ce type de tournage demandait un degré de concentration corporelle et visuelle épuisant», écrit-il. «Je devais manipuler la caméra, veiller à ne pas gêner les acteurs, être attentif à ce qui se passait et à ce qui était dit, prendre des décisions immédiates par rapport à mes mouvements et à ceux de la caméra, sachant que je n'avais pas le temps de réfléchir à ce que je faisais ; pas le temps de refaire des prises, ni de faire des erreurs : j'étais comme un funambule sur une corde tendue dans le vide[9].» L'épreuve fut si dure qu'il fallut littéralement des semaines à Mekas pour s'en remettre.

Quand on regarde bien la façon dont il filme seul tout ce qui se passe, on est ébloui par sa capacité incroyable d'anticipation, cette façon qu'il a parfois de rester sur un personnage pendant que l'action continue autour de lui, puis d'élargir à l'ensemble de la scène pour suivre ensuite tel ou tel prisonnier le long des grillages, tel ou tel de ses gestes. On le voit parfois suivre un prisonnier en plan moyen, mais, parfois aussi, le précéder en reculant vivement, tourner ensuite sur lui-même pour saisir le visage d'un garde qui lui aboie dessus, contourner le décor pour retrouver une autre partie de l'action, etc.

Deux scènes, de ce point de vue, sont extraordinaires. Celle de la punition, d'abord, où Mekas passe, de gauche à droite, en montrant un prisonnier qui court autour d'une poubelle métallique sous laquelle se tient un autre prisonnier, tout en frappant dessus avec le couvercle à chaque tour accompli pendant que, de l'autre côté, dans la cage, les autres prisonniers se livrent à des exercices de pompes ou de courses sur place, genoux haut levés ; la scène du grand nettoyage, ensuite, où l'on a vraiment l'impression d'être en train de balayer ou de passer la serpillière au milieu de l'eau savonneuse jetée à grand seaux sur le sol, éclaboussant les hommes affairés comme des robots. La virtuosité de Mekas est là extrême : le spectateur est immergé dans l'action, sans aucune distance par rapport au sujet, oppressé comme le sont ces prisonniers, dégradé et avili comme eux et presque aussi exténué, si la chose était possible.

Derrière cet engagement très particulier du cinéaste, qui tient quasiment de la performance, comme on le voit dans le petit film réalisé sur le tournage par Storm De Hirsch[10], se met en place une forme de critique, ou, comme l'appelle Mekas, «un essai de critique cinématographique» de ce que l'on nomme alors le «cinéma-vérité» et dont *The Brig*, la pièce de Kenneth Brown, va faire les frais puisqu'elle se déroule comme un événement réel et que le cinéaste l'utilise à la manière d'un matériau brut. Ainsi, reconnaîtra-t-il, «mon approche n'était pas forcément flatteuse pour la pièce de Kenneth Brown : j'étais un parasite qui lui suçait le sang.[11]»

De fait, le passage de la pièce au film ne va pas de soi. De l'aveu de Mekas, ce n'est pas une adaptation qu'il nous propose : «Moi, pour ma part, ça ne m'intéresse pas d'adapter des pièces, je l'ai toujours dit et je le répète ici. *The Brig,* comme film, n'est pas l'adaptation d'une pièce ; c'est une pièce filmique ; c'est l'enregistrement du regard et de l'énergie que j'ai investis dans la pièce. Et puis, au premier et dernier chef, *The Brig*, comme film, est mon cadeau aux Beck, ces deux merveilleux êtres humains[12].» S'il refuse le terme d'adaptation, c'est peut-être à cause de la violence de traitement qu'il fait subir à la pièce. Disons, pour filer son image, qu'il la vampirise pour en absorber l'énergie et s'en nourrir.

Au début, Mekas voulait disposer du film de la représentation dans son intégralité, et, comme le tournage était forcément lacunaire, il était revenu clandestinement la nuit avec les acteurs pour refaire quelques plans dans le théâtre déserté. Mais la spontanéité du premier tournage n'y était plus, et il abandonna après visionnage les prises de vues supplémentaires. Le spectacle original fut donc raccourci. Il y avait d'autres raisons pour qu'il le soit, en particulier le fait que ce qui fonctionnait sur scène ne tenait pas forcément dans le film. Comme dans la vie réelle, explique Mekas, certains moments étaient trop ennuyeux, de son point de vue, pour être filmés. Les parties jugées excessivement théâtrales, celles de la fin en particulier, furent sacrifiées. En tout vingt minutes sur les quatre-vingt-dix de la représentation passèrent à la trappe.

Le rôle d'Adolfas, son frère, fut de s'emparer de ce document, sans tenir compte du fait qu'il s'agissait d'abord d'une pièce, et de le découper impitoyablement. «Coupe tout ce qui ne mérite pas d'être regardé», lui demanda Jonas, «oublie qu'il y a eu un jour une pièce (nous détestons tous les deux les pièces de toute façon) ; fais-moi ce que j'ai fait à Brown et aux Beck.» Un des avantages de confier ce travail à Adolfas était qu'il n'avait assisté à aucune représentation et qu'il n'était pas là au moment du tournage. Quand on regarde le film sans sous-titres, même si l'on parle correctement l'anglais, on a un peu de mal à saisir ce qui est dit par les acteurs. Cela ne tient pas seulement à leur manière d'aboyer les phrases et d'utiliser un vocabulaire parfois assez spécifique : c'est aussi dû à la bande-son, dont l'état était souvent calamiteux. «Pendant le tournage, deux caméras sur trois sont tombées en panne», se souvient Mekas. «Parfois le film allait à trente images secondes, parfois à vingt. Le son était trop rapide ou trop lent. Pendant le montage, nous avons souvent trouvé que le son distordu faisait plus d'effet que le "bon", aussi nous l'avons laissé tel quel ; à d'autres endroits, quand les répliques étaient importantes, nous avons utilisé la bande sonore de "sauvegarde", la coupant en petits morceaux et la réenregistrant ; à d'autres endroits encore nous avons superposé les deux bandes-son[13].»

En fait, avec le recul, Mekas admet que pour lui cette affaire de son était centrale, même s'il semble qu'il en a découvert l'importance en montant le film avec son frère. À Scott MacDonald, il expliquera, en 1992, qu'à l'époque il voulait faire un film où le son tenait autant de place que l'image, car il aimait les cris, les bruits de course et de pas martelés sur le sol. Il déclarera même que «le son est pour beaucoup dans le film.

Le son est plus important que ce qui est dit[14].» Il est vrai que les dialogues sont si pauvres que ce qui compte, ce sont les modulations et l'orchestration des bruits, qui atteignent un paroxysme dans la scène du nettoyage ou de la «*désinfection*», pour reprendre le vocabulaire codé de l'un des gardiens.

C'était comme si on était dans une scène de la vie réelle, et c'est cela que le cinéaste voulait restituer. À plusieurs reprises cependant, Mekas insiste sur sa défiance à l'égard de ce qu'il nomme encore «cinéma-vérité», et que l'on commence alors à appeler «cinéma direct». Il déclare même que le film *The Brig* en constitue une sorte de critique. Que reproche-t-il à ce cinéma? Le faux-semblant. Car, en voulant nous faire croire à la vérité, on ne produit qu'une *illusion de vérité*. Pourtant ce style, né à la toute fin des années 1950 et au début des années 1960 au Canada et aux États-Unis – et dont l'ancêtre théorique remonte au *Kino-Pravda*, représenté emblématiquement par Vertov –, ne propose rien moins qu'un enregistrement du réel au moyen d'une caméra légère avec une prise de son direct. En se laissant porter par la situation, le cinéaste est censé en révéler quelque chose, en produire un document brut que le montage affinera ensuite. Or, Mekas pense, au fond, que tout cela repose sur un postulat idéologique, sur une certaine idée que chacun se fait du réel, et non sur le réel lui-même. Ainsi, dans un texte du 13 août 1964, il écrit, à propos de Chris Marker: «Il est toujours en train de chercher la vérité derrière l'apparence; d'organiser et de plier son matériau visuel pour l'illustration de sa propre philosophie, de ses propres idées sur la réalité[15].» À tout prendre, alors, autant assumer l'affirmation d'un point de vue qui tient de la construction plus que de l'enregistrement. *The Brig* donne d'autant plus le sentiment du réel que tout y est faux, ou, si l'on veut, *joué*. Pourtant, à force de maîtrise, le théâtre s'épuise dans son propre jeu et nous révèle la chose même dont il est censé n'être qu'une représentation. Le détour par le film et le tournage qui reprend les techniques du cinéma-vérité en font un pseudo-document plus percutant encore que s'il était tourné dans des conditions réelles.

Jonas Mekas voulait faire vraiment ressentir quelque chose de plus profond que ce que lui aurait livré le simple constat critique du traitement inhumain infligé à des prisonniers, quelque chose que la représentation du Living lui avait permis de ressentir et que sa caméra s'efforce de restituer, quelque chose qu'Artaud appelle «la cruauté». Mekas n'évoque jamais Artaud, mais les Beck, à cette époque-là, en sont tout imprégnés et c'est à travers la représentation de *The Brig* que Mekas a eu l'occasion d'appréhender ce que serait la cruauté sur la scène, que l'on peut décrire comme «un lieu physique et concret qui demande qu'on le remplisse, et qu'on lui fasse parler son langage concret», pour parler comme Artaud lui-même. Celui-ci ajoute, dans *Le Théâtre et son double*: «Je dis que ce langage concret destiné aux sens, et indépendant de la parole, doit satisfaire d'abord les sens, qu'il y a une poésie pour les sens comme il y en a une pour le langage, et que ce langage physique et concret auquel je fais allusion n'est vraiment théâtral que dans la mesure où les pensées qu'il exprime échappent au langage articulé[16].» C'est ce que Mekas comprend d'instinct quand il s'intéresse d'abord à cette matière sonore dans laquelle se mêlent bruits et

The Living Theatre
The Brig
1963
Living Theatre Archives, Tom Walker

paroles, modulées plutôt que signifiées, où les mots sont davantage concassés que véritablement articulés. Même s'il n'aime pas le théâtre – et peut-être justement à cause de cela –, il voit immédiatement que *The Brig* est de l'anti-théâtre traditionnel, et qu'il faut tout de suite s'en emparer pour saisir l'espèce particulière de cruauté qui s'en dégage.

On ne doit pas néanmoins comprendre « cruauté » au sens psychologique, comme le font certains. Il faut comprendre la vie elle-même comme cruauté et saisir le théâtre comme une activation de la vie. Sans aller plus loin dans cette analyse, on peut encore citer ce texte d'Artaud que Mekas aurait pu avoir lu avant de tourner *The Brig*, et qui lui aurait servi en quelque sorte de viatique : « Nous voulons faire du théâtre une réalité à laquelle on puisse croire et qui contienne pour le cœur et les sens cette espèce de morsure concrète que comporte toute sensation vraie[17]. »

L'expérience de *The Brig* sera unique dans la carrière de Mekas. Elle fut éprouvante pour tout le monde et Mekas n'eut plus jamais envie de montrer une telle violence. Il confiera d'ailleurs à Scott MacDonald : « Ce n'est pas un film agréable à voir. Il n'est pas nécessaire de le voir deux fois. Vous pouvez dire : "Oh je l'aime bien", mais vous n'avez pas envie de le revoir[18]. » Le film remportera le grand prix du documentaire au Festival de Venise la même année.

NOTES

1. Patrice Rollet, « La solitude de l'exilé de fond », *Passages à vide*, Paris, P.O.L., 2002, p. 200.

2. Giovanni Lista, *La Scène moderne*, Paris, Éditions Carré/Actes Sud, 1997, p. 204.

3. Voir le long entretien de Shirley Clarke avec Michel Delahaye et Jacques Rivette, « Le départ pour Mars », dans les *Cahiers du cinéma*, n° 205, octobre 1968, p. 21 et *sq.*, qui s'ouvre sur l'évocation de ce film et sur la question du cinéma ou du théâtre dans le cinéma.

4. Jonas Mekas, *Ciné-Journal (1959-1971). Un nouveau cinéma américain*, traduit de l'anglais et préfacé par Dominique Noguez, Paris, Éditions Paris Expérimental, 1992, p. 77.

5. Franck Jotterand, *Le Nouveau Théâtre américain*, Paris, Points Seuil, 1970, p. 101.

6. Judith Malina, « Directing The Brig », dans Kenneth H. Brown, *The Brig: A Concept for Theatre or Film. With an Essay on the Living Theatre by Julian Beck, and director's notes by Judith Malina*, New York, Hill and Wang, coll. « A Spotlight Drama Book », 1965. Les citations que nous en faisons sont tirées d'une traduction partielle publiée dans le livret accompagnant le DVD de *The Brig*, Paris, Éditions Re:Voir, p. 26.

7. *Ibid.*, p. 29-30.

8. J. Mekas, *Ciné-Journal, op. cit.*, p. 178-179.

9. *Ibid.*, p. 179.

10. *Newsreel: Jonas in The Brig*, de Storm De Hirsch, 1964, 16 mm, noir et blanc, silencieux, 5'.

11. J. Mekas, « Le tournage de *The Brig* », livret accompagnant le DVD de *The Brig, op. cit.*, p. 23.

12. J. Mekas, *Ciné-Journal, op. cit.*, p. 181.

13. *Ibid.*, p. 180.

14. Scott MacDonald, *A Critical Cinema II. Interview with Independent Filmmakers*, Berkeley, Los Angeles et Londres, University of California Press, 1992, p. 96.

15. J. Mekas, *Ciné-Journal, op. cit.*, p. 148.

16. Antonin Artaud, « Le Théâtre et son double », *Œuvres complètes*, Paris, Gallimard, 1964, p. 45.

17. *Ibid.*, p. 103.

18. S. MacDonald, *A Critical Cinema II, op. cit.*, p. 96.

TRANSPARENCE

NAM JUNE PAIK | ZEN FOR FILM | 1964

Nicolas Giraud

> *« In Zen they say : "If something is boring after two minutes, try it for four.*
> *If still boring, then eight. Then sixteen. Then thirty-two.*
> *Eventually one discovers that it is not boring at all". »*
> John Cage

> *« Sometimes, I think Zen is boring. »*
> Nam June Paik

Zen for Film est une œuvre réalisée par Nam June Paik en 1964 et diffusée comme une production Fluxus. L'artiste a rejoint le mouvement en 1961, mais poursuit parallèlement ses recherches personnelles, qui débouchent en 1963 sur les premières œuvres utilisant des téléviseurs. Il s'agit d'une période d'intense créativité pour Paik, qui écrit à George Maciunas : « Tu ne devrais pas exiger un droit exclusif, sinon, il en résultera que je dominerai Fluxus, parce que j'ai trop de projets. »

Zen for Film est une amorce de film 16 mm, un segment de pellicule parfaitement transparent, projeté en boucle. Ce qui est donné à voir est un rectangle blanc éclatant, perturbé par les poussières et rayures qui apparaissent avec la réitération de la boucle et exposent subtilement l'usure du support. Il existe deux versions de *Zen for Film*, l'une est une Fluxbox contenant une boucle d'environ 10 secondes, l'autre est une bobine d'environ 20 minutes que Maciunas proposait à la location avec d'autres Fluxfilms.

Si *Zen for Film* est une pièce exemplaire de la production Fluxus, elle est surtout pour Paik une œuvre charnière. Elle se situe au point d'articulation entre son intérêt pour la musique et son intérêt pour l'image, entre une pratique de performance et un travail d'installation, entre une pensée du vide et une utilisation, à venir, de la saturation.

Nam June Paik
1932, Séoul (Corée) - 2006, Miami (États-Unis)
Zen for Film (Fluxfilm n° 1)
1964
Installation cinématographique
Film 16 mm vierge, silencieux, en boucle
Achat 1994
AM 1994-F1267 (1)

LA VOIE DU VIDE

Vers 1963, Paik travaille sur un « scénario » de film où l'opérateur intervient sur le dispositif de projection, modifie la vitesse de défilement, allume et éteint l'ampoule du projecteur. Il s'y produit un déplacement du film vers ce qui le rend visible. On trouve la trace de ce projet dans *Zen for Film*, mais avec un saut radical de la partition pour projecteur à un simple dispositif. Comme les installations ultérieures de Paik, *Zen for Film* fonctionne déjà lorsque le spectateur entre dans la pièce et fonctionne toujours lorsqu'il en sort. Il est confronté à un film vide, un film d'où les images seraient absentes et que nul objet et nulle opération ne viennent combler. Le modèle de *Zen for Film* pourrait venir moins du cinéma que de la posture de méditation du zen ; immobile face à un mur. Ce n'est pas l'esprit qui se projette sur la surface vide, mais le vide du mur qui renvoie à un esprit sans but et sans objet.

Il y a chez Paik plusieurs œuvres qui font explicitement référence au zen et au bouddhisme. *Zen for TV*, par exemple, découle des manipulations de téléviseurs qu'il mène au début des années 1960. L'œuvre est un téléviseur allumé où n'apparaît qu'une ligne verticale, extrêmement fine et lumineuse, et qui ne va pas sans rappeler la figure de l'illumination. *TV Bouddha* utilise le circuit fermé pour figurer une contemplation sans début ni fin, actualisation technologique d'un état spirituel. *Zen for Film* reprend les figures de la méditation (lumière et dispositif), du vide (absence d'image) et du retour cyclique (boucle), trois notions fondamentales de la pensée religieuse asiatique.

Hiroshi Sugimoto
Orange Drive-in, Orange
1993
Photo, épreuve
gélatino-argentique,
61 x 72,9 x 2 cm
Donation Caisse des
Dépôts, 1966
AM 2006-721

Cependant, le bouddhisme n'intervient pas chez Paik comme une source d'inspiration directe. Lorsque Paik quitte la Corée, il pense depuis plusieurs années à la musique occidentale, et il se rend en Allemagne pour travailler avec Schönberg. Sa rencontre avec John Cage, influence majeure de Fluxus, va modifier profondément son travail. Or, lorsqu'il le rencontre à Darmstadt, Cage est engagé dans un mouvement inverse au sien, de l'Occident vers l'Orient. Cage a en effet suivi l'enseignement de Daisetz Suzuki sur le bouddhisme zen. Il s'appuie également sur le *Yi-King*, livre de divination chinois qu'il utilise comme une machine à produire de l'aléatoire. L'influence du zen et du bouddhisme fait ainsi retour chez Paik, filtrée et mise à distance par la médiation de John Cage. Cette culture dormante, que Paik possède de son enfance en Corée sous domination japonaise, fait surface à travers un langage et un usage occidentaux. Le zen, instrumentalisé par Cage, est autant un outil qu'une mystique. Paik est d'ailleurs conscient de ce déplacement et décrira Suzuki comme un commis voyageur de la culture orientale.

Contrairement, par exemple, à George Brecht, qui épouse entièrement l'enseignement de Cage, Paik entretient avec le compositeur un rapport maître-élève qui confine parfois à une apparente insolence[1]. Si Brecht l'Occidental emprunte le même chemin que Cage, Paik l'Oriental poursuit une trajectoire opposée. Leur point de rencontre est donc souvent un point de friction. Un exemple fameux est le concert qu'il donna en 1960 à Cologne et qu'il interrompit pour couper d'un coup de ciseau la cravate de John Cage, un geste qui peut être lu comme une leçon ou un koan[2].

RÉPLIQUE

En prenant en considération cette dialectique particulière entre Nam June Paik et John Cage, on peut envisager *Zen for Film* comme une « réplique » ou un remake des *4'33''* de Cage. Paik, qui abandonne alors progressivement ses pièces musicales pour travailler avec des téléviseurs, produit là une traduction littérale du son à l'image : d'un côté on vide la partition pour accueillir les bruits accidentels, imprévus, considérés d'habitude comme des perturbations, de l'autre on vide l'image pour accueillir ses entours, poussières, rayures, ou une ombre qui s'interposerait entre le projecteur et la projection. Celui qui regarde, qui appréhende la pièce, n'est pas assujetti à celle-ci mais a l'espace de s'y mouvoir, d'en devenir le sujet insigne, comme un bruit de fond ou comme une ombre. *Zen for Film* apparaît comme un révélateur, un point vide qui renvoie à ce qui l'encadre.

La filiation remonte aux *White Paintings* réalisées par Robert Rauschenberg au début des années 1950 et que Cage pose comme source des *4'33''*. La description que Cage en donne peut mot pour mot s'appliquer à *Zen for Film* : « Airports for shadows and dust ». On y retrouve également la question de l'écran, au point que Philippe Parreno utilisera très littéralement ces *White Paintings* comme écrans de projection pour son installation *El sueño de una cosa*.

ZAPPING

Mais l'intérêt des *White Paintings* dans une généalogie de *Zen for Film* provient moins d'une analogie formelle que de la tension établie entre vide et plein, car Rauschenberg et Paik sont des artistes du recyclage, de la saturation, de la superposition et de la combinaison[3]. On retrouve chez l'un et l'autre une même opposition entre de rares œuvres vides et un travail du plein[4]. Ces gestes de retrait se tiennent toujours au seuil d'un remplissage, d'un trop-plein.

Là où l'œuvre se distingue, c'est dans un rapport radical au médium. Par les dimensions et la durée, les peintures de Rauschenberg et le morceau de Cage restent à échelle humaine – Peter Szendy va jusqu'à rapprocher *4'33''* du format commercial de la musique pop. À l'inverse, Paik se place du côté du dispositif cinéma, actant la distinction que Norbert Wiener établit entre temps humain et temps machine. La pièce de Paik affronte son propre médium, elle ne peut être appréhendée dans sa durée totale, mais n'a pas non plus à être vue dans sa totalité. L'artiste met en œuvre le principe du *random access* posé par Cage dans son projet d'une musique que l'on pourrait écouter indifféremment pendant trois secondes ou pendant trois heures. Mais, ce faisant, Paik compose une œuvre qui ne s'adresse peut-être qu'indirectement au spectateur, un dispositif destiné en premier lieu à la machine, *Zen <u>for</u> Film*.

Man Ray
Élevage de poussière
1920
Négatif argentique sur film souple
9,20 x 12 cm
Don de M. Lucien Treillard, 1995
AM 1995-281 (429)

Robert Rauschenberg
White Painting (two panels)
1951
Huile sur toile
182,9 x 243,8 cm
Coll. de l'artiste

MOON IS THE OLDEST TV

La technologie n'est jamais chez Paik une donnée transparente. *Zen for Film* ne peut être transféré sur VHS ou DVD, puisque ce transfert arrêterait l'évolution du film. *Structural Film*, de Cory Arcangel, illustre cette dimension : grâce à un logiciel de montage virtuel, l'artiste a ajouté sur un segment vidéo vierge le même effet d'usure que l'on rencontre à l'état naturel dans la projection de *Zen for Film*. Ce fragment vidéo est transféré sur une pellicule 16 mm et projeté en boucle. Cela serait seulement une étrange réplique en cire du film de Paik si, durant le transfert, le logiciel n'avait pas interposé sa propre strate de déperdition, semant sur l'image des pixels colorés. Arcangel dit son film sans lien avec celui de Paik, il est pourtant presque un commentaire de son principe d'entropie, en ce qu'il démultiplie les formes d'usure et les types de bruit.

On retrouve chez Arcangel l'approche particulière de Paik, qui révèle l'obsolescence, sinon l'archaïsme profond de toute technologie. Paik décolle l'objet technologique de ses fonctions, pour en exposer le principe. Il n'approche pas la télévision par ses usages, mais recherche un principe télévisuel ontologique. Il rend ainsi possible des analogies qui court-circuitent l'idée de progrès : «Plus je travaille avec la télévision, plus je pense au néolithique ... car ils ont tous deux une grande chose en commun ... une structure audiovisuelle de la mémoire branchée sur un système d'enregistrement de l'information basé sur le temps... L'un est la danse accompagnée du chant... L'autre est la vidéo.»

C'est une telle approche qui permet à Paik de faire resurgir, du sein même du dispositif cinématographique, celui du théâtre d'ombres. Ou de mixer la lumière d'un projecteur à celle d'une bougie. Ou encore de nommer l'une de ses œuvres *Moon Is the Oldest TV*, c'est-à-dire, non pas la télévision est comme la lune, mais la lune est *déjà* la télévision[5].

TERRAIN VAGUE

Cette approche spécifique du fait technologique lie les œuvres de Paik au médium qui les manifeste. Il y a en cela une dimension *site specific* identique à celle du land art. Paik distingue par exemple son travail avec la télévision de son travail avec le cinéma : «La différence entre le film et la TV, c'est que le film, c'est de l'image et de l'espace, tandis qu'à la télévision il n'y a pas d'espace, il n'y a pas d'image, il n'y a que des lignes, des lignes électroniques. Le concept essentiel de la télévision, c'est le temps.» Il y a dans les œuvres télévisuelles cette tension entre temps humain et temps machine, sensible dans la confrontation entre le circuit vidéo fermé et la statue de bouddha de *TV Bouddha*, un face-à-face entre deux dispositifs de gestion de l'éternité.

Zen for Film fonctionne différemment. Le spectateur de cinéma est situé dans un espace entre le projecteur et l'écran. Le dispositif de Paik a des affinités avec le jardin chinois, un lieu où le désordre de la nature est canalisé en une forme propice à la méditation. À chaque projection de la boucle, le film accumule rayures et poussières. En cela, lorsqu'on regarde le film, on observe toujours la même chose et pourtant on ne voit jamais la même chose. L'installation évolue par entropie naturelle de la technologie.

Dans le texte qui sera reproduit dans l'*Anthology* de La Monte Young, Paik écrit : «Je regardais par la fenêtre du train en marche et pris conscience pour la première fois de cette ancienne idée que Cage partage avec le zen : c'est beau non parce que cela change en beauté, mais simplement parce que cela change. Si la nature est plus belle que l'art, ce n'est pas à cause de son intensité ou de sa complexité, mais plutôt à cause de sa variabilité, son abondante abondance, sa quantité infinie.»

Comme un jardin chinois, l'œuvre est à l'intersection entre le naturel et l'artificiel, entre l'intervention et la réserve, entre le contrôle et le hasard, entre un temps humain et un temps naturel cyclique et abstrait. C'est un équilibre semblable que l'on retrouve dans le jardin que Duchamp cultive dans l'indifférence de son atelier et que Man Ray photographie en 1920. *Élevage de poussière*, comme *Zen for Film*, est un jardin machinique et entropique, suspendu entre contrôle et accident.

Ces espaces ne font pas image, au sens où les jardins à la française ou à l'anglaise constituent des discours visuels et symboliques. On est dans un rapport plus direct et organique à l'œuvre, dont on voit la croissance continue. On est plus proche d'un film comme *Mothlight*, de Stan Brakhage ; lequel ne filme pas la nature, mais pose sur la pellicule des plantes, des feuilles, des insectes. Le point de vue n'est pas celui d'une perception humaine, mais celui de la matière même, il nous situe dans la fabrication et la croissance du jardin. Il en va de même avec *Zen for Film*, dont l'évolution est quasi imperceptible. On sort du régime traditionnel de perception, comme si l'on essayait de regarder pousser une plante. Le cadre de l'image n'ordonne rien, il laisse advenir.

PUISSANCE DU CINÉMA

L'absence d'image n'est pas un simple vide ou une exposition du dispositif filmique. Dans ses écrits des années 1960, Paik revient souvent sur les thèses de Norbert Wiener. Il insiste notamment sur la question du rapport signal/bruit. Si l'addition de plusieurs signaux peut produire du bruit, le bruit peut également représenter de l'information. Wiener écrit : «Plus le message est probable, moins il contient d'information. Les clichés, par exemple, informent moins que les grands poèmes.» Et Paik de pousser ce raisonnement en écrivant : «Le bruit blanc contient un maximum d'informations[6].» C'est ce bruit blanc qui pourrait être le véritable objet de *Zen for film*.

Le film de Paik, les peintures blanches de Rauschenberg ou le silence de Cage ne sont pas opposés à la saturation d'images et de sons qui remplissent leurs autres œuvres, mais ils en poussent la logique à bout, résolvant la tension apparente entre vide et plein. Le film que l'on voit contient bien en puissance tous les films et toutes les images. C'est ce dispositif que l'on retrouve, sous une autre forme, dans les *Theaters* de Hiroshi Sugimoto, photographies de salles de cinéma plongées dans l'ombre, où les écrans apparaissent d'un blanc absolument pur. Cette surface parfaitement blanche n'est pas due à une absence d'image, mais au contraire à la superposition de toutes les images du film venues, l'une après l'autre, brûler progressivement la surface du négatif. De la même manière, *Zen for Film* offre au spectateur une forme à la fois intime et radicale de l'expérience cinématographique. Il ne donne pas accès à un film, mais il autorise le spectateur à se déplacer, un temps, dans la possibilité du Cinéma.

NOTES

Les citations de Nam June Paik sont tirées du remarquable ouvrage d'écrits et d'entretiens de Nam June Paik publié aux Éditions Lebeer Hossmann, *Du Cheval à Christo*.

Merci à Michael Lowe pour les informations concernant la version Fluxbox de 1964.

1. Paik rapporte : «George Brecht m'a dit un jour : "Je crois qu'en secret, John Cage est un ambitieux", comme s'il s'agissait là d'une grande découverte...».

2. Les koans sont de très courtes anecdotes ou questions qui servent de support à la pratique et à l'enseignement du zen. On peut donner en exemple ce disciple qui interroge son maître sur la Voie. Pour toute réponse le maître s'empare d'un sabre et tranche la main de son disciple. Celui-ci comprend alors l'essence de la Voie.

3. Ce principe de saturation, que David Ross qualifie d'*overkill*, vient probablement de la collaboration de Paik avec le cinéaste Jud Yalkut et son idée d'apporter dans les vidéos «too much of everything».

4. On note que *Erased De Kooning*, de Rauschenberg, en 1953, fait écho au geste de Paik lorsqu'il coupe la cravate de Cage, un geste violent transmué en une sorte d'hommage.

5. «Nous devons faire appel à un nouveau genre de littérature, la science-fiction négative, qui traite du lointain passé comme la science-fiction traite du lointain futur... Et avec les mêmes techniques, c'est-à-dire une libre combinaison de savoir reconnu, de sagesse spéculative, de pure fantaisie...»

6. Pour la théorie de l'information, toute communication est le mélange d'une information avec du bruit. Le rapport signal/bruit est variable, il constitue à la fois l'intelligibilité et la valeur d'un message. De fait, une information parfaitement intelligible est une tautologie pure, tandis qu'un message transmis imparfaitement informe sur son sujet et sur ses conditions de transmission. Le bruit pur est appelé *bruit de fond*, et en anglais *white noise*.

L'ÉCRAN, LA SCÈNE
ROBERT WHITMAN | PRUNE FLAT | 1965

Pour la création de *Prune Flat* en décembre 1965 dans le cadre de l'Expanded Cinema Festival, Robert Whitman déclare être parti, sans idée préconçue, de l'espace de la Filmmakers Cinematheque de New York tel qu'il l'avait découvert et qui l'avait séduit par son caractère «contradictoire». Si tout espace scénique se définit comme un cube découpé dans l'espace, «cet espace singulier, dit-il, avait la forme d'un cube coupé en deux, de sorte que sa profondeur était inférieure à sa largeur et à sa hauteur. De face, il ressemblait à un carré aplati[1].» Sous l'écran s'étendait une scène étroite sur laquelle, comme sur une corniche, des acteurs pouvaient évoluer et qui donnait – ou rendait – à l'espace abstrait de la projection une profondeur réelle, ménagée en saillie de la surface verticale de l'écran. Les propriétés spécifiques de la salle, utilisée comme un «*found space*», un espace ready-made, devaient ainsi fournir à Whitman l'occasion d'explorer les phénomènes d'altération spatiale produits par le croisement de la scène et du film. *Prune Flat*, que Whitman appelle une «Theater Piece», est donc constitué d'une association de performance scénique et de projection filmique. Sur la scène, une corde suspendue, deux chaises, trois figurantes qui circulent vêtues de blouses blanches. Sur l'écran, une suite de longs plans-séquences inexpressifs, alternativement décoratifs et narratifs, se déroulent, qui tapissent le fond de la scène à la manière d'une toile peinte : des fruits incisés, un plan de végétation qui envahit la totalité du cadre, deux jeunes filles gambadant dans une forêt puis à travers champs, traversant un coin de rue à New York cadré sous différents angles, de jour puis de nuit, une fleur gigantesque aspergée de peinture changeant progressivement de couleur... Le film saute entre les séquences comme au passage de collures mal faites, on voit passer fugitivement des bouts d'amorce, des *flash frames*, des plans flous, des surimpressions approximatives... Des effets spéciaux bricolés se succèdent (fruits dégorgeant de paillettes, fleur peinte grossièrement...), exécutés comme autant de tours de magie imprécis qui renvoient à l'univers du premier

Robert Whitman
1935, New York (États-Unis)
Prune Flat
1965
Film performance
Film 16 mm couleur,
silencieux, 24'06"
Reconstitution réalisée en
collaboration avec le
Studio national des arts
contemporains, le 21 mars
2001, au Centre Pompidou
Achat 2002
AM 2002-F20

cinéma. Il n'y a pas réellement de montage : plus que montés, les plans sont assemblés, couturés comme des pièces de tissu en un long patchwork disparate qui bouche l'espace de la représentation ; ce ne sont que des décors changeants derrière lesquels les figurantes disparaissent ou devant lesquels elles s'avancent, ou encore des miroirs, sur lesquels alternativement elles se reflètent et se projettent.

En 1928, Fernand Léger décrivait le cinéma comme un accélérateur des tendances fondamentales de la peinture moderne, permettant de libérer les valeurs plastiques de l'objet par l'usage de la couleur pure, des ruptures d'échelle et de la fragmentation du plan[2]. À propos de *Ballet mécanique*, l'un des films favoris de Whitman, il écrit : « J'ai pris des objets très usuels que j'ai transposés à l'écran en leur donnant une mobilité et un rythme *très voulus* et très calculés. Contraster les objets, des passages lents et rapides, des repos, des intensités, *tout le film est construit là-dessus*. Le *gros plan*, qui est la seule invention cinématographique, je l'ai utilisé. Le *fragment* d'objet lui aussi m'a servi ; en l'isolant on le *personnalise*. » Et Léger ajoute : « Les documentaires, les actualités sont remplis de ces "faits objectifs" très beaux qu'il n'y a qu'à prendre et à savoir présenter. Nous vivons l'avènement de l'objet qui s'impose dans ces boutiques qui ornent les rues[3]. » À quoi fait écho Whitman, dans le contexte consumériste de l'Amérique des années 1960 : « Je veux que les gens comprennent que le monde est fabriqué. C'est un monde-objet[4]. »

Le dispositif inventé par Whitman dans *Prune Flat* redistribue les paramètres de la représentation en déplaçant les propriétés respectives du théâtre et du film[5] : l'évolution des actrices sur la scène redouble et imite la projection des figures à l'écran, qui prennent en retour une présence étrange et irréelle ; entre l'arrière et l'avant-plan, entre profondeur et surface ou entre figures planes et volumes, s'instaure un jeu complexe d'interférences (échos, anticipations, répétitions, superpositions...), qui disloque l'unité du plan et inverse les valeurs des corps et de leur image. Autour de la cinquième minute de la pièce, tandis que l'une des trois figurantes (la « Movie Girl ») apparaît sur la scène, son double filmique, porté par le faisceau d'un second projecteur, se superpose à elle en une coïncidence imparfaite. L'image projetée déborde légèrement du corps-écran qui l'accueille, apparence décollée de la substance à laquelle elle a cessé d'adhérer. Changée en écran vivant comme les danseurs habillés de blanc sur lesquels, un soir de juin 1930, Man Ray et Lee Miller projetèrent les images du *Voyage dans la Lune* de Méliès[6], la Movie Girl est transportée sur un plan imaginaire, intermédiaire entre scène et film, entre profondeur et surface, entre corps et effigie, semblable aux *dress-up dolls*, ces poupées de papier dont les vêtements amovibles, fixés par des languettes invisibles, se changent et se combinent indéfiniment. Sur la silhouette immaculée de la figurante viennent se déposer des vêtements bariolés et des sous-vêtements impalpables et éphémères, en un jeu d'effeuillage qui s'achève avec la surimpression, sur le corps-écran qui occupe la scène, de la représentation de sa propre nudité avant que l'actrice ne se livre, sur fond de ville nocturne, à une toilette irréelle. Par une inversion à la fois ironique et formelle, ce

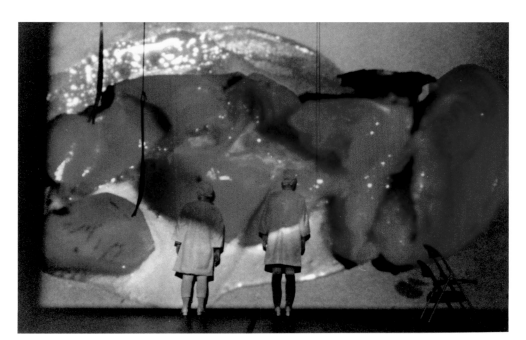

qui recouvre le corps n'est plus ce qui le cache mais ce qui le révèle. La nudité est une projection, un dispositif imaginaire, et le strip-tease, comme l'a souligné Christian Metz, une allégorie des agencements que l'image cinématographique aura rendus possibles : « La façon dont le cinéma, avec ses cadrages promeneurs (promeneurs comme le regard, comme la caresse), trouve le moyen de dévoiler l'espace a quelque chose à faire avec une sorte de déshabillage permanent, de strip-tease généralisé, un strip-tease moins direct mais plus perfectionné car il permet aussi de rhabiller l'espace, de soustraire à la vue ce qu'il avait d'abord montré, de reprendre et pas seulement de retenir [...] : strip-tease troué de flash back, de séquences inversées qui relancent ensuite d'autant mieux[7]. »

« Une grande partie de ce que je fais vient de la tradition des intermèdes », dit Whitman, « les performances jouées entre les actes d'une pièce. Et cela vient aussi directement de Buster Keaton et du cinéma muet. » Utilisant le langage des gestes – c'est le langage de la pantomime et du *slapstick* –, demandant à ses actrices « l'exécution d'une tâche simple et qui s'accomplit sans effort[8] », Whitman reprend à la lettre l'idée d'Antonin Artaud d'« une poésie dans l'espace indépendante du langage articulé[9] » pour les réinscrire sur la scène comique, ce lieu où, selon les mots de Jacques Lacan, « les moi ont tout naturellement la parole[10] », ces moi dont Freud notait qu'ils ne sont pas seulement « des êtres de surface, mais des projections de surfaces[11] ». Dans son entretien avec Whitman, Richard Kostelanetz suggérait que l'explosion de l'ampoule sur laquelle s'achève *Prune Flat*, relâchant la tension et produisant un effet de catharsis, avait la fonction de la catastrophe dans la tragédie classique[12]. Le registre de *Prune Flat* n'est pourtant pas celui de la tragédie, mais bien celui de la comédie, jusque dans la fonction de répétition des actions projetées sur l'écran à laquelle s'exercent les figurants sur la scène, qui prend valeur de parodie. Les deux chaises, la corde, l'ampoule ; l'espace ready-made de la *cinémathèque*, les figurantes costumées en nurses ou en employées d'épicerie, la scène urbaine, les gestes prosaïques de l'effeuillage et de la toilette... Il s'agit bien du décor de la comédie dont Aelius Donatius, au IVe siècle, écrivait qu'elle est «le miroir de la vie quotidienne[13]». Sur la scène de *Prune Flat*, un processus d'identification se déroule, mais une identification à jamais partielle où le sujet ne cesse d'entrer en discordance avec sa propre réalité, construisant le lieu de la figuration sous nos yeux. La pièce aura donc été le récit de ces coïncidences et des divergences entre l'apparence réelle/ scénique, et imaginaire/filmique, du corps figural soumis à un jeu de répétitions, d'anticipations et de retards imprévisibles entre événements filmés et événements joués, une parabole sur le désir du sujet de se conformer à son reflet, ou de devenir sa propre image.

NOTES

1. Cité par Richard Kostelanetz, *The Theater of Mixed-Means. An Introduction to Happenings, Kinetic Environments, and Other Mixed-Means Presentations,* New York, Dial Press, 1968 (rééd. New York, RK Editions, 1980), p. 224.

2. Fernand Léger, «Un nouveau réalisme : la couleur pure et l'objet», *Fonctions de la peinture*, Paris, Gonthier, 1965, p. 80. Rapprochement esquissé par Toby Mussman, «The Images of Robert Whitman», dans Gregory Battcock (ed.), *The New American Cinema*, New York, Dutton, 1967, p. 155-159.

3. F. Léger, «Autour du ballet mécanique», *Fonctions de la peinture, op. cit.*, p. 166-167.

4. «I want people to understand that world was manufactured. It is an object world.» (cité par R. Kostelanetz, *The Theater of Mixed-Means, op. cit.*, p. 225).

5. Dispositif dont on pourrait néanmoins recenser les précédents, depuis la double projection superposée du *Autour d'une cabine* d'Émile Raynaud, datant de 1894, jusqu'aux recherches de Robert Edmond Jones déclarant, en 1941, que l'association d'acteurs vivants et de projection filmique ouvrait la voie au renouvellement de la théâtralité. Robert Edmond Jones, *The Dramatic Imagination*, New York, Theatre Arts Books, 1965, p. 17-18.

6. Man Ray, *Autoportrait*, Paris, Robert Laffont, 1964, p. 157-158.

7. Christian Metz, *Le Signifiant imaginaire. Psychanalyse et cinéma*, Paris, UGE, «10/18», 1984, p. 105.

8. Michael Kirby, *Happenings. An Illustrated Anthology*, New York, Dutton, 1965, p. 17. Tous les exemples choisis relèvent de la gestuelle clownesque.

9. Antonin Artaud, «La mise en scène et la métaphysique», *Le Théâtre et son double*, Paris, Gallimard, 1978, p. 39.

10. Jacques Lacan, *Séminaire II : le moi dans la théorie de Freud et dans la technique de la psychanalyse*, Paris, Le Seuil, 1978, p. 306.

11. Sigmund Freud, «Le moi et le ça» [1923], *Œuvres complètes*, XVI, Paris, PUF, 1991, p. 270.

12. R. Kostelanetz, *The Theater of Mixed-Means, op. cit.*, p. 232-233.

13. Cité par Barrett H. Clark, *European Theories of the Drama*, New York, Crown Publishers, 1965, p. 34 et 35.

LE CINÉMA DE PAUL SHARITS*
RAZOR BLADES, ANALYTICAL STUDIES II, EPILEPTIC SEIZURE COMPARISON | 1965-1976

Jean-Claude Lebensztejn

Le cinéma de Paul Sharits, personnalité majeure du cinéma dit expérimental des années 1960-1970, a été et reste encore difficile à assimiler, car il se montre à nous aussi éloigné que possible des principes qui règlent la production et la consommation du cinéma que Sharits nomme le cinéma conventionnel ou le cinéma normatif, ou encore le cinéma commercial. Celui-ci a des normes spécifiques, durée, narrativité, rhétorique, et surtout projection psychologique du spectateur, que le cinéma dit expérimental tend à défaire.

J'ai dit et redit le cinéma dit expérimental ; mais il faudrait questionner ce mot, expérimental, de même que tous les termes dont l'usage présuppose une norme et des écarts, un centre et une marge. En réalité, la marge n'est pas un état mais un effet, l'effet d'une marginalisation produite par un *soi-disant* centre, c'est-à-dire par un pouvoir centralisateur ; et cette opposition qui reste puissamment opératoire (par exemple au Centre Pompidou, qui a deux, sinon trois, départements de cinéma) est à examiner, et à déconstruire théoriquement et historiquement, dans l'histoire même du cinéma.

L'opposition entre cinéma expérimental et cinéma commercial n'est jamais fixée une fois pour toutes, et les rapports entre l'un et l'autre ont varié dans l'histoire du septième art. Dès ses commencements historiques à la fin du XIXe siècle (je ne parle pas de sa préhistoire), cette double face est présente et s'incarne en France dans les noms de Marey et des frères Lumière. Pour toutes sortes de raisons, l'évolution du cinéma a induit deux moments de distance maximale, dans les années 1920 et les années 1960 ; au contraire, les années 1930 et les années 1970 ont plutôt été des années de rapprochement et d'hybridation – bien sûr, je simplifie beaucoup, mais je voudrais insister sur le fait que les distances et les relations entre ces deux pôles ne sont nullement fixées une fois pour toutes, comme on tendait à le penser vers 1970[1].

Durant les années 1920 il se développe en Europe un cinéma indépendant, réalisé non par des cinéastes de studio, mais par des artistes d'avant-garde : en France, Man Ray, Fernand Léger, Marcel Duchamp ; en Allemagne, Hans Richter, Viking Eggeling, Walter Ruttmann, Oskar Fischinger, ceux-ci imprégnés d'une idéologie de l'espace-temps et de la relation synesthésique entre l'audition et la vision, l'impression sonore

■
Paul Sharits
1943, Denver (États-Unis) -
1993, Buffalo (États-Unis)
Razor Blades
1965-1968
Film 16 mm, sonore, 2 écrans, 25'
Achat 1994
AM 1977-F-1017

*Analytical Studies II :
Unframed Lines*
1976
Film 16 mm, couleur, silencieux, 30'
Achat 2012
AM 2012-F6

Epilectic Seizure Comparison
1976
Film 16 mm, couleur, sonore, 30'

* Texte d'une présentation au Centre Pompidou de trois films de Paul Sharits, en janvier 2010.

et l'impression visuelle. Les années 1960, elles, présentent, surtout aux États-Unis, une diversité foisonnante : qu'on pense à Jonas Mekas, Stan Brakhage, Bruce Conner, Ken Jacobs, Jack Smith ou Andy Warhol, et à ceux qui poursuivent leurs recherches antérieures, comme Harry Smith, les frères Whitney, Kenneth Anger, et d'autres. C'est dans cette période que se développe la production filmique la plus radicale : ce qu'on a appelé le cinéma structurel, illustré par des artistes comme Peter Kubelka, Michael Snow, Joyce Wieland, Tony Conrad, George Landow, Ernie Gehr, Hollis Frampton, et d'autres : un cinéma attaché au signifiant matériel du médium filmique et à sa structuration discontinue, à partir de l'unité-photogramme.

Paul Sharits, né en 1943 et mort en 1993, a poursuivi radicalement les principes du cinéma structurel. En 1967, à 24 ans, il présentait ses films *Ray Gun Virus* et *Piece Mandala* au 4e Festival du film expérimental de Knokke-le-Zoute, accompagnés de cette déclaration :

« Au risque de paraître immodeste [...], j'ai le sentiment de travailler à une conception totalement neuve du cinéma. Traditionnellement, les "films abstraits", du fait qu'ils sont des extensions de l'esthétique et des principes plastiques de la peinture ou qu'ils sont simplement des démonstrations optiques, ne sont pas plus cinématiques que les films narratifs-dramatiques qui plaquent la littérature et le théâtre sur un écran bidimensionnel. Je souhaite abandonner l'imitation et l'illusion et entrer directement dans le drame supérieur : des rubans bidimensionnels de celluloïd ; des photogrammes rectangulaires pris individuellement ; de la nature des perforations et de l'émulsion ; des opérations du projecteur ; du faisceau lumineux tridimensionnel ; de l'illumination ambiante ; de la surface bidimensionnelle de l'écran réfléchissant ; de l'écran rétinien ; du nerf optique et des subjectivités individuelles psychophysiques de la conscience. Dans ce drame cinématique, la lumière est énergie plutôt qu'outil de représentation d'objets non-filmiques ; la lumière, comme énergie, est émise pour *créer* ses objets, formes et textures propres. Étant donné le fait de la persistance rétinienne et le mécanisme clignotant de l'obturation dans la projection filmique, on peut générer des formes virtuelles, créer un mouvement réel (plutôt que de l'illustrer), bâtir un espace-couleur réel (plutôt que de le dépeindre) et être impliqué dans un temps réel (présence immédiate)[2]. »

Ces principes, qui ne précèdent pas mais accompagnent les premiers films abstraits de Sharits faisant suite à des essais de jeunesse détruits par l'artiste, vont se développer successivement selon deux axes principaux.

1. *RAZOR BLADES*

Premier axe, le clignotement ou scintillement (*flicker*), sur lequel reposent les *flicker films* de Sharits. Ces films postulent que la réalité du film est discontinue ; sur le ruban, délimitation des photogrammes imprimés ; dans l'appareil de projection, alternance mécanique entre ouverture et obturation. Cette réalité devient le sujet du film : Sharits la présente sous forme de photogrammes contrastants en alternance plus ou moins rapide. L'effet a été utilisé tôt dans le dessin animé, par exemple, en 1922, dans *Felix Turns the Tide* d'Otto Messmer ; en 1928, *KoKo's Earth Control*, des frères Fleischer, illustre la fin du monde au moyen d'alternances rapides d'images positives et négatives. Mais le flicker pur se développe dans les années 1960 : en noir et blanc avec Peter Kubelka (*Arnulf Rainer*, 1960) puis Tony Conrad (*The Flicker*, 1966) et en couleurs avec Victor Grauer (*Archangel*, 1966). Cependant, un premier flicker de couleurs pures, *Color Sequence*, avait été réalisé par le peintre et cinéaste Dwinell Grant en 1943[3]. Mais c'était, semble-t-il, une forme d'expérimentation unique (un peu comme le disque de Delaunay en 1913), alors que Sharits fait du flicker un principe de travail à part entière. Le cinéma de Sharits n'est pas expérimental, ni plus ni moins que la peinture de Mondrian ; et quant à la relation Sharits-Grant, il y a autant ou aussi peu de ressemblance qu'entre une symphonie de Beethoven et le *Hoquet David* de Machaut.

Les flicker films que Sharits enchaîna à partir de 1966 (entre autres, *Ray Gun Virus*, *Piece Mandala / End War*, *N:O:T:H:I:N:G*, *T,O,U,C,H,I,N,G*, *Declarative Mode*) reposent sur des combinaisons rythmiques de photogrammes de couleurs : souvent, une seule couleur non modulée occupe toute la surface du photogramme ; à la variété spatiale habituelle se substitue une rapide variation temporelle. Parfois il n'y a rien d'autre à voir que cette suite de couleurs pures (*Ray Gun Virus*, *Analytical Studies I, Declarative Mode*) ; mais plus souvent, ces monochromes alternent avec diverses images photographiques, en noir et blanc, positives ou négatives, ou en couleurs. Le résultat est une combinaison de violence et d'extase ; un mélange de contraires susceptible de provoquer un ébranlement de la perception esthétique. Ces films nous pressent d'abandonner nos modes habituels de consommation du cinéma ; leur effet visuel passe par un exercice de déconditionnement.

Razor Blades, élaboré entre 1965 et 1968, est fait de deux films 16 mm de mille pieds projetés côte à côte avec double piste sonore en progression inverse. Des photos d'objets divers, généralement des images de consommation, de sexualité, de destruction et de régénération, sont associées à des photogrammes abstraits. Contrairement aux couleurs non modulées de *Ray Gun Virus*, ces images donnent le plus souvent à voir une texture chromatique en mouvement, faite de bandes, de points, de cercles ou de mots. L'ensemble joue sur les seuils perceptifs et les rythmes déterminés par la quantité de photogrammes identiques en séquence. Ces rythmes associent un bombardement oculaire et sonore incessant avec la répétition en boucle des motifs ; c'est comme un mouvement contraint de faire retour sur lui-même. Le film, préparé en partition, sur papier quadrillé (chaque carreau correspond à un photogramme), est fait de quatorze boucles et construit, à cette époque hippisante et orientalisante, selon le principe du mandala, mais d'un mandala que la projection déploie dans le temps, suggérant l'idée d'une boucle infinie, et par conséquent la destruction d'un temps vectoriel. Si la double projection parvient à être synchrone, la fin retrouve le commencement.

2. *ANALYTICAL STUDIES II: UNFRAMED LINES*

Deuxième axe, le refilmage du film. Les flicker films sont déjà la mise au carré du clignotement lumière-obscurité qui est la base technique de la projection filmique ordinaire et la source objective de l'illusion du mouvement cinématographique. Dans ces films, les conditions de base qui produisent cette illusion ne sont pas repro-duites, mais sont re-présentées, figurées artificiellement par la mise en œuvre de la succession des images qui défilent au cours de la projection. Dans les années 1970, Sharits va pousser plus loin cette augmentation de puissance (au sens algébrique) en refilmant le film abstrait de départ, qu'il appelle un spécimen, selon des données spécifiques : il filme tout le ruban filmique en train de défiler sans obturation, avec ses photogrammes, sa bande-son quand il y en a une, ses perforations, en accélérant ou ralentissant le déroulement. Puis il re-filme le résultat, et à nouveau ce deuxième film, et ainsi de suite, créant trois ou quatre niveaux de films mis en représentation. La projection de l'ensemble crée des illusions de mouvement contraire : on ne sait plus si ce qu'on voit se situe au premier, au deuxième ou au troisième degré.

Sharits a comparé les deux axes que j'ai mentionnés (le photogramme et le flicker d'un côté, le défilement du ruban filmique de l'autre) à la double nature de la lumière qui les traverse : « L'un et l'autre sont à la fois corpusculaires et ondulatoires », écrit-il en 1970 ; cette analogie de structure suggère « de nouveaux systèmes d'organisa-tion filmique[4] » ; c'est elle qui a donné lieu aux films des années 1970, comme les études analytiques.

Paul Sharits
Analytical Studies II: Unframed Lines
1976

À quoi s'ajoute le travail de la projection : le phénomène cinématographique est envisagé non comme surface-écran, mais comme investissement de tout l'espace entre le projecteur et l'écran, et entre cet espace et l'œil. Au lieu d'une projection banale, la projection devient une activité poétique et critique. La projection peut être double ou multiple, côte à côte ou superposée (les deux sont possibles pour *Dream Displacement*) ou introjectée (*Declarative Mode*), ou bien on peut avoir une projection simple décadrée (*Analytical Studies II: Unframed Lines*). En demandant au projectionniste de décadrer au maximum l'image projetée comme cela arrive accidentellement dans une projection standard, Sharits génère toute une série de possibilités. Ce dernier film, silencieux comme les autres études analytiques, et que l'on peut projeter soit à 24 images / seconde, soit à 18 images / seconde, est construit un peu à la manière des *Variations canoniques* de Bach : d'abord un thème (le spécimen, un flicker doux aux progressions continues) ; puis une série de variations : une duplication de la ligne décadrée, réelle et refilmée ; un déphotogrammage qui la fait disparaître ; un double refilmage du ruban filmique (avec les perforations et leur rephotographie) ; une rayure continue du ruban filmique ; puis une rayure et sa photographie, traitée dans une tonalité très sensuelle, bleu pâle et rose ; un double refilmage du ruban avec ses perforations et ses rayures, une continue et deux discontinues, arrêtées par le décadrage et le refilmage du décadrage ; un double continuum, positif et négatif, direct et rétrograde ; un déroulement lent de l'échantillon déchiqueté avec ses perforations ; un refilmage simple et multiple du film chauffé par la lampe, qui change de couleur et se consume. Les accidents de la projection (brisure, décadrage, rayures, brûlures), au lieu d'être perçus comme des ruptures négatives, deviennent des éléments actifs et constitutifs de l'œuvre filmique. Sharits parlait de drame supérieur, et en effet c'est ce qui arrive à cette matière inerte qui défile ; on assiste à un véritable drame intime, avec ses tortures, blessures et brûlures.

3. *EPILEPTIC SEIZURE COMPARISON*

Epileptic Seizure Comparison est une combinaison du flicker et du refilmage, en même temps qu'une dramatisation intense du flicker et du son électronique. Au départ ce film est une installation, c'est-à-dire une double projection, en boucle, dans un espace construit et défini. Cette fois, il s'agit de *found footage* ; le matériau de base est constitué par deux films médicaux en noir et blanc de quelques secondes, présentant le filmage de deux crises d'épilepsie expérimentales, induites artificiellement, l'une par un signal électrique, l'autre par un signal lumineux. Les patients sont munis d'électrodes rattachées à divers points du cerveau. Dans une crise d'épilepsie, explique Sharits, des ondes cérébrales sont modifiées en fréquence et en amplitude, et des signaux de différentes parties du cerveau, normalement distincts, se retrouvent en phase. Sharits cherche à simuler et induire un état proche de l'état du sujet proche de la convulsion. Sa procédure sera de retraduire en images et en sons les courbes de la crise.

Il y a deux films correspondant aux deux sujets, chacun en trois parties. D'abord, une traduction en images de couleurs pures du rythme visuel du graphique, et la bande-son du document médical (retravaillée), qui fait entendre les gémissements des patients ; ensuite, le rapport image-son est inversé : les images en boucle (retravaillées, modifiées dans le rythme, la luminosité et la texture) du document visuel montrent chacun des deux patients en crise avec ses électrodes, et un son électronique traduit la courbe des électrodes ; enfin, combinaison des parties 1 et 2, sonore et visuelle. Le résultat, d'une intensité concentrée, provoque des sensations contradictoires ; un mélange de violence et de beauté pure, de comique et de terreur, que je qualifierais volontiers de post-sublime. Comme dans *Eraserhead* de David Lynch, un film que Sharits admirait, on a une violente envie de rire, mais cette envie est contrainte par un sentiment moral qui interdit de rire de ce qui apparaît comme un état de souffrance. C'est ce double mouvement qui provoque l'impression panique du film ; on ne sait plus où se mettre. La distance est calculée entre proximité empathique et distance formelle ; c'est une distance critique, au sens où on parle en astrophysique de densité critique.

« Par exemple, dans *Epileptic Seizure Comparison,* certains ont trouvé le sujet trop révoltant ou effrayant pour se laisser aller à ressentir la forme d'apaisement que je cherche ; mais il y a aussi des gens qui éprouvent un apaisement transcendantal proche de l'extase qui, si je comprends bien, est associée au départ de certaines convulsions, selon ce que rapportent différents auteurs qui ont eut des crises et en

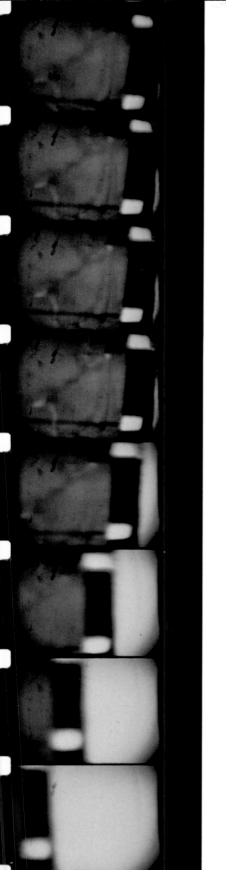
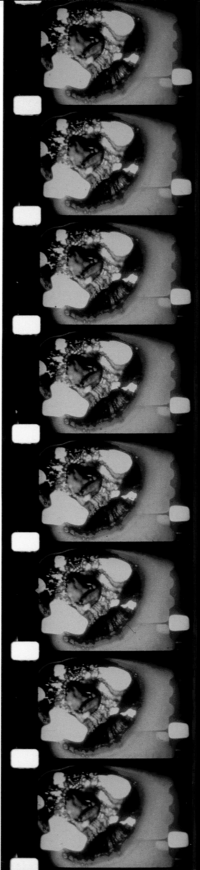

Paul Sharits
Analytical Studies II:
Unframed Lines
1976

parlent comme d'un état hyper-lucide et exalté que j'aimerais éprouver; pas la crise elle-même, mais le sentiment qui précède immédiatement la crise. Il y a un double mouvement dans ce film, et je me demande si ce n'est pas là une contradiction qui met les gens dans un état où ils ne savent pas comment réagir.

Pour moi, c'était une expérience exaltante de faire ce film, et c'était aussi effrayant; il y avait une foule de problèmes moraux, avais-je le droit de jouer avec les images d'une forme d'infirmité humaine, étais-je assez sincère. Faire ce film était pour moi un petit voyage moral aussi bien qu'esthétique. Le film *Epileptic Seizure Comparison* est fait de rythmes de couleurs inventés sur la bobine A, et sur la bobine B on trouve des images en noir et blanc (articulées temporellement) des crises, mais c'est le film d'un film que j'ai fait sur une tireuse optique; j'ai copié un film médical, et j'ai pensé qu'en donnant du grain à l'image en noir et blanc, en gelant et en étirant la suite de photogrammes, en altérant et en modulant la durée des mouvements des patients de façon à leur donner une structure rythmique, chorégraphique, je ferais comprendre au public que ce n'était pas la représentation directe d'un événement, et qu'il y avait une mise au second degré. Beaucoup ne le voient pas comme cela, on réagit souvent comme à un documentaire; mais je ne voulais pas aller jusqu'à décadrer latéralement et montrer les perforations ou des rayures, ou la ligne de séparation des photogrammes, parce que je ne voulais pas trop de distance.[5] »

Comment réagir? Comme on peut, mais le mieux, me semble-t-il, est de s'abandonner au plaisir, un plaisir un peu masochique, d'accepter d'être le sujet du viol filmique; on peut alors se rendre compte que la manipulation de la manipulation est un moyen efficace de faire prendre conscience de manipulations beaucoup plus quotidiennes et sournoises.

NOTES

1. Voir par exemple David Curtis, *Experimental Cinema. A Fifty-Year Evolution*, New York, Universe Books, 1971.

2. « General Statement for 4th International Experimental Film Festival, Knokke-le-Zoute », 1967, *Film Culture*, n° 47, été 1969, p. 13; repris dans Peter Gidal (ed.), *Structural Film Anthology*, Londres, BFI, 1976, p. 90.

3. Voir Philippe-Alain Michaud, « Flicker.

Le ruban instable », *Les Cahiers du Musée national d'art moderne*, n° 94, hiver 2005-2006; repris dans *Sketches*, Paris, Kargo & l'Éclat, 2006, p. 121-134.

4. « Mots par page » (1970), dans yann beauvais (dir.), *Paul Sharits*, Espace Gantner / Les Presses du Réel, 2008, p. 109.

5. Paul Sharits à Jean-Claude Lebensztejn, juin 1983, dans yann beauvais (dir.), *Paul Sharits*, *ibid.*, p. 88-89.

FILM ET TECHNOLOGIE
9 EVENINGS: THEATRE & ENGINEERING | 1966

Jean-Christophe Royoux

En 1965, avec l'aide des artistes Robert Rauschenberg et Robert Whitman, Billy Klüver, docteur en génie électrique employé par Bell Telephone, conçoit, pour la première fois à cette échelle, la réalisation d'un événement devant permettre la collaboration d'une trentaine d'ingénieurs spécialisés dans les nouvelles technologies, avec dix artistes : Öyvind Fahlström, Robert Rauschenberg, Robert Whitman, les compositeurs John Cage et David Tudor et les chorégraphes Lucinda Childs, Alex Hay, Deborah Hay, Steve Paxton et Yvonne Rainer. À partir du 13 octobre 1966, plus de 10 000 spectateurs ont ainsi pu assister, dans l'immense enceinte du 69th Regiment Armory, à New York, aux dix représentations des 9 *Evenings: Theatre & Engineering*. L'événement signera l'acte de naissance de l'association Experiments in Art and Technology (E.A.T.), à laquelle nous devons des réalisations telles que le pavillon sphérique de Pepsi-Cola à l'Exposition universelle d'Osaka, en 1970, ou différents dispositifs de télévision en circuit fermé installés à des fins pédagogiques dans plusieurs pays d'Afrique et d'Asie.

En 1966, à la demande de Billy Klüver, les performances furent filmées et photographiées par le réalisateur de films expérimentaux autrichien Alfons Schilling. Suite à un différend qui opposa les deux hommes, on croyait ces documents perdus à jamais. Il a fallu attendre quarante ans la minutieuse reconstitution qu'en a réalisée la monteuse Barbro Schultz Lundestam pour que cet événement majeur ressurgisse aujourd'hui.

John Cage
1912, Los Angeles (États-Unis) - 1992, New York (États-Unis)
9 *Evenings: Theatre & Engineering: Variations VII*, octobre 1966
Beta SP, 41'
Achat 2007
AM 2007-F8 (1)

Lucinda Childs
1940, New York (États-Unis)
9 *Evenings: Theatre & Engineering: Vehicle*, octobre 1966
Beta SP, 10'19''
Achat 2007
AM 2007-F8 (2)

Öyvind Fahlström
1928, São Paulo (Brésil) - 1976, Stockholm (Suède)
9 *Evenings: Theatre & Engineering: Kisses Sweeter Than Wine*, octobre 1966
Beta SP, 71'
Achat 2006
AM 2007-F8 (3)

9 Evenings: Theater & Engineering
13-23 oct. 1966
Robert Whitman, *Two Holes of Water - 3*
AM 2007-F8 (10)

9 Evenings: Theatre & Engineering
13-23 oct. 1966
Alex Hay, *Grass Field*
AM 2007-F8 (4)

9 Evenings: Theatre & Engineering
13-23 oct. 1966
Yvonne Rainer, *Carriage Discreteness*
AM 2007-F8 (7)

9 Evenings: Theatre & Engineering
13-23 oct. 1966
Steve Paxton, *Physical Things*
AM 2007-F8 (6)

Page de droite
Couverture du programme
des « 9 Evenings:
Theatre & Engineering »,
13-23 oct. 1966, couverture
Photo by Peter Moore

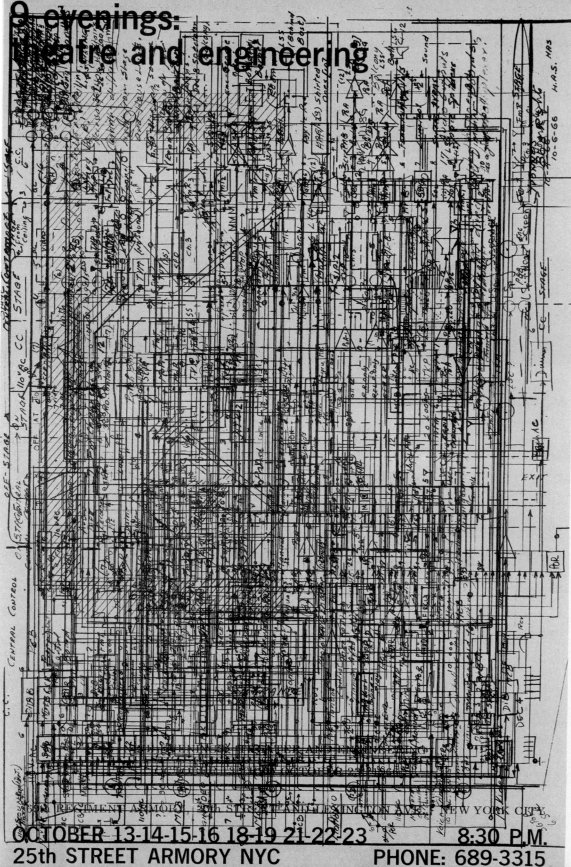

9 evenings:
theatre and engineering

OCTOBER 13·14·15·16 18·19 21·22·23   8:30 P.M.

25th STREET ARMORY NYC   PHONE: 689-3315

LA DANSE ET LE CINÉMA ÉLARGI

Les *9 Evenings* arrivent à la fin d'une intense période de quatre années qui a vu les chorégraphes du Judson Dance Theater émerger et révolutionner la danse moderne.

À la base de leur travail, le corps est conçu comme une « chose » qui interagit avec d'autres « choses ». La danse se rapproche de toute activité quotidienne – *Ordinary Dance* (Yvonne Rainer, 1962), qui, comme la marche (Steve Paxton), implique le déplacement ou la mobilité du corps. Elle est avant tout une *performance*, c'est-à-dire, selon le mot de Cunningham, « l'amplification » d'un simple mouvement, d'une activité quelconque. Sept sur dix des performances proposées pendant les *9 Evenings* sont directement issues du travail du Judson Group. Robert Rauschenberg y participe depuis le départ. Il réalise à la Judson Church sa première chorégraphie le 9 mai 1963[1]. Pendant sept années, au sortir du Black Montain College, il a été assistant de Merce Cunningham et vit à ce moment-là avec le chorégraphe Steve Paxton, tandis qu'Alex Hay est à son tour son assistant. Les investigations du Judson Group produisent un « catalogue des possibilités de mouvements[2] » qui *élargit* le terrain de la danse. Les jeux, les sports, le simple fait de marcher, deviennent les matériaux de base des chorégraphies. Dans *Open Score*, par exemple, présenté par Robert Rauschenberg pendant les *9 Evenings*, la pratique du tennis habituellement en usage dans les locaux de l'Armory est détournée de sa fonction sportive pour devenir le moteur de la pièce présentée. Pourquoi un tel événement, qui cherche à promouvoir les rapports entre l'art et la technologie, accorda-t-il une telle importance à une forme aussi radicale d'investigation sur la danse, dont le dénuement et la littéralité anticipent sur ce que l'on va bientôt nommer le « Minimal Art », antithèse parfaite à toute fascination technologique ?

L'image en mouvement fut la première « technologie » utilisée par cette nouvelle génération de chorégraphes pour élargir les possibilités de la danse par-delà les mouvements du corps humain. Le cinéma a tout de suite joué un rôle important dans les *Concerts of Dance* à la Judson Church. Le mouvement du film est présenté lui-même comme une danse[3]. Il est considéré comme une autre manière de prendre en compte le même phénomène. Certaines pièces du premier *Concert of Dance* du 22 juin 1962 étaient ainsi des films. L'*Overture,* par exemple, présentait une sélection de rushes de scènes de différentes natures. Réciproquement, concevoir le corps comme un support de projection sera l'un des premiers moyens d'élargir l'expérience de l'image cinématographique. Dans *Prune Flat* (1965), de l'artiste Robert Whitman, par exemple, des films sont projetés sur un écran et simultanément sur le corps de femmes vêtues de blanc, créant une indécision entre la bidimensionnalité de l'image et la tridimensionnalité des corps. L'expression « expanded cinema » apparaît pour la première fois dans le ciné-journal de Jonas Mekas, le fondateur de la cinémathèque de New York et rédacteur en chef de la revue *Film Culture*, à la date du 3 juin 1965, dans une chronique intitulée « Le cinéma élargi de Robert Whitman[4] ».

Par-delà l'opposition du réel et du virtuel, danse et cinéma sont deux manières d'explorer et de re-présenter le mouvement des corps. «Le point essentiel ici est que ce n'est pas une activité à sens unique. C'est une interaction. Les mouvements de la caméra sont des reflets des mouvements du corps [...]. Un cercle s'instaure entre l'œil de l'artiste et l'œil de la caméra[5]». Depuis 1964, les expériences multimédia se multiplient et avec elles le plein épanouissement du cinéma élargi. Le «Festival du nouveau cinéma» en propose un premier bilan à la cinémathèque de New York entre les mois de novembre et décembre 1965, sur lequel le numéro 43 de la revue *Film Culture*, intitulé «Film Culture – Expanded Arts» (hiver 1966) publiera les minutes d'un symposium qui lui est entièrement dévolu. Nous sommes quelques semaines après les neuf soirées de «théâtre et ingénierie» mais celles-ci n'ont pas encore eu lieu au moment du symposium et sont donc juste mentionnées «comme la chose la plus excitante qui va arriver». En revanche, dans le fameux schéma *Expanded Arts Diagram* de George Maciunas, l'ami lituanien de Jonas Mekas, graphiste et animateur infatigable des débuts de la mouvance Fluxus, publié dans le même numéro de *Film Culture*, les *9 Evenings* figurent en bonne place sous la rubrique «Kinesthetic Theatre», qui comprend presque exclusivement des noms de chorégraphes issus du groupe de la Judson Dance. Elle jouxte immédiatement celle intitulée «Expanded Cinema». Robert Whitman est le seul artiste qui figure dans les deux colonnes, et les concepts de «simultanéité» et de «pseudo-technologie» sont les deux passerelles qui les relient. Comme le précise dans ce même numéro Stan Vanderbeek, l'un des héros les plus actifs de ce nouveau cinéma, l'«expanded cinema» va de pair avec une dimension quantitative. Il nécessite une multiplication des moyens et des sources de communication et d'information. Pour être pleinement réussies, les expériences de cinéma élargi sont donc dépendantes de la technique, et Stan Vanderbeek énumère la liste de l'ensemble du matériel qu'il est souhaitable de pouvoir obtenir pour réaliser une séance de cinéma élargi.

Si la danse contemporaine a une place tout à fait privilégiée dans les *9 Evenings*, c'est que, comme le cinéma élargi, en tant que source de production et de reproduction de mouvements simultanés, elle s'entend comme un exercice de multiprojection que le recours à la technologie a la vocation de démultiplier, comme le montrent presque toutes les pièces présentées à l'Armory.

Two Holes of Water, de Robert Whitman, est un immense environnement pour six projectionnistes. Il est constitué d'une multiplicité d'écrans, pour partie dissimulés à l'intérieur de six voitures couvertes de bâches semi-transparentes. En tout, treize projections simultanées confrontent la stabilité temporelle de l'image cinématographique à la diffusion en temps réel de l'enregistrement vidéo en circuit fermé. *Physical Things*, de Steve Paxton, consiste en une série de tunnels en polyéthylène parsemés d'écrans, à l'intérieur desquels les spectateurs sont invités à se mouvoir avec les danseurs. *Variations VII*, de John Cage, théâtralise la manipulation des multiples sources sonores du dispositif en projetant les ombres gigantesques des interprètes et des objets sur la quasi-totalité de l'espace scénique. Dans *Carriage*

Alex Hay
1930, New York (États-Unis)
9 Evenings: Theatre & Engineering: Grass Field,
octobre 1966
Béta SP, 11'23''
Achat 2008
AM 2007-F8 (4)

Deborah Hay
1941, New York (États-Unis)
9 Evenings: Theatre & Engineering: Solo,
octobre 1966
Béta SP, 13'52''
Achat 2008
AM 2007-F8 (5)

Steve Paxton
1939, Tucson (États-Unis)
9 Evenings: Theatre & Engineering: Physical Things,
octobre 1966
Béta SP, 8'51''
Achat 2007
AM 2007-F8 (6)

Yvonne Rainer
1934, San Francisco (États-Unis)
9 Evenings: Theatre & Engineering: Carriage Discreteness,
octobre 1966
Béta SP, 13'
Achat 2008
AM 2007-F8 (7)

Robert Rauschenberg
1925, Port Arthur (États-Unis) - 2008, Captiva (États-Unis)
9 Evenings: Theatre & Engineering: Open Score,
octobre 1966
Béta SP, 32'
Achat 2006
AM 2007-F8 (8)

David Tudor
1926, Philadelphie (États-Unis) - 1996, États-Unis
9 Evenings: Theatre & Engineering: Bandoneon! (A Combine),
octobre 1966
Béta SP, 12'08''
Achat 2008
AM 2007-F8 (9)

Robert Whitman
1935, New York (États-Unis)
9 Evenings: Theatre & Engineering: Two Holes of Water – 3,
octobre 1966
Béta SP, 12'22''
Achat 2007
AM 2007-F8 (10)

199

Discreteness, Yvonne Rainer joue de la juxtaposition de deux continuités temporelles sans relation l'une avec l'autre. D'une part, une partition pour danseurs, dont les mouvements sont dirigés en direct par la chorégraphe au moyen d'un talkie-walkie amplifié; d'autre part, une série de projections préprogrammées sur différents supports. Dans la deuxième partie de la pièce présentée par Rauschenberg, film et danse se confondent. Des caméras vidéo infrarouges, qui permettent la vision dans le noir, enregistrent l'image, projetée en temps réel sur trois écrans géants situés au-dessus du public, de cinq cents figurants qui exécutent en direct dans l'espace une liste d'actions ordinaires qui leur sont proposées. Dans certains cas, les images sont déclenchées par un mouvement ou un signal sonore. Dans d'autres, les images sont générées par des sons.

UN ENSEMBLE DE DISPOSITIFS OU DE SYSTÈMES AUTORÉGULÉS

Les catégories utilisées pour nommer l'événement oscillent sans cesse: théâtre, happening, performances... Tout le monde s'accorde pour dire que les «événements multimédia» impulsés par John Cage au Black Mountain College à partir de 1952, auxquels participèrent des personnalités telles que Robert Rauschenberg ou David Tudor, sont une référence incontournable. Le terme de «happening» se cristallise lui aussi à partir de l'enseignement de John Cage, cette fois à la New School of New York, dont Allan Kaprow tirera en 1959 ses *18 Happenings in Six Parts*. À la date du 26 mai 1966, Jonas Mekas commence la chronique de ce qu'il appelle les «spectacles multimédia qui déferlent sur la ville[6]», dont celle des fameux *Plastic Inevitable* d'Andy Warhol, avec le Velvet Underground.

Pour employer le terme d'un ingénieur, ce qui est sûr est qu'il s'agit d'«une situation expérimentale»: la transposition dans le domaine de la création contemporaine de protocoles caractéristiques de la recherche scientifique appliquée.

La dimension prospective de l'hypothèse à partir de laquelle se développe l'événement en fait une situation typiquement avant-gardiste. Chaque performance met en fait en scène un *dispositif technologique* qui vise à explorer et élargir par d'autres moyens l'ensemble des interrelations audio-visuelles que le cinéma met en œuvre. Billy Klüver cite John Cage, qui, de façon significative à propos des *9 Evenings*, dit qu'elles lui «font penser aux tout premiers films, avec la caméra, la scène, le contenu littéraire et le jeu des acteurs devenant tous des éléments séparés et facilement identifiables. Un média non mixé[7]». Ce caractère «d'assemblage» confirme le rôle de Rauschenberg, l'inventeur des *Combine Paintings* à partir de 1954, en tant que protagoniste essentiel du projet.

Les diagrammes des composants technologiques de chaque pièce, réalisés de fin septembre à début octobre 1966 par Herb Schneider, ingénieur de Bell Labs, en relatant cependant le réseau des interconnexions de façon bien plus novatrice. Au cœur du projet des *9 Evenings* est en effet inscrite l'idée, embléma-tisée par les diagrammes, d'inventer des systèmes autonomes autorégulés. Par-delà le voisinage immédiat des expériences de cinéma élargi caractéristiques de l'époque, les *9 Evenings* sont surtout caractéristiques de la construction d'un paradigme post-cinématographique, contemporain de l'émergence de la technologie de l'ordinateur.

LE PARADIGME DE L'ORDINATEUR

Depuis 1941, Claude Elwood Shannon, rédacteur en 1949, avec le mathématicien Warren Weaver, du texte fondateur de la théorie de l'information, *The Mathematical Theory of Communication*, était l'un des ingénieurs phares des laboratoires de la Bell Telephone Company, laboratoires dont sont également issus l'ensemble des collaborateurs techniques des *9 Evenings*. Billy Klüver, relatant les prémices de l'expérience, raconte: «Je n'étais pas tranquille lors de cette première réunion. Puis, dès qu'on a commencé à évoquer l'informatique, ça a marché. C'est comme une triangulation entre les scientifiques et les artistes et le matériel informatique[8].» L'informatique (dont l'ordinateur est devenu l'outil privilégié) est le domaine d'activité qui concerne le traitement automatique de l'information par des machines. Programmation, mémorisation, transformation d'un média en un autre, logique combinatoire aléatoire sont quelques-unes des caractéristiques essentielles de cette technologie informatique à l'œuvre dans les *9 Evenings*. Par-delà l'utilisation des premiers programmes informatiques de numérisation et de traitement du son, la notion de programmation, essentielle à la technologie des ordinateurs, en constituait l'une des applications technologiques les plus spécifiques, sous la forme d'un «tableau de commande» dont les connexions pouvaient être transformées sans qu'il soit nécessaire de tout rebrancher pour chaque performance, grâce à l'introduction d'une «carte programme[9]».

Ce n'est d'ailleurs pas seulement au niveau de ses principes que cette technologie est actualisée dans les *9 Evenings*. Elle est également thématisée directement par les représentations de certaines des pièces exposées. C'est le cas de *Grass Field*, d'Alex Hay, dont les grands carrés de tissu numérotés déposés sur le sol ressemblent aux composants électroniques interchangeables d'une machine. Ça l'est également de la grille, comparable à une carte perforée ou à une tablette d'assemblage de circuits électroniques, sur laquelle se déploie la partition chorégraphique de *Carriage Discreteness*, d'Yvonne Rainer, consistant simplement à transférer, manuellement et métaphoriquement, des matériaux d'un carré à l'autre. Quant à Öyvind Fahlström dans *Kisses Sweeter Than Wine*, il s'interroge sur les relations entre les exploits «inhumains» ou paranormaux de certains sujets et l'utopie d'une machine de calcul universelle, en s'intéressant aux capacités de calculs d'individus dotés de capacités de mémorisation hors normes, qui les rapprochent de robots.

Mais la figuration des logiques systémiques étroitement liées à l'invention de l'ordinateur se lit tout particulièrement dans le système électronique environnemental mobile «THEME» (Theater Environmental Modular Electronic, ou TEEM, Theater Electronic Environmental Module), qui permettait la programmation, la synchronisation, la manipulation et la transformation instantanée des mouvements des objets contrôlés à distance, des sons et des lumières les uns à travers les autres. Il s'agit d'un système de mise en réseau autonome et mobile des différents composants technologiques du spectacle, d'un synchronisateur des éléments de base – lumières, images, sons, mouvements, contrôlés à distance à partir d'une technique sans fil. Le réseau TEEM fonctionnait comme une sorte de connecteur universel où des signaux activent d'autres signaux, pour produire des environnements immersifs autorégulés. Le THEME mettait ainsi en pratique la logique systémique propre à la cybernétique, la science des systèmes autorégulés et des analogies maîtrisées entre organismes vivants et machines, inventée en 1948 par le mathématicien Norbert Wiener. Les ordinateurs et toutes les machines intelligentes que nous connaissons aujourd'hui sont des applications de la cybernétique. *Bandoneon ! (A Combine)*, la pièce de David Tudor, est caractéristique de cette recherche d'effets de boucles autoréalisatrices qui connectent entre elles des espaces sonores auto-engendrés à partir des simples signaux acoustiques d'un bandonéon argentin. Ces compositions autogénérées montrent l'intérêt de Tudor pour les mécanismes de rétroaction, trait distinctif de la musique par ordinateur. Là encore, « les sons étaient transformés en oscillographes projetés sur écran ou permettaient d'activer des tas de choses que l'on pouvait voir et entendre[10] ».

DES ENVELOPPES IMMATÉRIELLES

Simone Forti, qui fut simplement assistante et documentariste pendant les *9 Evenings,* décrit « l'Armory comme une immense antenne qui en plus fonctionnait comme une chambre d'écho[11] ». Dans son compte-rendu du 27 octobre 1966 « Sur le spectacle. Théâtre et technique », Jonas Mekas avait comparé avant elle l'Armory à la Gare centrale de New York, cet « énorme auditorium » qui fonctionne comme « une espèce de radar, une espèce de grande oreille qui absorberait le battement de la ville[12] ». La réverbération de la voûte produit cet effet de caisse de résonance et transforme l'ensemble du lieu en une chambre d'écoute, une enveloppe sonore immatérielle que redoublent les dispositifs matériels de certaines pièces comme « l'intestin » en polyéthylène de Paxton dans *Physical Things*, qui n'est lui-même pas sans rappeler certains dispositifs de l'architecture radicale des années 1970. Les caractéristiques architecturales du lieu favorisent ainsi l'effet de dépassement de l'enveloppe matérielle vers la création de nouvelles enveloppes mentales, immatérielles, largement favorisées par les effets de mise en boucle des systèmes autorégulés résultant de la collaboration des artistes et des ingénieurs. Dépassement de la musique vers une expérience du « bruit » (dont on peut souligner au passage le rôle clé dans la théorie de l'information) et de ses oscillations. Dépassement du théâtre, de ses formes avant-gardistes – *events*, happenings, performances – et de la danse, vers un type d'expériences sensorielles multimédia qui anticipent sur ce que nous proposent aujourd'hui certains environnements numériques immersifs. Réduction de la forme au matériau, de la musique au son, de la chorégraphie aux mouvements,

Robert Rauschenberg et Lucinda Childs discutent du système TEEM (Theatre electronic environmental modulator) avec Herb Schneider, L.J. Robinson, Per Biorn et Billy Klüver. Photo publiée dans le programme «9 Evenings: Theatre and Engineering», 13-23 oct. 1966, p. 2. Photo by Peter Moore.

du théâtre à l'événement, du récit à la présence, redoublée et démultipliée par l'image. Agrégats sonores (pas de musique), catalogue de mouvements (pas de récit), multi-projections «qui vous apportent l'information de manière comparable à la façon dont votre esprit l'obtient – par fragments et aperçus – se rapportant quelquefois à la même idée ou au même incident[13]».

Cet effet d'expérience immersive au sein d'un environnement sonore est particu-lièrement sensible dans les *Variations VII*, de John Cage, autour du dispositif des-quelles les spectateurs de la deuxième représentation étaient invités à se rappro-cher autant qu'ils le souhaitaient. La pièce ressemble à une sorte de moteur à ciel ouvert «aussi bruyant que le métro de New York», formant une pâte sonore à la fois compacte et hétérogène. Constituée d'un assemblage d'objets sonores très divers, appareils électroménagers et générateurs de fréquence amplifiés et diffusés par des microphones, elle convoquait en temps réel, grâce aux ondes de radiocommu-nications et aux lignes téléphoniques, des sources sonores dispersées dans toute la ville et au-delà. Dans *Grass Field*, d'Alex Hay, la correspondance entre la dimension intérieure de cette expérience et sa nature essentiellement spatiale, souvent saturée d'événements visuels et sonores imprévisibles, était la plus évidente. Pour éprouver son corps, le mettre en action, Hay déambulait d'abord seul sur le sol quadrillé de grands carrés de tissus numérotés, des électrodes fixées sur les tempes et le corps reliées à une sorte de sac à dos rempli de transistors, qui lui dessinait une silhouette qui allait bientôt être celle des cosmonautes. Grâce à ce système sophistiqué de captation, les pulsations du cœur, la respiration, les contractions musculaires parfois même les plus minimes, telles qu'un clignement d'œil, et même les ondes cérébrales, étaient amplifiées et restituées à l'échelle de l'immense espace de l'Armory comme des indicateurs sonores de l'état du corps du «danseur». Hay était bientôt assis à même le sol, impassible, le visage projeté en gros plan sur grand écran grâce à un système vidéo en circuit fermé, et les spectateurs assistaient à ce contraste entre la quasi-absence de mouvement de l'acteur et l'immense écho de son corps à l'échelle de l'espace.

Comme Stan Vanderbeek y insiste dans le symposium sur le nouveau cinéma, cette idée d'une «reconnexion avec tous les sens» est totalement synchrone avec l'un des leitmotive les plus insistants de toute cette époque. Pour Jonas Mekas, grand mélancolique imprégné de l'air du temps «hippy», il faudrait comprendre ces «spectacles multimédia qui déferlent sur la ville» comme le symptôme de la naissance de «nouvelles religions», comme «des environnements religieux, mystiques[14]». Susan Sontag se contentait quant à elle de déclarer en 1964 dans «Contre l'interprétation»: «Ce qui nous importe désormais, c'est de retrouver l'usage de nos sens. Nous devons apprendre à mieux voir, à mieux entendre, à mieux sentir [...]. Notre tâche est de nous libérer de la pensée du contenu pour goûter la chose elle-même[15]».

NOTES

1. Sally Banes, *Democracy's Body. Judson Dance Theater. 1962-1964*, Michigan, UMI Research Press, 1983, p. 126.

2. S. Banes, *Terpsichore in Sneakers. Post-Modern Dance*, Middelton (Connecticut), Wesleyan University Press, dernière éd. 1987, p. 47.

3. *Ibid*., p. XIX.

4. Jonas Mekas, «Un nouveau cinéma américain (1959-1971)», *Ciné-journal*, trad. Dominique Noguez, Paris, Paris Expérimental, 1992, p. 176.

5. *Ibid*., p. 225.

6. *Ibid*, p. 219.

7. Billy Klüver, «Le théâtre et l'ingénierie – une expérience. Notes d'un ingénieur», trad. Carole Guth, dans *Interagir avec les technologies numériques*, *Nouvelles de danse*, nº 52, oct. 2004, p. 31. Titre original: «Theater and Engineering. An Experiment: Notes by an Engineer», *Artforum*, V, février 1967.

8. Simone Forti, «Le théâtre et l'ingénierie – Une expérience. Note d'une participante», *op. cit.*, p. 12.

9. S. Forti cite le technicien Herb Schneider, *ibid*., p. 23.

10. *Ibid*., p. 18.

11. *Ibid*., p. 21.

12. J. Mekas, *op. cit*, p. 236.

13. Charles Eames à propos de l'ordinateur, extrait de la voix off du film *View From the People Wall* (1966), Eames Office Archive, Santa Monica. Le film reconstitue pour un seul écran le dispositif multi-écrans du film *Think*, présenté dans le théâtre ovoïde de cinq cents places conçu par l'Eames Office, en collaboration avec l'architecte Eero Saarinen, pour le pavillon IBM présenté à l'Exposition universelle de New York en 1964-1965.

14. J. Mekas, *op. cit.*, p. 221.

15. Susan Sontag, «Contre l'interprétation» [1964], dans *L'Œuvre parle*, trad. Guy Durand, Paris, Le Seuil, 1968, p. 22.

DOUBLE ÉCRAN 1

ANDY WARHOL | CHELSEA GIRLS | 1966

Alain Cueff

La passion d'Andy Warhol pour le cinéma remonte à son enfance, quand il collection-nait avec avidité les photographies d'actrices et d'acteurs célèbres, compilées dans un grand album[1]. Collectionner, répertorier, juxtaposer : il ne cessera de se confronter, sa vie durant, à ces paradigmes, en préservant leur simplicité mais en accroissant leur efficacité. Adolescent, il réalisera, avec ses camarades, un premier court-métrage et, à l'aube des années 1960, ses premiers portraits sont ceux de Troy Donahue, Elvis Presley, Warren Beatty, puis de Natalie Wood, et enfin de Marilyn Monroe.

C'est au moment de sa première exposition à Los Angeles qu'il passe derrière la caméra : « Hollywood est la capitale mondiale du cinéma, alors j'ai acheté une caméra que j'ai emportée avec moi. Une Bolex 16 mm. [...] – *Tape Recording* : Qu'avez-vous filmé ? – *A. W.* : Tout et n'importe quoi. J'apprenais juste à utiliser la caméra[2]. » À la légende hollywoodienne, dont il reconnaît volontiers les fastes, la séduction et l'em-pire, il oppose d'emblée la désinvolture de l'apprenti sorcier, réduit à des moyens primitifs. Ses premières tentatives relèvent d'un amateurisme délibéré, et l'idée de construire un scénario efficace, ou au moins cohérent, est écartée comme un souci superflu. En effet, à quelques exceptions près, il n'a jamais manifesté le désir de scénariser des histoires, c'est-à-dire, dans son esprit, de les détacher de la réalité immédiate telle que la caméra peut la saisir. En contraste avec l'art de peindre, son cinéma est une pratique de l'image dans la succession de ses instants – succession qui ne saurait être ni prédéterminée par, ni aliénée à une écriture qui amoindrirait le choc prolongé de la transcription mécanique du mouvement. Quand il demande un script à Ronald Tavel pour faire d'Edie Sedgwick une *superstar*, l'écrivain lui demande : « Veux-tu une intrigue [*a plot*] ? », la réponse fuse : « Je veux une situation[3]. »

Andy Warhol
(Andrew Warhola, dit)
1928, Pittsburgh (États-Unis) -
1987, New York (États-Unis)
Chelsea Girls
1966
Film 16 mm noir et blanc
et couleur, sonore, double
écran, 195'
Achat 1992
AM 1991-F1207

Sa connaissance des avant-gardes théâtrales et chorégraphiques de l'East Village, dans les années 1950, ses relations avec Jack Smith[4], sa fréquentation assidue de la Film-Makers' Coop[5], lui offrent un contexte favorable à l'expérimentation la plus débridée. Jonas Mekas, lui-même cinéaste prodigue, qui en tant que directeur de la Film-Makers' et critique va jouer un rôle crucial dans l'underground, lui apportera un soutien sans faille. À la différence des minutieux tournages de Smith, ceux de Warhol se feront avec un minimum de préparation, sans décor, en des temps records, et, surtout, les films ne feront l'objet d'aucun montage. Et l'usage du «premier venu», la réflexion sur l'ennui, l'absence de tout scrupule quant à l'incompréhension du public : voilà des aspects essentiels qui s'imposent d'emblée. Dans les quelque 290 heures de films tournées par Warhol entre 1963 et 1972, *Chelsea Girls* constitue une forme d'aboutissement de ses recherches et un prélude aux films de facture plus classique, dirigés par Paul Morrissey et qu'il se contentera de produire.

Cet opus est tourné après *More Milk Yvette* (avec Mario Montez), *The Velvet Underground and Nico*, et précède *Eating too Fast*. Au mois d'avril 1966, tout en produisant l'album du Velvet Underground, Andy Warhol a présenté le papier peint aux vaches et les nuages argentés pour sa deuxième exposition personnelle chez Leo Castelli. Deux mois plus tard, il filme en même temps *Chelsea Girls* et des segments de ******, autrement intitulé *Four Stars*. Ces films sont tous deux «épiques», mais la démesure du second (d'une improbable durée de 25 heures) l'a condamné à n'être projeté qu'une seule fois, fin 1967, comme un événement singulier, aussi fugace que la vie qu'il reflétait[6]. Au contraire, *Chelsea Girls* connaîtra, après sa première projection à la Film-Makers' Cinematheque le 15 septembre, un succès public inédit à New York, puis dans les grandes villes américaines : Los Angeles, Dallas, Washington, ou Kansas City. Lors de sa projection à Boston, la police des mœurs saisit les bobines et le directeur de la salle est jugé coupable de quatre infractions à la loi. Warhol était évidemment ravi de ce surcroît de publicité[7]. L'underground tout d'un coup faisait surface grâce à la polémique : «Jusque-là, l'attitude générale vis-à-vis de nos productions se reflétait dans des commentaires comme *artistique*, *kitsch*, *chiqué*, ou plus simplement *chiant*. Mais après *Chelsea Girls* des mots comme *dégénéré*, *inquiétant*, *homosexuel*, *drogué*, *nu* et *réel* nous furent régulièrement associés[8].»

Warhol a alors feint de croire que ses productions pourraient s'intégrer dans les réseaux de l'industrie cinématographique. Le désir qu'il avait manifesté (à l'occasion de son exposition à la galerie Sonnabend, à Paris, en mai 1965) d'abandonner la peinture pour se consacrer entièrement au cinéma semblait, du point de vue économique, pouvoir se réaliser. Mais il n'était évidemment pas dupe de ses propres ambitions dans ce domaine. Par sa structure, son absence de scénario, sauf pour deux séquences («Hanoi Hannah», #5, et «Their Town», #10), la qualité médiocre de la bande-son (due au système d'enregistrement direct optique de la caméra Auricon), *Chelsea Girls* reste loin des standards du cinéma commercial. Mais surtout, ses thèmes, fondamentalement immoraux aux yeux de l'establishment, restent ceux de la Factory, c'est-à-dire de cette faune mélangée de marginaux qu'observe Warhol sans relâche : la drogue est omniprésente, les relations sadomasochistes semblent de règle, le narcissisme s'y fait envahissant, toutes choses contraires à la tolérance hollywoodienne. Nous assistons à l'interminable prologue d'un thriller qui pourrait être titré *La Clinique du Docteur Warhol*, où le cinéaste observe d'un œil impassible ses sujets sans la moindre intention d'aller au-delà du diagnostic.

Le tournage, en 16 mm, a lieu entre juin et septembre 1966 au Chelsea Hotel de la 23e rue Ouest à Manhattan, à la Factory et dans d'autres appartements, dont celui occupé par les membres du Velvet Underground. «Pendant tout l'été, nous avions filmé les courtes scènes d'intérieur que nous avons ensuite combinées ensemble pour produire *Chelsea Girls*, en y faisant jouer tous ceux qui traînaient par là. [...] J'avais eu l'idée d'unifier quelques fragments de la vie de ces gens en les regroupant comme s'ils vivaient dans différentes chambres du même hôtel[9].» Le Chelsea Hotel, immeuble de douze étages construit en 1883 dans ce qui était alors le quartier des théâtres, était légendaire pour avoir abrité des personnalités de la littérature, du cinéma, de la musique rock. Certains des acteurs du film en étaient locataires, souvent à l'année, mais, surtout, Warhol choisit de déterminer l'unité de lieu de son film par ce monument mythique de la New York bohème.

On y retrouve successivement les superstars Nico, Ondine, Brigid Berlin, Ingrid Superstar, Ed Hood, International Velvet (Susan Bottomly), Mary Woronov, Gerard Malanga, Mario Montez, et d'autres qui gravitent dans l'univers warholien, comme le critique René Ricard, Angelina Davis, Patrick Fleming, la cinéaste Marie Menken, Ronna Page ou le danseur Eric Emerson, que Warhol vient de découvrir au cours des performances de l'Exploding Plastic Inevitable, au Dom de St Mark Place. Tous jouent, dans le film, leur propre personnage : ils ont pris l'habitude d'évoluer au quotidien sur le plateau de la Factory, de sorte que la présence de la caméra et des éclairages a pris depuis longtemps un caractère habituel et n'est pas en mesure de modifier leur comportement. «On obtient une bien meilleure image des gens quand ils sont eux-mêmes, plutôt que lorsqu'ils essaient de jouer ce qu'ils sont[10].»

Si la caméra ne trouble pas outre mesure ceux qu'elle filme, le spectateur, lui, ne peut jamais l'oublier : zooms intempestifs, panoramiques, effets de flou, sur et sous-expositions. Sa présence, à la fois candide et perverse, est rendue encore plus envahissante par l'usage de stroboscopes ou de filtres colorés et par quelques regards caméra hasardeux. Elle impose sa logique et vampirise les acteurs ou, devrait-on dire, les *actants*[11]. Et ce d'autant plus qu'elle demeure toujours très proche dans l'espace exigu des chambres – et quand certaines séquences (comme la onzième, avec Ondine) sont tournées dans l'espace plus dégagé de la Factory, l'effet d'enfermement est préservé par un éclairage directionnel.

L'autre aspect essentiel tient bien évidemment à la multiprojection, employée avant Warhol dans des contextes et pour des finalités si différentes que les comparaisons seraient périlleuses[12]. Il est cependant probable qu'il en ait eu connaissance, comme le donne à penser sa toute première installation filmique au Lincoln

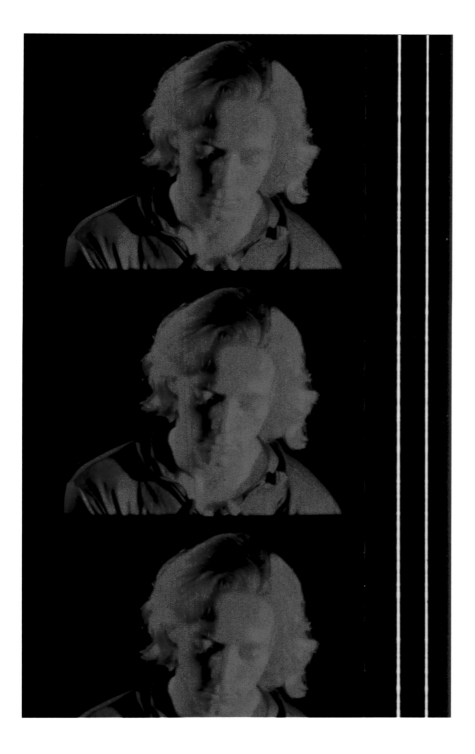

Andy Warhol
Chelsea Girls
1966

Center's Philharmonic Hall, en 1964, en collaboration avec La Monte Young[13]. Warhol lui-même a plusieurs fois employé ce dispositif dans des circonstances variées. *More Milk Yvette* (également intitulé *Lana Turner*) a parfois été présenté en double écran, en février 1965, ainsi que *Lupe*, tourné en décembre, avec Edie Sedgwick et Billy Name (les instructions précisent que le film peut être projeté sur un écran en 72 minutes ou sur deux en 36 minutes). Pour *The Bed* (octobre 1965), deux caméras, l'une frontale, l'autre à 45°, filmaient simultanément les mêmes scènes. En janvier 1966, *Outer and Inner Space* (tourné l'été précédent) a en revanche été d'emblée conçu pour cette configuration : Edie Sedgwick y dialogue avec sa propre image diffusée sur un moniteur vidéo, vertigineuse mise en abyme de l'égérie de l'année 1965 ; mieux que les paroles proférées, le dispositif véhicule le désarroi profond et les troubles identitaires d'Edie. Il faut enfin rappeler qu'au cours des performances de l'Exploding Plastic Inevitable, il lui arrivera de projeter simultanément deux ou trois films sur la scène où se produisait le Velvet.

Pour *Chelsea Girls*, le double écran répond à des impératifs pratiques (réduction de 6 heures 30 à 3 heures 15). «On avait tellement de rushes – je ne faisais pas de montage à l'époque – que le film aurait duré beaucoup trop longtemps sous cette forme. En projetant deux bobines simultanément, il était possible de diviser le temps de projection par deux, et de s'éviter un travail de montage très ennuyeux. Après avoir vu le film projeté sur deux écrans, je me suis rendu compte qu'il était effectivement possible de comprendre simultanément plus d'une histoire ou d'une situation[14].» Dans un autre entretien, il précise : «J'utilise le double écran parce que de cette façon il y a deux films en même temps. [...] Comme ça les gens peuvent se défouler sur deux choses à la fois.» Le paradoxe tient à ce que le double écran produit un effet de condensation, mais que, en même temps, il permet d'éprouver les différentes modalités de contiguïté et les conflits entre une image et une autre.

Il n'est pas inutile, à ce point, de brièvement considérer la répétition dans son œuvre de peintre. Warhol a toujours conçu l'image en tant qu'elle est destinée à être reproduite, c'est-à-dire dupliquée et répétée. «J'aimais la façon dont la répétition modifiait l'image elle-même», dit-il à propos de ses premiers tableaux[15]. *Before and After* (1961), qui reprend une annonce publicitaire, joue explicitement des différences entre les deux images d'un même individu. La juxtaposition n'est évidemment pas neutre puisqu'elle implique une narration, aussi succincte soit-elle. Avec ses premiers portraits sérigraphiés, à l'été 1962, Warhol va étendre le principe de la répétition et tirer délibérément parti des défauts de la technique, qui d'une même image en produit toujours une autre version, une autre vision. C'est singulièrement le cas avec les portraits de *Marilyn* (septembre 1962) et de *Liz* (versions de juin-juillet 1963). L'empreinte du cinéma va devenir de plus en plus évidente avec la série des *Elvis*, dont la figure est sérigraphiée en plusieurs exemplaires sur un seul rouleau de toile, livré à la Ferus Gallery en 1963. Par ailleurs, les séances de Photomaton, en 1963 et 1964, et les photographies cousues, dans les années 1980, explorent de façon très explicite la frontière fluctuante entre image répétée et succession cinématique.

Andy Warhol
Outer and Inner Space
1965
© 2012, The Andy Warhol Museum,
Pittsburgh, PA, a museum of Carnegie

Et pour achever de brouiller les cartes, avec les *Screen Tests* (1964-1966), le film est paradoxalement contraint à la fixité : *Ut pictura cinema.*

Les films de Warhol sont entourés de légendes et font l'objet de descriptions erronées qui tendent à accréditer l'idée que son cinéma serait d'inspiration post-dadaïste et «cagienne». On peut ainsi lire qu'il n'aurait prévu aucune instruction pour la projection de *Chelsea Girls*. Stephen Koch va même jusqu'à faire du projectionniste un disc jockey, qui devient ainsi un «collaborateur» de l'auteur en disposant à sa guise d'un matériau filmique indifférencié[16]. *Exit* les correspondances de situations, les résonances formelles, chromatiques... La légende concernant le caractère aléatoire du film trouve sans doute son origine dans un propos de Warhol rapporté par Grace Glueck dans le *New York Times* du 8 juillet 1967, à propos de ****: «Monsieur Warhol a expliqué que les bobines introduites dans les projecteurs étaient "choisies au hasard". Pour les cinéphiles convaincus présents dans la salle, il était évident que le projectionniste devenait un artiste au même titre que le réalisateur et le cadreur[17].»

Jonas Mekas conserve dans ses archives des instructions dactylographiées qui ne laissent aucun doute sur la volonté de Warhol de construire son film et d'en garantir la cohérence. En particulier les indications sur la diffusion des deux bandes sonores, dûment alternées de manière à éviter toute cacophonie, sur les délais entre les départs de l'un ou l'autre projecteur[18]. En outre, cette cohérence se révèle aussi dans les rapports étroits et évidents entre les deux écrans, avec un souci de la symétrie notable dans les deux premières séquences et les deux dernières, dans le parallèle des séquences 3 et 4, avec deux groupes distincts, le parallèle plus évident encore entre les séquences 5 et 6, dont Mary Woronov est, sous le nom de Hanoi Hannah, la principale protagoniste, la complémentarité des séquences 9 et 10, où le groupe sur l'écran gauche tourne ses regards vers le spectacle offert par Eric Emerson à droite.

Le sens de l'espace dans chaque écran est modifié par le voisinage de l'autre, tout comme, bien entendu, le sens de la durée dans ces plans-séquences d'environ 30 minutes chacun. Si l'on peut dire des *Screen Tests* qu'ils visaient, à l'instar de la peinture, à déployer un présent éternel, *Chelsea Girls* a l'ambition, en apparence plus modeste, de déployer un présent perpétuel, qui se maintient au rythme imprévisible de convergences et de disjonctions entre les deux écrans, mouvement dialectique privé de synthèse. Et tout se passe comme si, encapsulé dans ces séquences non éditées où sont confondues durée réelle et durée filmique[19], le devenir sans finalité, tout occupé de lui-même, était constitué comme un flux ininterrompu. Il serait inapproprié de parler d'identification : cependant, une sorte d'équivalence à la perception dilatée du temps qu'ont les acteurs sous l'emprise des amphétamines est offerte au spectateur.

Enfin, ce n'est pas le moindre des paradoxes de *Chelsea Girls* que de déployer, avec une incroyable vitalité, les conditions de l'épuisement : celui de la pellicule, celui de la capacité de résistance psychique et physique des sujets filmés, et celui du spectateur lui-même, qui, continuant de se dire qu'il n'en verra pas la fin, est engagé dans un suspense primordial.

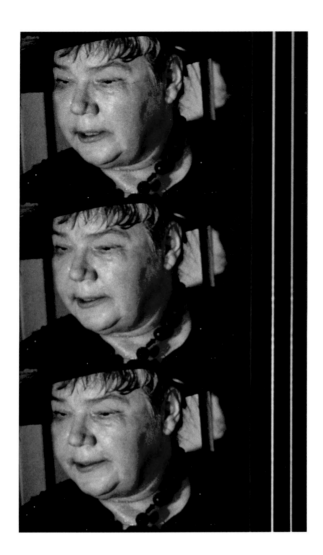

Andy Warhol
Chelsea Girls
1966

NOTES

1. Matt Wrbican, Geralyn Huxley, *Andy Warhol*, Paris, Gründ, 2009, p. 16.

2. Andy Warhol, *Entretiens 1962/1987*, Paris, Grasset, 2005, p. 87.

3. Victor Bockris, *Warhol*, Londres, Frederick Muller, 1989 ; rééd. New York, Da Capo Press, 1997, p. 225. Ce film sera *Kitchen*, tourné en juin 1965.

4. Andy Warhol et Pat Hackett, *Popisme. Les années 60 de Warhol,* Paris, Flammarion, 2007, p. 59.

5. *Ibid.*, p. 57.

6. Comme **** reste invisible, il est impossible d'établir des rapprochements plus détaillés entre les deux opus.

7. David Bourdon, *Warhol*, Paris, Flammarion, 1989, p. 254.

8. Andy Warhol et Pat Hackett, *Popisme, op. cit.,* p. 231.

9. *Ibid.*, p. 226.

10. Andy Warhol, *Entretiens 1962/1987, op. cit.*, p. 142.

11. Ou même les *tiers actants,* « au bénéfice ou au détriment [desquels] se fait l'action », dans les termes du Trésor de la langue française.

12. Citons toutefois le *Napoléon* d'Abel Gance, 1927, qui utilise la polyvision (jusqu'à neuf images simultanées) pour des effets graphiques et narratifs coordonnés ; les *Vortex Concerts* de Jordan Belson et Henry Jacobs, entre 1957 et 1959 ; la présentation de *Think*, de Charles et Ray Eames, en 1964, dans le pavillon IBM à la New York World's Fair.

13. Voir Branden Joseph, « My Mind Split Open: Andy Warhol's Exploding Plastic Inevitable », *Grey Room,* nº 8, 2002.

14. Andy Warhol, *Entretiens 1962/1987, op. cit.*, p. 141.

15. *Ibid.*, p. 203.

16. Stephen Koch, *Stargazer: Andy Warhol's World and His Films*, New York, M. Boyars, 1985. Trad. française: *Hyper star. Andy Warhol, son monde et ses films*, Paris, Éditions du Chêne, 1974.

17. Cité par Jon Gartenberg, « Restaurer l'héritage cinématographique d'Andy Warhol », dans *Andy Warhol Cinéma*, Paris, Éditions Carré, 1988, p. 243.

18. Il existe une marge de manœuvre variable d'une projection à l'autre en ce qui concerne le lancement de chaque bobine. Mais les rapports entre les deux écrans, qui ne sont en effet pas synchronisés au sens technique du terme, ne souffrent pas de ces légers décalages.

19. Selon les termes d'Adriano Aprà et Enzo Ungari, « Introduction à la méthode de Warhol », dans *Andy Warhol Cinéma, op. cit.*, p. 132.

FLICKERS

TONY CONRAD | THE FLICKER | 1966

JOHN CAVANAUGH | BLINK (FLUXFILM No 5) | 1966

PAUL SHARITS | PIECE MANDALA / END WAR | 1966

THE FLICKER

C'est à la fin des années 1990, au moment de la vogue des Pokémons, dont la version télévisée était réputée produire des crises d'épilepsie chez les enfants japonais, que le film de Tony Conrad a connu un regain d'actualité. Un avertissement figure sur le carton liminaire :

« Le producteur, le distributeur et l'exploitant déclinent toute responsabilité pour les dommages physiques ou mentaux que *The Flicker* pourrait causer. Dans la mesure où le film peut provoquer des crises d'épilepsie ou des troubles nerveux mineurs chez certaines personnes, les spectateurs qui restent dans le cinéma le font à leurs risques et périls. Un médecin sera présent dans la salle. »

Le carton (interminable) est curieusement dessiné dans un style graphique qui rappelle les dessins de Jack Smith, ce qui semble en contradiction avec le caractère abstrait de *The Flicker* – mais la contradiction n'est qu'apparente : le film de Conrad a été produit dans le contexte de la culture underground new-yorkaise des années 1960. Collaborateur de La Monte Young à partir de 1962, Conrad est également l'auteur des bandes-son du *Flaming Creatures* de Jack Smith – dans lequel il apparaît d'ailleurs – et du *Chumlum* de Ron Rice.

Le flicker film peut certes produire des crises d'épilepsie ou, plus banalement, des maux de tête ou des nausées, mais il peut aussi, incidemment, produire du plaisir. C'est ainsi que l'on a pu voir dans le film de Conrad, parce qu'il repose sur une

Tony Conrad
1940, Concord (États-Unis)
The Flicker
1966
Film 16 mm noir et blanc,
sonore, 30'
Achat 2004
AM 2004-F3

John Cavanaugh
1921, Sycamore (États-Unis) -
1985, Washington (États-Unis)
Blink (Fluxfilm No 5), 1966
Film 16 mm noir et blanc,
silencieux, 2'30"
Achat 1994
AM 1994-F1267 (5)

Paul Sharits
1943, Denver (États-Unis) -
1993, Buffalo (États-Unis)
Piece Mandala / End War
1966
Film 16 mm couleur,
sonore, 5'
Achat 1999
AM 1996-F1347

rhétorique de l'intensification, une métaphore de l'acte sexuel – dont Sharits, dans *Piece Mandala*... fait le totem du mouvement discontinu de l'image. On a pu également dire qu'il proposait une expérience hallucinogène analogique ; ce que corrobore en effet l'organisation du film, à mi-chemin du calcul (Conrad est diplômé de mathématiques de l'université Harvard) et de l'expérience psychédélique. Dans *Film Culture*, en 1966, Tony Conrad écrivait : «En 1962, je m'aperçus pour la première fois que je pouvais provoquer des semi-hallucinations fantastiques et des effets hypnotiques en produisant des flickers au moyen d'un projecteur 16 mm modifié[1].»

Pour réaliser son flicker, Conrad a filmé alternativement des images noires et blanches en masquant son objectif pour obtenir des cadres noirs et en tendant des feuilles de papier immaculées pour obtenir des cadres blancs, puis agencé l'ensemble en sections de longueurs différentes. Il relate ainsi la réalisation du film, qui comporte environ 40 000 photogrammes : «J'ai emprunté une caméra à un type qui depuis est allé en prison et j'ai commencé par tourner une première série de 4 000 images en deux jours. Le reste pouvait être fait au labo, mais ce qui revint était évidemment dans un désordre complet. Restait l'essentiel, le travail de montage : il s'agissait de faire à peu près 600 collures[2].» Les collures qu'il effectua à la colle à la Filmmakers Coop de New York se défirent toutes. Conrad décida alors de les refaire, mais au scotch, technique certes plus primitive mais qui lui permettait, ne nécessitant qu'un équipement sommaire, de pouvoir travailler chez lui. Chaque collure prenait environ 10 minutes, soit 6 000 minutes pour 600 collures, soit mille heures. Le film, qui a coûté entre 200 et 300 dollars (on ne compte pas les heures de travail), est divisé en quarante-sept motifs qui se répètent une ou plusieurs fois : il n'y a pas de progression arithmétique ou de dispositif systématique manifeste : rien n'apparaît sur l'écran sinon un événement de lumière intermittente structuré comme un passage progressif et circulaire de 24 à 4 puis à 24 images blanches par seconde : «L'effet que je voulais obtenir était un mouvement continu conduisant d'une absence de percussion stroboscopique vers une zone où le cerveau serait envahi par la texture dramatique des combinaisons [*patterns*] qui s'enchaînent, pour revenir, presque imperceptiblement, au point où la réalité apparaîtrait de nouveau[3].»

La bande-son du film est une musique électronique composée à partir de sons à la limite de l'audible, obtenus et agencés de manière artisanale, et de rythmes très rapides, qui peuvent éventuellement renvoyer au bruit d'un avion, d'un tracteur ou d'une locomotive. Cette sonorisation a été conçue selon la même logique intermittente que la lumière, et cela bien que les deux systèmes ne soient pas interdépendants.

Dans ce même entretien publié dans *Film Culture,* à Toby Mussman qui lui demandait si son intention n'était pas explicitement de «produire des hallucinations non représentationnelles[4]», Conrad répondait : «Absolument. En termes de variation colorée et de configuration abstraite, quelque chose comme ce que l'on voit quand on ferme les yeux et que l'on appuie légèrement sur ses paupières[5]». *The Flicker* est donc un film réalisé sans caméra, sans table de montage et qui, de surcroît, peut se

Tony Conrad
The Flicker
1966

voir les yeux fermés. Et Toby Mussman de relever : «Je n'ai pas seulement ressenti le changement de couleurs d'une manière complètement abstraite, j'ai aussi eu la sensation que l'écran bougeait et grandissait et que l'espace environnant, le cinéma tout entier était complètement instable[6].» Conrad : «Les images viennent vers toi depuis la surface blanche de l'écran et ne naissent pas, comme dans la cinématographie traditionnelle, de l'impression en gris et blanc ou en couleur[7].»

En provoquant des effets qui ne sont pas effectivement inscrits sur la pellicule, le flicker acquiert une dimension réflexive : il isole le spectateur dans l'expérience solipsiste d'une vision sans objet. Aux limites de la douleur, disait Hölderlin dans un déplacement génial de l'esthétique kantienne, il y a les conditions pures de l'espace et du temps[8]. L'inconfort ou le malaise que le spectateur peut ressentir à la vision des flickers a une fonction transcendantale : le clignotement sollicite de manière paradoxale l'appareil sensoriel, et ces sollicitations mêmes sont celles qui permettent de dresser la carte de cet appareil. L'éblouissement est un oxymore visuel ; il se situe aux limites extrêmes de la vision, là où, selon Aristote, le sensible détruit la sensation, la clarté absolue se transforme en image noire ; reste le battement pur de la clarté et de l'obscurité, qui apparaît alors comme la condition indépassable de l'expérience filmique.

NOTES

1. «On The Flicker», *Film Culture*, n° 41, été 1966. Après *The Flicker* de 1966, Conrad réutilisera le *flicker effect* dans *The Eye of Count Flickerstein* (1966), *Straight and Narrow* (1970) et *Four Square* (1971). Entre 1968 et 1970, il réalisera également un long-métrage de fiction dans lequel il emploie des flickers, *Coming Attractions*. Sur Tony Conrad, voir désormais Brandon Joseph, *Beyond the Dream Syndicate: Tony Conrad and the Arts after Cage*, New York, Zone Books, 2008.

2. *Ibid.*
3. *Ibid.*
4. Toby Mussman, «An Interview with Tony Conrad», *Film Culture*, n° 41, été 1966, p. 4.
5. *Ibid.*
6. *Ibid.*
7. *Ibid.*
8. Friedrich Hölderlin, «Remarques sur Œdipe», *Œdipe de Sophocle*, traduit de l'allemand par P. Lacoué-Labarthe, Paris, Christian Bourgois, 1998, p. 225.

BLINK (FLUXFILM No 5)

Empreint de l'esprit Fluxus, le film de Cavanaugh écarte, au contraire de *The Flicker* de Tony Conrad, toute volonté expressive. Construit sur l'alternance régulière de photogrammes noirs et blancs isolés s'enchaînant à la vitesse d'un vingt-quatrième de seconde, ce «Film-Wallpaper» obéit à la rigoureuse planéité que définit William Morris, en Angleterre à la fin du XIXᵉ siècle, dans la fabrication des papiers peints. «Après [...] la forme [la plus simple] vient celle de damiers et carrés d'une couche non foliée, pour ainsi dire, qui n'est qu'une allusion à une possible construction du mur quand il n'est pas en lui-même constructif. De là nous avons les couches faites de lignes, soit rectilignes soit prenant la forme de cercles se touchant les uns les autres. Nous avons maintenant abandonné l'idée de blocs constructifs ou de courbes, et suggérons peut-être le striage de lignes sur la surface du mur joint à l'incrustation, peut-être[1]...»

John Cavanaugh
Blink (Fluxfilm No 5)
1966

NOTE

1. William Morris, «Some Hints on Pattern-Designing», *The Collected Works of William Morris*, May Morris (ed.), vol. XXII, New York, 1966, cité dans Joseph Masheck, *Le Paradigme du tapis. Prolégomènes critiques à une théorie de la planéité*, traduit de l'américain par Jacques Soulillou, Genève, Mamco, 2011, p. 45-46.

Paul Sharits
*Piece Mandala/
End War*
1966

PIECE MANDALA / END WAR

Dans son article consacré au cinéma non-représentationnel, «Making Film for the Inner Eye», William C. Weeze évoque les expériences menées au début des années 1970 par Edward Small et Joseph Anderson sur la persistance rétinienne. Il revient en particulier sur cette remarque faite par les deux cinéastes concernant les effets perceptifs produits par la projection d'un film basé sur l'alternance d'images noires et de cercles blancs. Ils expliquent que les spectateurs virent apparaître des motifs colorés qui ne se trouvaient pas effectivement inscrits sur la pellicule. Et lorsqu'ils leur demandèrent de dessiner ce qu'ils avaient vu, la plupart tracèrent des cercles contenant des motifs symétriques et géométriques caractéristiques des mandalas[1], sans même avoir jamais entendu parler de ce type de représentations[2]. Selon Sharits, le *flicker* est effectivement le véhicule d'une expérience méditative et visionnaire qui s'apparente à celle des mandalas tibétains, à laquelle invite précisément *Piece Mandala / End War*.

Un point clignotant au commencement du film, produit de l'alternance, image par image, d'un point noir sur fond blanc et d'un point blanc sur fond bleu, introduit à ce que Sharits appelle «la circularité et la simultanéité», éléments fondamentaux permettant au mandala d'introvertir la perception. Il s'agit de mettre en scène la continuité dans la discontinuité, la séparation dans l'union. À cette séquence clignotante succède une image fixe bicolore bleu et blanc d'un homme et d'une femme accouplés (l'homme au-dessus, appuyé sur les mains et les genoux, la tête inclinée entre les jambes de la femme) soumise à une succession de répétitions et de permutations ultra-rapides : quand la tête de l'amant est orientée vers la gauche, le fond est noir dans la moitié supérieure et blanc dans la moitié inférieure de l'image selon un rapport de deux tiers / un tiers – ratio fondamental de la composition du plan pictural comme du plan cinématographique ; quand la position de l'homme s'inverse, le fond s'inverse également, blanc en haut et noir en bas. Lorsque les plans des amants pris selon des angles opposés alternent image par image, le fond clignote en gris, ou semble défiler à la verticale, tandis que les deux corps tournent sur eux-mêmes à l'horizontale ; lorsque le flicker s'accélère, ils se confondent en une entité unique hérissée de bras, de jambes et de têtes. À intervalles irréguliers, le battement s'intensifie : les corps en noir et blanc des amants sont traversés de subtiles nappes de couleurs vibrantes, produites par l'insertion de photogrammes de couleur isolés. Tout comme l'image, la bande-son est un mix de sons figuratifs et abstraits, un *cut up* de dialogues et de musique entrecoupés de bruits. Le film se termine sur une vibration exaspérée obtenue par l'alternance de trois photogrammes brièvement répétés : un point blanc sur fond noir / un point noir sur fond blanc / une image jaune.

Au milieu du film néanmoins, la circularité et la simultanéité sont brisées par l'image clignotante d'un homme (Sharits) dirigeant un pistolet contre sa tempe et pressant la détente. La trajectoire de la balle est représentée par une série de traits blancs animés qui dessinent une flèche venant frapper la tempe du cinéaste avant de refluer. Cette boucle où se fondent le motif de l'auto-destruction et celui de l'éternel retour se présente comme une ligne verticale divisant le mandala-film. Mais le geste du cinéaste pourrait tout autant vouloir répondre à la vitesse affolante du défilement et pointer la violence perceptuelle de l'effet flicker. « Le projecteur est un pistolet audio-visuel », écrit Sharits dans une note sur *Ray Gun Virus*, « l'écran et la rétine sont une cible. Le but : l'assassinat temporaire de la conscience normative du spectateur[3]. » Jean-Claude Lebensztejn, dans un entretien réalisé avec Sharits en 1983, remarquait : « D'une manière générale, il semble que tu recherches des polarités extrêmes – comme la non-représentation et la représentation multiple, l'angoisse mêlée à l'humour et à la sensualité, la compression et l'expansion temporelle – et que tu essaies de les mettre ensemble[4]... » Ce à quoi Sharits répond : « Les flickers sont en partie des films sur l'angoisse, sur mon angoisse. [...] Mais j'ai aussi le sentiment inverse que certaines pulsations chromatiquement saturées sont agréables et apaisantes, pour autant qu'on ne s'y oppose pas. Elles peuvent représenter des états internes énergétiques qu'on éprouve dans la méditation ; vibrantes, mais calmes[5]. » Le mandala de Sharits résout les dichotomies noir/blanc, couleur/achrome, gauche/droite, bas/haut, commencement/fin, masculin/féminin : il tient ensemble les deux extrêmes du spectre pathétique qu'il fait, en quelque sorte, clignoter ensemble : d'un côté, violence, angoisse et auto-destruction, et de l'autre, accord et fusion. Et Sharits de décrire également les flickers comme « un accord temporel de couleurs[6] » :

« J'aime l'expérience de la pure couleur. Pourtant, je trouve que si je regarde une couleur très définie, mon esprit reconnaît cette couleur et m'empêche de me perdre totalement en elle. Si bien que je tends à préférer des couleurs qui sont à côté, qui sont un peu moins définies. J'aime en particulier certains passages dans les peintures de Monet parce qu'en regardant ces zones, on se rend compte après quelque temps qu'il y a une multitude de couleurs en interaction, et on ne peut pas s'arrêter sur l'une ou sur l'autre. C'est comme de goûter une couleur ; c'est quelque chose de très physique. Un bleu pur fait plaisir, mais il a une telle définition qu'il n'a pas le pouvoir de m'engager sensuellement. L'une des raisons qui m'ont fait travailler avec le clignotement de couleurs était que je voulais créer des couleurs indéfinies, alterner, disons, trois couleurs de façon qu'en regardant cet effet chatoyant, l'esprit ne puisse pas le fixer ; on ne peut dire si c'est jaune, orange ou violet ; c'est une fusion constamment impossible. Pas vraiment une fusion, mais ça va trop vite pour qu'on puisse individualiser les tons. On entre dedans et on savoure cela comme si on voulait le goûter. C'est presque comme si on essayait de toucher quelque chose pour sentir ce que ça fait. C'est très sensuel ; c'est quelque chose qui est en moi, je ne sais pas pourquoi ; et je pense que cela s'est développé sous l'effet de drogues que je prenais dans les années 60, LSD, psilocybine, peyotl, etc. Elles m'ont révélé que ma perception pouvait être beaucoup plus complexe que je ne croyais, et que regarder simplement une couleur dans cet état était une expérience multidimensionnelle. Je regardais de grandes feuilles de couleur pendant que

Richard Serra
Hand Catching Lead
1968

Robert Morris
Gas Station
1969

DOUBLE ÉCRAN 2
ROBERT MORRIS | GAS STATION | 1969
Jean-Pierre Criqui

L'industrie automobile et l'industrie cinématographique se sont développées de concert au XXe siècle. L'épicentre de ces deux inventions européennes se déplaça rapidement aux États-Unis, et l'une comme l'autre entrèrent vers le milieu des années 1970 dans une forme de crise qui les transforma en profondeur. C'est à partir de cette conjonction historique que l'on se propose d'aborder *Gas Station* (1969) de Robert Morris.

Quelques rappels, pour commencer. Lorsque, le 28 décembre 1895, Auguste et Louis Lumière lancent le Cinématographe au Salon indien du Café de la Paix, place de l'Opéra à Paris, en organisant leur première projection publique et payante, l'automobile est elle aussi une idée neuve. Les premiers véhicules équipés du moteur mis au point par Daimler, qu'ils soient allemands (Daimler et Benz) ou français (Peugeot et Panhard), datent de 1890. (Bien que plus d'un siècle se fût écoulé depuis le fardier à vapeur de Cugnot, expérimenté dès 1770, peu de choses s'étaient passées au long du XIXe siècle en matière de locomotion automobile : c'est le train, bien sûr, qui connut un essor extraordinaire durant cette période et l'on sait du reste que ses liens avec le cinéma sont loin d'être négligeables[1].) Il y a ainsi des destins croisés du film et de l'automobile, Hollywood et Detroit valant respectivement comme les sites emblématiques, sur le sol américain, de ces deux techniques de la modernité. Tout comme l'apparition du chemin de fer avait suscité un nouveau type de lieu nécessaire à son usage, la gare, lesdites techniques engendrèrent, en un second temps de leur développement, des espaces et des architectures spécifiques : le cinéma, salle et bâtiment confondus ; la station-service (pour ne rien dire du garage et du parking, ou encore du *drive-in,* qui connote idéalement l'affinité dont nous nous autorisons ici).

Sorte d'oasis où *Homo modernus* emmènera se désaltérer sa monture, la station-service fut précédée par la simple pompe à essence installée devant un café, une épicerie, un garage dans le meilleur des cas. Les premiers réseaux de distribution de carburant se mirent en place aux États-Unis dans les années 1900-1910, en Europe dans les années 1920, et ce n'est que progressivement que cette fonction en vint à entraîner des constructions distinctes, autonomes, qui contribuèrent à planter ce que Hubert Damisch, dans un texte consacré à Le Corbusier où il ne manquait pas d'évoquer la question du cinéma, a nommé «les tréteaux de la vie moderne[2]».

Robert Morris
1931, Kansas City (États-Unis)
Gas Station
1969
Film 16 mm couleur,
silencieux, double écran, 33'
Achat 1995
AM 1995-F1317

Contemporain de ce qui constitua pour l'industrie cinématographique la grande époque des studios, l'âge d'or de la station-service, architecturalement parlant, s'étend grosso modo de 1920 à 1970[3]. Celle-ci, qui s'inspira quant à son éclairage nocturne des principes du cinéma expressionniste, est le lieu par excellence d'une certaine vacuité, banalité ou impersonnalité moderne, auquel peut s'attacher néanmoins, conformément à la dialectique de l'inquiétante étrangeté, un sentiment de drame imminent, de tragédie sous-jacente, qu'exploitèrent à l'envi divers films noirs tels que *You Only Live Once* (1936) de Fritz Lang, *The Postman Always Rings Twice* (1946) de Tay Garnett, ou le splendide *Out of the Past* (1947) de Jacques Tourneur, avec Robert Mitchum dans le rôle d'un pompiste incarnant précisément pareil mixte de normalité et de démesure.

Quoi qu'il en soit, hormis les quelques inévitables altercations ou hold-up, c'est bien en tant que scène hautement formalisée d'un spectacle permanent du rien ou du presque rien que la station-service s'est inscrite durablement dans le réel. Idéal d'une architecture moderniste simplifiée, réduite à une pure extériorité et à la mise en œuvre de quelques fonctions basiques, elle a quelque chose de warholien avant l'heure, mêlant indissolublement radicalité et fadeur, théâtralité et ennui. C'est là son *double standard,* pourrait-on dire en reprenant le titre d'une célèbre photographie de Dennis Hopper prise en 1961 à travers le pare-brise de sa voiture et qui montre, à la jonction de deux boulevards de Los Angeles, une station de la marque Standard Oil où deux larges enseignes énoncent le mot « standard » de part et d'autre de la parcelle occupée (à l'entrée et à la sortie).

Un autre Hopper – le peintre Edward Hopper – avait choisi très tôt la station-service comme sujet de certains de ses tableaux et l'avait fait en insistant sur cette ambivalence, ainsi dans une toile de 1940 simplement intitulée *Gas.* On y voit un petit bâtiment Mobilgas au lever du jour ou à la tombée de la nuit. Au centre de la composition, où pas un véhicule n'est visible, se dressent trois grandes pompes à essence surmontées d'un élément sphérique qui ajoute à leur allure anthropomorphe. Un homme de profil, seule figure humaine de l'ensemble, est en train de régler quelque chose sur l'une d'entre elles ; derrière lui la route est vide. Dans « American Quartet », un texte publié en 1981, Robert Morris fera de l'œuvre de Hopper, aux côtés de celles de Pollock, Duchamp et Cornell, l'un des quatre repères majeurs au moyen desquels cartographier l'art moderne américain et soulignera combien ce peintre, mieux que tout autre avant lui, avait su représenter l'aliénation de l'individu au sein d'un environnement industrialisé[4].

Le motif de la station-service tient également une place significative dans l'œuvre d'Ed Ruscha. Un tableau monumental de 1964, *Standard Station, Ten-Cent Western Being Torn In Half,* figure celle-ci selon la même mise en perspective « dramatique » (le point de fuite de l'architecture coïncidant avec l'angle inférieur droit de la toile) que l'artiste avait utilisée deux ans plus tôt pour une composition de format similaire directement inspirée du cinéma, *Large Trademark With Eight Spotlights*, qui s'attache au logo de la 20th Century Fox. D'autres tableaux montrent des stations-service en flammes, ainsi *Burning Gas Station* de 1965-1966, premier du genre et contemporain de la mise en chantier de la grande machine de Ruscha intitulée *Los Angeles County Museum of Art on Fire* (1965-1968), qui représente le musée des beaux-arts de sa ville d'adoption en train de brûler. Là encore, divers échos sont perceptibles, au registre d'un régime spectaculaire généralisé, entre le théâtre de la station-service et l'art ou le cinéma (et leurs lieux respectifs). Mais dès 1963 Ruscha avait célébré cette construction emblématique de l'ère de l'automobile avec son livre fondateur, *Twentysix Gasoline Stations,* portrait photographique, en noir et blanc, d'autant d'établissements le long de la Route 66 entre Oklahoma City et Los Angeles, dans lequel l'absence de toute narration et de tout événement perceptible porte à son maximum d'intensité le « double standard » que l'on évoquait plus haut.

C'est donc sur une composante clé du répertoire iconographique et symbolique du xxᵉ siècle américain que se penche Robert Morris lorsqu'il tourne *Gas Station* en 1969 (la date de copyright apparaissant à la fin du film, 1971, ne se rapporte qu'au moment où furent tirées quelques copies du film). Né en 1931 à Kansas City, installé à New York depuis l'automne 1960 après des débuts comme peintre, à San Francisco, dans la seconde moitié des années 1950, Morris a alors déjà derrière lui une œuvre conséquente qui atteste d'une position sans équivalent au sein de l'art américain. Présent de façon très marquante à la naissance – avant même leur baptême critique – de Fluxus, de l'art minimal et de l'art conceptuel, il est aussi un membre reconnu du courant des happenings et de la nouvelle danse (dont on sait l'importance qu'elle accorde à la *task performance,* à l'accomplissement de simples tâches répétitives, largement dérivées du monde du travail, en guise d'argument chorégraphique). Ne privilégiant en tant qu'artiste aucun médium, il est par ailleurs un critique et théoricien influent, notamment grâce à une série d'essais publiés depuis 1966 dans le magazine *Artforum*.

S'il existe un trait qui unifie cette production extrêmement diverse, c'est une aversion résolue pour le domaine de ce que Duchamp nommait le « rétinien », à savoir le primat optique traditionnellement propre aux arts plastiques et la notion de contemplation qui en découle. Les œuvres de Morris manifestent ainsi toutes une mise au second plan de la visualité, un tropisme marqué vers le « peu à voir ». L'une des premières d'entre elles, datée de janvier 1961, *Box with the Sound of Its Own Making*, est un petit cube de bois contenant l'enregistrement de sa construction, sorte de *À bruit secret* sans mystère et sans qualité particulière, qui coupe court à l'investigation visuelle pour restituer, sur le mode sonore, un segment de « temps réel » d'une durée de trois heures et demie. Dans ce déplacement d'accent en direction de la sphère acoustique, la réflexivité moderniste est mise à mal : l'« essence » de ce que nous voyons se donne à percevoir par l'oreille. La même année, Morris présente *Passageway* dans le loft de Yoko Ono sur Chambers Street. La pièce, la plus grande réalisée par lui jusque-là, est un corridor de contreplaqué peint en gris dont la courbe, longue d'une quinzaine de mètres, va en se rétrécissant et confronte à son terme la

DIXIE, LUPTON, ARIZONA

Robert Morris
Gas Station
1969

personne qui la parcourt à un cul-de-sac en angle aigu – véritable fin de non-recevoir : rien à regarder, rien à faire sinon demi-tour. Une fois de plus, le retour sur soi dont la peinture, notamment celle de l'expressionisme abstrait, était censée procéder, passe par le crible de la littéralité, de la désublimation (et c'est le spectateur lui-même, ainsi que son trajet dans l'espace, qui en deviennent le support et l'image) ; une fois de plus, quelque chose de l'ordre du visible se perd ou s'absente. *Card File,* de 1962, introduit le langage dans le jeu de la réflexivité poussée jusqu'à l'absurde. Les quarante-quatre fiches rédigées par Morris concernent toutes la production du fichier et les circonstances de celle-ci, insistant sur les à-peu-près, les lacunes et les erreurs qui la parsèment[5]. À la fiche *Losses* [«Pertes»], on peut ainsi lire : «Petit paquet de fiches 3 x 5 pouces manquant ; incapable de me rappeler ce qui y était écrit» ; à la fiche *Dissatisfactions* [«Motifs de mécontentement»] : «Que toutes les données pertinentes ne puissent être enregistrées». *Card File* apparaît en définitive comme une machine célibataire à l'efficace toute relative, qui ne fabrique guère que de la déception – ou du rire. Ce mariage d'une méthode de travail délibérément mise en déroute et d'une visualité sans cesse contrariée, fil rouge de la pensée de Morris, connaîtra son apothéose avec les *Blind Time Drawings,* dont la série s'ouvre en 1973[6].

Gas Station a été tourné à Newport Beach, en Californie, où l'artiste résidait temporairement. En face de l'immeuble qu'il habitait alors se trouvait une station-service qu'il a filmée à l'aide de deux caméras placées à la fenêtre de son appartement : l'une enregistrant un plan large de la station (c'est l'image de droite de la double projection que nécessite la présentation de l'œuvre) ; l'autre, à gauche, fouillant la même scène au moyen de différents mouvements de caméra, zooms et changements de mise au point. L'image de gauche procède ainsi à une manière d'anatomie du (non-)spectacle proposé à droite, qui vaut comme une vue, au sens pittoresque du terme, une *veduta*. Fenêtre sur station-service, en quelque sorte. Malgré tout ce qui éloigne Morris de Hitchcock, le clin d'œil en direction de ce dernier et de son *Rear Window* se justifie dans la mesure où c'est bien le paradigme de la surveillance qui prévaut dans *Gas Station,* lequel connote par là immanquablement l'observation photographique à laquelle se livrait le personnage joué par James Stewart dans le film de 1955.

Mais, cela va sans dire, nul événement digne d'être «surveillé», ou même observé, n'apparaît dans *Gas Station*. La station-service est ici le support de cette aspiration à un art ramené au statut de trace d'une activité ordinaire, dépourvue de visée expressément esthétique, dont témoignait Morris dans nombre de ses œuvres antérieures. Il en résulte une forme de prélèvement qui fait du film, au regard des normes cinématographiques en cours, une somme de négations : pas de récit, pas de son, pas d'acteurs au sens traditionnel, pas de montage. Seul le principe – exceptionnel en soi – de la double projection vient *a contrario* mettre l'accent sur ce refus insistant d'une élaboration du matériau. Qu'il s'agisse de la «Polyvision» expérimentée par Abel Gance avec les trois écrans de son *Napoléon* (1927), ou plus prosaïquement de l'écran divisé en deux du *Chelsea Girls* (1966) de Warhol et Paul Morrissey,

Robert Morris
Card File
11 juil.-31 déc. 1962
Tiroir de fichier métallique monté
sur planche de bois fixée au mur et
contenant 48 fiches cartonnées et indexées
Métal, bois, papier et matériaux divers
68,5 x 27 x 4 cm
Achat 1992
AM 1992-39

Robert Morris
Blind Time IV (Drawing with Davidson)
1991
Mélange de graphite en poudre
et d'huile sur papier
96 x 127 cm
Achat 2005
AM 2005-66

les précédents à cet égard allaient dans le sens d'une complexification, voire d'une saturation perceptuelle. Rien de tel avec *Gas Station,* qui n'offre à notre examen qu'un constat d'indifférence.

Gas Station fait partie d'un groupe de quatre films tournés en 1969, les premiers apparemment conservés par l'artiste, et de même que *Slow Motion*, *Finch Project* ou *Mirror*, il convient de l'envisager comme une expérience d'ordre avant tout processuel et non comme un quelconque objet fini (ce que n'est aucun d'entre eux, puisque leur auteur avait d'abord eu l'idée, qui resta sans suite, de leur adjoindre ultérieurement une bande-son). 1969 est aussi l'année où Morris présente dans l'entrepôt new-yorkais de la galerie Leo Castelli, pendant trois semaines, une vaste installation intitulée *A Continuous Project Altered Daily,* qu'il recompose, réordonne ou plutôt bouleverse chaque jour et qui sera démantelée à l'issue de l'exposition. S'il doit être rattaché aux conceptions de John Cage (avec qui une correspondance fut échangée dès 1960[7]), un tel appel aux notions d'impermanence et de quotidien témoigne également d'une prise de position politique de la part de Morris, alors désireux de se détourner de l'œuvre d'art en tant que denrée marchande et de considérer les lieux réservés à l'art, musées ou autres, comme de véritables espaces de travail et de production. Cela devait être tout l'enjeu de son exposition personnelle au Whitney Museum de New York en 1970, «Robert Morris. Recent Works», qu'il fera du reste fermer deux semaines avant la date prévue en guise de protestation contre le gouvernement Nixon, qui venait notamment d'ordonner le bombardement du Cambodge[8]. Peu de temps après Morris aurait ces mots, que l'on laissera résonner en écho à *Gas Station* : «J'aimerais mieux me casser le bras en tombant d'une plateforme que de passer une heure dans la contemplation détachée d'un Matisse. Nous sommes devenus aveugles à force de trop voir[9].»

NOTES

1. Voir notamment le livre de Lynne Kirby, *Parallel Tracks. The Railroad and Silent Cinema,* Durham, Duke University Press, 1997.

2. Hubert Damisch, «Les tréteaux de la vie moderne», dans Jacques Lucan (dir.), *Le Corbusier, une encyclopédie,* Paris, Centre Georges Pompidou, 1987, p. 252-258. Sur «l'Amérique comme scène», voir également, du même auteur, «La scène de la vie future», dans son recueil *Skyline. La ville Narcisse,* Paris, Le Seuil, 1996, p. 5-127.

3. Voir l'essai d'Arnaud Sompairac, *Stations-service,* Paris, Centre Georges Pompidou, 1993.

4. Texte repris dans R. Morris, *Continuous Project Altered Daily,* Cambridge (MA), The MIT Press, 1993, p. 233-257.

5. Une traduction française de l'ensemble de ces fiches se trouve dans le catalogue *Art conceptuel 1,* Bordeaux, CAPC Musée d'art contemporain de Bordeaux, 1988, p. 28-34.

6. Voir Jean-Pierre Criqui, «Le dessin au cœur des ténèbres. Les *Blind Time Drawings* (1973-2000) de Robert Morris», *20/27,* n° 1, 2007, p. 47-73. Ce texte est la version originale de celui paru en anglais dans le catalogue de l'exposition organisée par nos soins en 2005 au Musée d'art contemporain Luigi Pecci de Prato, *Robert Morris. Blind Time Drawings 1973-2000,* Göttingen, Steidl, 2005.

7. Voir R. Morris, «Letters to John Cage», *October,* n° 81, été 1997, p. 70-79, ainsi que l'excellent texte introductif de Branden W. Joseph, «Robert Morris and John Cage. Reconstructing a Dialogue», *ibid.,* p. 59-69.

8. Sur cette exposition clé de l'époque, voir l'article très informé de Julia Bryan-Wilson, «Hard Hats and Art Strikes. Robert Morris in 1970», *The Art Bulletin,* vol. 82, n° 2, juin 2007, p. 333-359.

9. Cité dans *ibid.,* p. 77.

360°
MICHAEL SNOW | LA RÉGION CENTRALE | 1970-1971
Stéfani de Loppinot

> «*Tandis que la sagesse de l'homme croit œuvrer à un objectif, la sagesse de la Nature le contraint à travailler dans un autre but, très différent et meilleur.*»
> Edwin Abbott Abbott, *Flatland* (1884)

Si l'on se risque à lire un résumé de *La Région centrale* sans rien savoir de son auteur, de son histoire et de ses obsessions, sans se demander, non plus, comment on en arrive à imaginer et à réaliser un projet aussi abracadabrant, au Québec, loin de tout, à l'aube des années 1970, on a toutes les chances de s'attendre à un film rébarbatif au possible, outrageusement conceptuel et peu accueillant : pendant plus de trois heures, une caméra 16 mm Arriflex ficelée sur une machine articulée filme une zone désertique située à quelque cent soixante kilomètres au nord de Sept-Îles ; à l'image, aucune trace de vie humaine ou animale (en tout cas perceptible à l'œil nu), et pour toute végétation quelques touffes d'herbe grillées. Restent des cailloux plus ou moins gros, le bleu du ciel, un lac au loin, tandis qu'une bande-son émet des «bip bip» à intervalles plus ou moins réguliers. Le film a ainsi pu être décrit comme une composition sans âme, entièrement soumise à la technique, virtuose certes (les mouvements de caméra, extrêmement complexes, sont uniques dans leur genre), mais peu attachante.

J'ai dû voir *La Région centrale* une bonne dizaine de fois à présent, et à chaque nouvelle vision la même magie opère : un mélange d'ivresse, de plénitude, de légèreté, d'excitation et de douce mélancolie. Le sentiment d'être l'univers dans sa totalité tout en étant la plus infime de ses parties. Un voyage intérieur sensuel, détaché de toute cérébralité, où la pensée se dissout dans des caresses infinies, bien loin des questions de «concept» ou de «postmodernité». L'expérience qui se joue là est de l'ordre d'une fusion exceptionnelle, proche, à l'évidence, d'un état intra-utérin (l'espace tracé par les mouvements de caméra est une sphère presque complète), un état régressif où tout se construit et reste à découvrir. C'est aussi, dans cette ouverture à un monde qui ne connaît ni haut ni bas, ni début ni fin, une projection vers l'immensité cosmique. Tant pis si ces mots peuvent paraître d'un lyrisme ridicule, ils sont le compte rendu d'une expérience que jamais aucun autre film n'a su me donner.

Comment une telle magie est-elle rendue possible ? Peut-être grâce au fertile mélange de précision, d'obstination et de laisser-faire, cette sincérité mêlée

Michael Snow (Michael James Aleck Snow, dit)
1929, Toronto (Canada)
La Région centrale
1970-1971
Film 16 mm couleur, sonore, 195'
Achat 1975
AM 1975-F0298

d'artifice qu'on trouve dans toute véritable œuvre d'art. La réalisation de la machine a demandé un an de travail à son ingénieur, Pierre Abbeloos[1], qui l'a conçue dans une économie de moyens remarquable. Les photographies de tournage l'ont saisie dans sa simple matérialité, renforcée de gros scotch, rougie par la chaleur, couverte de fils apparents… Aucune esbroufe, rien d'inutile, rien de spectaculaire dans cet assemblage de chaînes, de poulies et de contrepoids aussi modeste qu'intelligent, cette mécanique soigneusement bricolée, d'une impressionnante beauté, qui ne dépasse pas le mètre de haut. Michael Snow avait préparé chaque plan de son film avec la plus grande minutie, décrivant bobine par bobine l'enchaînement des différents mouvements de caméra – telle figure imposée, qu'on croirait issue d'un manuel de machine à coudre (zigzags, vagues, escaliers, créneaux…), devant correspondre à telle minute, telle ouverture de diaphragme, telle vitesse et telle action –, mais cette «partition» a dû s'adapter aux contraintes humaines et climatiques du tournage. Une tempête de neige, survenue la dernière nuit[2], a considérablement modifié la donne, engloutissant la minéralité ancestrale des montagnes, des cailloux et des rochers sous un épais édredon blanc. Les scènes tournées le jour suivant, trop hétérogènes, n'ont donc pas pu être conservées dans le montage final[3]. La nature a manifestement agi pour la bonne cause en changeant brusquement le décor, puisque ces scènes étaient filmées d'un autre point de vue, radicalement différent, incluant une forte présence humaine et la mise à distance du dispositif : il s'agissait d'un prologue burlesque, *non filmé par la machine*, où l'on pouvait voir l'équipe (Michael Snow, son épouse Joyce Wieland – photographe de plateau, cuisinière et nounou pour l'occasion –, Pierre Abbeloos et un technicien son) installer la caméra et, après l'avoir examinée avec attention, lui faire des petits «gouzis gouzis[4]», puis mimer, comme pour une répétition, les futurs mouvements de l'appareil : zoomer/dézoomer (en avançant et reculant), effectuer des rotations (en tournant sur soi comme un derviche), se retrouver la tête en bas (en marchant sur les mains). Cette partie a finalement composé un film à part, *Around la Région centrale*, malheureusement introuvable aujourd'hui[5]. Restent quelques photographies de tournage, où l'on aperçoit Michael Snow, coiffé de son bonnet à pompon, effectuer d'héroïques galipettes dans la neige.

Autre perturbation survenue lors du tournage : la synchronisation entre la bande sonore et les mouvements de caméra – ceux-ci devant réagir aux multiples impulsions magnétiques de celle-là – n'a semble-t-il fonctionné que quelques minutes. La bande-son, finalement créée de toutes pièces après le montage des images, a eu la bonne idée de ne pas lui être synchrone, ou plus exactement de feindre de l'être un premier temps (celui où tout a bien fonctionné ?), avant de s'éloigner vers un univers parallèle, le sien, en toute insouciance. Au cours des dix premières minutes, la caméra, partie d'un angle minimum (elle filme alors au pied de la machine), s'élève par petits à-coups suivis d'un «bip» systématique, ce qui donne l'impression de gravir l'espace comme des marches d'escalier. On découvre peu à peu l'immensité du désert, son caractère austère, ces roches et ces herbes rousses, puis l'on se perd dans un ciel obstinément bleu, sans aucun point de repère. Les bips qu'on a définitivement associés aux échelons gravis par la caméra permettent pourtant de suivre son ascension, de l'imaginer tout au moins, en reconstituant le mouvement « à l'oreille ». Toute cette belle et rassurante logique s'écroule soudain lorsque le rythme s'accélère côté images, alors que rien ne change côté son. Il est possible d'éprouver alors un certain malaise, semblable à celui ressenti devant le doublage d'une publicité pour chocolats Ferrero, en réalisant que la désynchronisation entre le bip et le mouvement s'est durablement installée et qu'il va falloir accepter ce règne de l'imprévisible ; une fois admise, cette absolue liberté de l'image et du son sera des plus sensuelle et stimulante. Il n'y a en fait quasiment rien de « mécanique », c'est un paradoxe, dans *La Région centrale*, au sens où, même si la caméra filme « toute seule », c'est-à-dire sans que personne n'en contrôle le cadre, elle n'en est pas moins soumise aux hésitations, abandons ou obsessions de Michael Snow et Pierre Abbeloos, qui ne captaient rien des scènes filmées et dirigeaient la machine entièrement « au *feeling* », même si de temps en temps ils s'autorisaient à sauter, tels des petits lutins, de derrière le rocher où ils étaient cachés pour jeter un œil sur la machine en pleine action.

Enfin, un phénomène d'une évidence confondante, bien que non prévu là encore, a eu pour conséquence une espèce de petit miracle. La machine n'est pas censée se filmer elle-même, et effectivement ne le fait jamais. Mais, le soleil aidant, son ombre apparaît parfois, dévoilant, l'espace d'un instant, le lent mouvement de l'appareil, ses gracieuses circonvolutions, la majesté de son amplitude. Ces moments d'épiphanie – il y en a quelques-uns au début du film et plusieurs à sa toute fin, mais invisibles tant le rythme s'accélère – sont particulièrement vertigineux, les mouvements de la machine visibles à l'image redoublant ceux de l'image elle-même, dans une sorte de spirale infinie ; plus déstabilisant encore, la projection de cette ombre suggère une autre dimension, jusque-là cachée, qui serait tout à coup trahie par les rayons du soleil. Cette manifestation du *Deus ex machina* (n'est-ce pas l'image de ce qui fait tourner le monde qu'on aperçoit alors ?) n'est pas sans rappeler la fin de *Voyage en Italie*, lorsque l'ombre de la grue où était juché Rossellini surgit au-dessus de la foule, filmant au passage un véritable miracle, qui, et pour cause, n'était pas prévu. Il y aurait sans doute beaucoup de rapprochements à faire entre ces deux œuvres que tout semble opposer, films sans points de repère, flottants, cahoteux, ouverts, dont on ne sait qui mène le jeu, et qui finissent dans une apothéose mystique[6].

La Région centrale a pour principe de se dérouler l'espace d'une journée – dans une unité de lieu et d'action, à la manière d'une tragédie antique –, mais elle n'a aucun scrupule à trafiquer cette belle impression. L'idée de départ était de filmer un peu chaque heure afin de donner l'impression d'une journée en condensé, or ce sont finalement de gros blocs de temps qui ont été tournés, sans se soucier d'un rythme régulier. Des six heures de rushes, trois ont été retenues, ce qui suppose de larges coupes et un montage conséquent. Chaque bobine de pellicule 16 mm dure dix minutes, aucun plan séquence ne peut donc excéder ce relativement court laps de

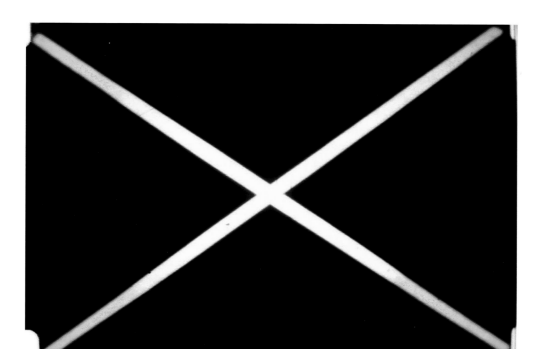

Michael Snow
La Région centrale
1970-1971

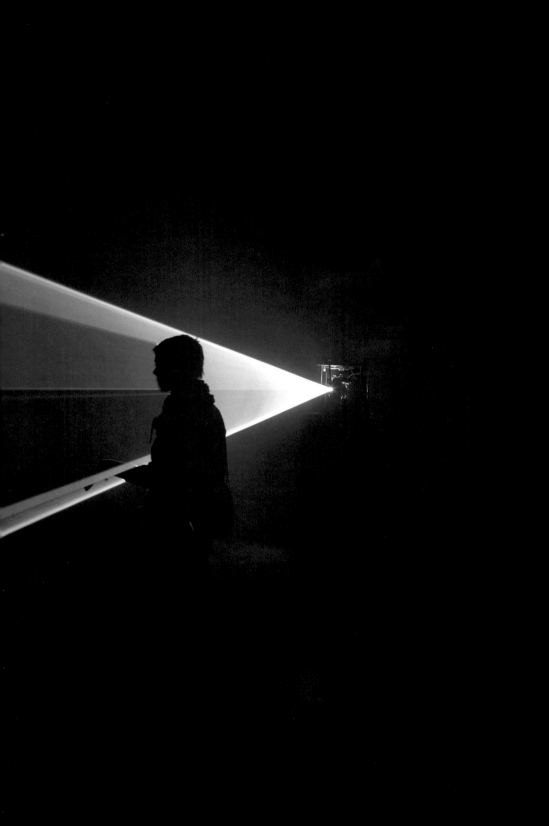

Je trace d'abord sur la surface à peindre un quadrilatère de la grandeur que je veux, fait d'angles droits, et qui est pour moi une fenêtre ouverte par laquelle on puisse regarder l'histoire[2]... »

À l'espace perspectif et illusionniste conventionnel, qui rabat le cinéma sur la peinture, le film de McCall substitue un espace projectif, qui le ramène à la sculpture. Désormais le film n'est plus cette image projetée qui creuse dans la surface du mur une profondeur fictive, mais un champ réellement constitué qui se confond avec l'événement de la projection même. C'est ainsi que le faisceau lumineux découpé dans la fumée d'Anthony McCall, développant les propriétés proprement plastiques du film, passe les frontières de l'histoire du cinéma pour rejoindre les propositions minimalistes de la sculpture des années 1970, et s'inscrire à côté des structures géométriques de Robert Morris, Sol LeWitt ou Carl Andre, des champs colorés de Dan Flavin, ou des fils de coton coloré tendus dans l'espace de Fred Sandback.

NOTES

1. Anthony McCall, note écrite pour le festival de Knokke-le-Zoute, 1974, cité dans « Line Describing a Cone and related films », *October*, n° 103, hiver 2003, p. 43.

2. Leon Battista Alberti, *De pictura*, livre I, trad. Jean-Louis Schefer, Paris, Macula, 1992, p. 115.

LE GRAIN DE L'IMAGE
NATHANIEL DORSKY | PNEUMA | 1977-1983 | ALAYA | 1976-1987

Réalisé sur une période de deux décennies, sans caméra, et sans manipulation directe, *Pneuma* est uniquement composé de pellicules périmées inversibles – dont les procédés ont tous disparu durant les années 1970 –, qui, chacune, présentaient des qualités particulières : Gevaert couleur et noir et blanc, Fuji high speed color, Ilford couleur et noir et blanc, Kodak 1928 noir et blanc, Kodachrome I et II, Ansco noir et blanc, Anscochrome, Dynachrome... Il y a environ vingt émulsions différentes dans *Pneuma*, développées sans aucune impression. Dorsky n'a pas utilisé de filtres, le simple virage des pellicules à différents stades de péremption suffisant à produire des colorations bleues ou vertes, à tel point que la distinction entre pellicule noir et blanc et pellicule couleur n'a plus cours. À l'époque de la réalisation de *Pneuma*, Dorsky traversait une période assez sombre de son existence. Il travaillait à Los Angeles pour l'industrie du cinéma et n'éprouvait aucun désir d'utiliser de la pellicule neuve pour réaliser des images, comme si le refus de l'image, c'est-à-dire le désir de monochrome, avait, en son fond, partie liée avec la mélancolie. Dorsky se souvient avoir utilisé un rouleau de vieille pellicule qu'il fit développer sans l'avoir terminé : « La seule chose vraiment belle », dira-t-il, « était ce que je n'avais pas tourné[1]. » Dorsky substituait ainsi à l'opération du tournage l'assemblage de pellicule non-impressionnée, s'orientant en fonction des textures et des colorations pour exprimer, directement, sans médiation photographique, un état d'âme, une *Stimmung* déterminée. La longue séquence bleue sur laquelle se clôt le film a été réalisée par exemple avec de la pellicule Ansco 400 périmée depuis vingt ans, achetée dans un magasin de photo de Los Angeles. Le montage de *Pneuma* est fondé sur des effets de persistance rétinienne : « Le noir paraît vert quand il arrive après du pourpre, et si l'on utilise le vert après le pourpre, le vert est accentué. Utiliser la qualité de la couleur précédente permet d'obtenir le maximum de résonance de la surface en fonction des différents ordres de succession. On observe une transition colorée graduelle entre les plans à partir du changement de plan, en fonction de la manière dont l'œil s'accommode[2]. » *Pneuma* doit être projeté à 18 images par seconde, au seuil du scintillement, afin de produire un effet auratique faisant apparaître à la fois la cadence et la surface. À la manière des tubes fluorescents de Dan Flavin, le film se

Nathaniel Dorsky
1943, New York (États-Unis)
Pneuma, 1977-1983
Film 16 mm couleur,
silencieux, 27'
Achat 2006
AM 2006-F2

Alaya, 1976-1987
Film 16 mm couleur,
silencieux, 28'
Achat 1997
AM 1997-F1366

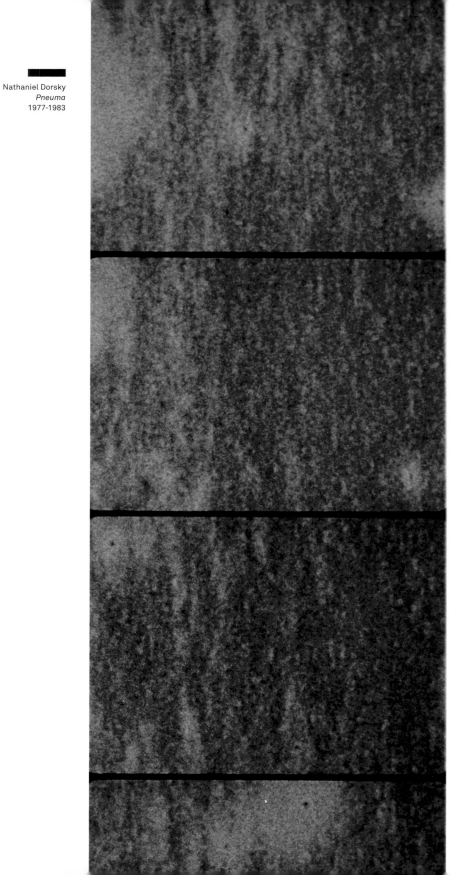

Nathaniel Dorsky
Pneuma
1977-1983

Nathaniel Dorsky
Alaya
1976-1987

réduit à un événement de couleur lumineuse qui dissout le caractère stable et limité de la surface pour transformer l'écran en champ d'énergie flottant à la surface du mur. Nathaniel Dorsky : « Quand on voit *Pneuma* projeté de manière réellement satisfaisante, avec l'image bordée de noir, dans une salle obscure, il y a un halo autour de l'écran. Parfois l'image semble déborder des contours de l'écran ; à d'autres moments l'image semble se projeter à l'avant de l'écran : parfois elle semble adhérer à la surface et parfois l'écran est une fenêtre. Au bout d'un certain temps, on ne sait plus exactement où est situé l'écran[3]. »

L'expérience du monochrome renverse l'expérience de la prise de vue réelle : lorsqu'il retrouve les qualités incidentes de l'image, le film rejoue alors la réalisation de l'objet hors de toute visée documentaire. C'est ainsi que Dorsky appelle *Alaya* un film corporel (*body film*) : il est, littéralement, l'incarnation ou « l'image » dont *Pneuma* serait « la pré-image ». *Alaya*, pour réduire la prise de vue réelle à ses propriétés plastiques quasi monochromes, utilise la voie de la contemplation. Comme *Pneuma*, le film a été tourné avec de la pellicule couleur et noir et blanc périmée. Il a été réalisé sur une plage de Cape Cod presque entièrement en très gros plans, parfois à une échelle macroscopique, à l'exception de quelques plans de très grand ensemble tournés dans Death Valley, induisant une sorte de conscience extatique de l'équivalence entre microcosme et macrocosme. Dans *Alaya*, Dorsky fait du poudroiement du sable un analogon du grain de l'image et donne au film une présence immédiatement texturelle. Le film obéit ainsi à une procédure de régression formelle, que Robert Smithson décrit en ces termes à propos de ses *Earth Projects* : « À un niveau inférieur de conscience, l'artiste expérimente des méthodes et des procédures indifférenciées ou non balisées qui rompent avec les limites bien définies des techniques rationnelles. Ses instruments ne se distinguent pas des objets sur lesquels ils opèrent, ou encore semblent régresser à leur condition primordiale[4]. »

NOTES

1. Cité par Scott McDonald, « Entretien avec Nathaniel Dorsky », *A Critical Cinema 5. Interviews with Independent Filmmakers*, Berkeley, Los Angeles et Londres, University of California Press, 2006, p. 88.

2. Patrick Delabre, « Acting/Being on the Surface of Film: Conversation with Nathaniel Dorsky », *Cinematograph. Journal of the San Francisco Cinematheque*, n° 1, 1985, p. 97-100.

3. Entretien avec S. McDonald, *A Critical Cinema 5*, *op. cit.*, p. 89.

4. Robert Smithson, dans Nancy Holt (ed.), « A Sedimentation of the Mind: Earth Projects », *The Writings of Robert Smithson. Essays with Illustrations*, New York, New York University Press, 1979, p. 84.

plus difficilement lorsqu'ils accompagnent les images d'émulsion griffée. Un tambour très clair (ou peut-être plusieurs, mais ne jouant pas ensemble), une voix humaine (au début, vers la première minute), une crécelle (dans un sens générique, quelle qu'elle soit : maracas en calebasse, sékéré, grelot ou autre, surtout audible dans la deuxième partie).

Ceci noté, il faut prendre en considération les deux œuvres brèves mais magistrales qui précèdent et expliquent *Free Radicals*. Elles forment une unité évidente avec lui. Il s'agit de *Color Cry* (1953), et de *Rhythm* (1957), qui précède immédiatement *Free Radicals*. *Color Cry* est fondé sur la musique d'un des papes du blues, le chanteur noir et aveugle Sonny Terry, joueur d'harmonica célèbre pour ses petits cris mimant un train en marche ou un animal chassé, comme dans le très fameux « Fox Chase », qui constitue justement la bande-son de *Color Cry*. Ainsi que le titre de son film l'indique au fond très bien par polysémie, Len Lye a interprété la chasse au renard comme « le cri d'un esclave noir fuyant une foule prête au lynchage[6] ». Le cri de la couleur est en même temps le cri du *coloured man*. La couleur est d'autant plus belle que le musicien noir, qui fait musique de son souffle, de sa mâchoire et de ses mains, d'une part (l'harmonica), et de sa voix, d'autre part (les cris brefs, les *whoopee* de Sonny Terry), possède l'infirmité qui a l'intérêt de l'empêcher de percevoir les images par le seul canal, aveuglant et impérialiste en Occident, de la vue. De fait, d'un point de vue simplement figuratif, apparaissent clairement le noir et le rouge, des trames barrant le cadre, qui répondent au tressage des trames d'images (le film est réalisé selon la technique du photogramme, c'est-à-dire avec des objets déposés sur la pellicule) et au cri simplement folk de la voix de l'harmoniciste et de l'harmonica, lui-même blues, autrement dit syncopé. La danse des droites verticales, dans le style des *Lignes verticales* que Norman McLaren portera à son apogée en 1960 avec un film portant ce nom, de même que le serpentement classique des lignes ondulantes, ramènent des images de corps qu'on fait danser, mais suppliciés au bout d'une corde. Il ne s'agit pourtant pas d'évocations figuratives, mais bien d'une sensation de pendaison, de halètement, de course, de péril et de cri, un nœud cohérent de sensations fortes : ce dont parlait un esthéticien comme Henri Maldiney lorsqu'il décrivait les tableaux de Tal Coat en expliquant ce qu'ils devaient aux hommes de Lascaux[7]. *Color Cry* prépare ainsi *Free Radicals*, puisqu'on retrouve l'Afrique à travers la voix humaine autant que les tambours primordiaux : le « *free* » du titre, en ce sens, est beaucoup plus proche du *free jazz* que du *free cinema*.

La leçon de *Rhythm* et son apport à *Free Radicals* sont plus simples à décrire : ce film d'une minute résumant la construction d'une voiture sur une chaîne Chrysler constitue un travail de *jump cuts* sur fond de percussions africaines. Le clin d'œil à la caméra – qui dure un instant, à la fin du film – d'un travailleur noir, immédiatement suivi, sur la bande-son, d'une salve d'applaudissements marquant la fin de la performance des percussionnistes, mène directement aux quelques secondes de

Len Lye
Rhythm
1957
Film 16 mm, noir et blanc,
sonore, 1'
Achat, 1999
AM 1999-F1428

Len Lye à Sydney, vers 1925
Photographie noir et blanc
Courtesy of Len Lye Foundation

grattage sur pellicule qui apparaissent avant «The End», et ouvrent en cela la possibilité de *Free Radicals*.

Il est indubitable, en effet, que l'une des grandes puissances de *Free Radicals* réside aussi dans son usage des *jump cuts* (l'acte de montage millimétré consistant à couper quelques instants à l'intérieur même d'un plan conservé). Len Lye fabrique du rythme synchronisé avec ce procédé dans *Rhythm*, mais va plus loin dans *Free Radicals*, car couper dans les séquences en gravure revient à dépasser ce simple contrôle des temps pour créer quelque chose de plus qu'un montage : une intensité vibratoire.

5.

De fait, malgré une fréquente confusion, le travail de Len Lye ne suit pas le dogme synchronique qui règne dans le domaine du cinéma d'animation abstrait, depuis les premières expériences des années 1920, au nom d'une spiritualité supérieure de la musique ou de la danse. Le rapport de *Free Radicals* à la danse a été souvent décrit, à partir des descriptions de son auteur lui-même : les incisions sont obtenues au prix d'un effort physique qui s'exerce sur la pellicule noire et relève d'une forme de danse, ou au moins d'une forme de vie et d'un déploiement d'énergie corporelle. Ainsi, Lye ne s'intéresse pas aux formes en mouvement mais au mouvement lui-même, à son transfert énergétique, en mesure de provoquer, chez le spectateur, un effet kinesthésique en miroir du sien, c'est-à-dire des «sensations de mouvement dans les muscles, les tendons et les articulations».

L'autre grand graveur filmique de l'histoire du cinéma, le Canadien Norman McLaren, nommait de son côté ce travail de concentration de l'artiste, aujourd'hui expérimenté et visible pendant les spectacles de *living cinema* de Pierre Hébert, la «mémoire musculaire[8]».

C'est là une forme d'*action painting* (la trace comme geste et transcription graphique d'un mouvement du corps du peintre), mais une *action painting* dépravée, car retournée, si l'on songe que la nécessité du grand format, notée par Rothko, se trouve niée par la démultiplication du grattage sur une pellicule de 35 ou de 16 millimètres de largeur (en l'occurrence 35 pour *Free Radicals*). Le passage du petit au grand, du minuscule photogramme à graver au grand écran de la salle de cinéma, fabrique un tenseur, un accumulateur d'énergie spécifique et nouveau, mélange de technologie simple et de corporalité effective. Le résultat est l'inclusion du corps de l'artiste dans le film, mais non pas en chair et en os. Ces mouvements «qui n'appartiennent à personne», sensibles par le truchement de la projection, existent bien comme mouvements, mais entre Lye et son spectateur s'interposent à la fois un calcul mental propre au travail image par image, passé progressivement dans les muscles et les nerfs (avec des mois, puis des années d'entraînement physique régulier : c'est le travail de tous les graveurs de pellicule dignes de ce nom), et une machinerie technologique, fruste ou sophistiquée.

L'homme, dans *Free Radicals*, n'est donc pas figuré mais projeté. Il y a quelque chose d'héraclitéen dans ce film singulier, mais aussi représentatif en cela de tout le cinéma, car faire sentir autre chose que du visuel par l'usage de la vue, c'est poser une définition de l'expérience du film à la fois comme voir et non voir, et proposer l'homme du film en même temps comme quelqu'un et personne.

Tusalava signifiait : «à la fin tout est pareil». *Free Radicals* pourrait vouloir dire de la même façon : «à la fin tout a changé». Entre le début et la fin, la vie a traversé le film.

NOTES

1. Len Lye, «Faire des films» [«Making films», 1935], dans Jean-Michel Bouhours et Roger Horrocks (dir.), *Len Lye,* Paris, Éditions du Centre Pompidou, «Cinéma. Quinze x vingt & un», 2000, p. 224 et 143 (passage légèrement retraduit).

2. *Ibid.*, p. 224 et 144.

3. *Ibid.*, p. 109, note 4.

4. *Ibid.*, p. 156 et 230.

5. Voir Fernand Deligny, *Œuvres*, Paris, L'Arachnéen, 2007, *passim*.

6. L. Lye, «Faire des films», *op. cit.*, p. 246.

7. Henri Maldiney, «Tal Coat, 1954», *Regard, parole, espace*, Lausanne, L'Âge d'homme, 1973, p. 23.

8. Voir la théorisation critique de l'histoire du synchronisme dans l'animation abstraite par Pierre Hébert, dans son ouvrage *Corps, langage, technologie*, Montréal, Éditions Les 400 coups, 2006. La notion de «mémoire musculaire» est proposée par McLaren dans la partie 1 de sa série de films intitulée *Animated Motion* (Canada, 1976-1978).

TRANSFERTS
IGOR ET SVETLANA KOPYSTIANSKY |
STEPS SOLE SOUND, DRAWINGS, 16 X | 1979

«Au début on ne voit rien d'autre que la neige, la neige sale qui a déjà pris ses quartiers et la neige propre qui prend lentement sa relève. Le stade infantile commence dès l'arrivée. Il faut réapprendre à marcher sur le verglas épais de ces rues[1].» Rien d'autre qu'une succession de plans en travelling porté sur une étendue neutre striée d'empreintes et de sillons noirs organisant un réseau de lignes aléatoires, continues et discontinues qui se croisent, s'interrompent, convergent et divergent pour se réordonner au rythme du déplacement du cadre, dessinant un jeu de séquences non-directionnelles : on ne voit pas l'horizon, le sol occupe la totalité du cadre, que vient moduler l'épaisseur des traits dans la croûte de neige, sous laquelle vient affleurer par plaques la sous-couche grise de la terre. Le réapprentissage de la marche qu'évoquait Walter Benjamin dans le Moscou des années 1930 est devenu dans *Steps Sole Sound* (1979) la progression heurtée des plans tournés en caméra portée, qui fait osciller le champ au rythme désordonné des pas de l'opérateur – le mouvement erratique de la non-composition. «On peut envisager la ligne du point de vue de ses divers types», écrivait Nikolaï Taraboukine en 1916, «du point de vue de ses directions, de son caractère et de sa texture. Types : droite et courbe. Direction : horizontale, verticale et diagonale. Caractère : harmonieuse, molle, en zigzag, aiguë. La texture de la ligne lui confère une expressivité particulière, souvent liée à la nature du matériau employé (charbon, crayon)[2].» Les tracés sans orientation de *Steps Sole Sound* ne sont pas déposés sur le plan comme la peinture sur la toile : ils s'y inscrivent en creux, projetant le dessin dans l'espace et donnant à la ligne, comme dans la typologie de Taraboukine, une matérialité texturelle détachée du tableau. L'étude des tracés sur la neige des Kopystiansky apparaît ainsi comme la version naturalisée des deux *scratch films* produits la même année, *Drawing. Black Line* (lignes noires sur fond blanc) et

Igor Kopystiansky
1954, Lvov (Ukraine)
Svetlana Kopystiansky
1950, Voronej (Russie)
Steps Sole Sound
1979
Film 16 mm noir et blanc,
sonore, 5'48''
AM 2009-F-18

16 X
1979
Film 16 mm noir et blanc,
silencieux, 6'04''
Achat 2009
AM 2009-F-16

Drawing. White Line et
Drawing. Black Line
1979
Film 16 mm noir et blanc,
silencieux, 2 x 2'22''
AM 2009-F-17

Igor et Svetlana Kopystiansky
16 X
1979

Drawing. White Line (lignes blanches sur fond noir), constitués de bande amorce sur laquelle les artistes se sont efforcés de tracer les lignes les plus régulières possibles avant de les faire éclater en compositions chaotiques : les films, qui fonctionnent en miroir l'un de l'autre, combinent à l'inversion des valeurs une stricte équivalence des rapports[3].

16 X est à son tour le miroir inversé de *Steps...*, comme *Drawing. Black Line* est celui de *Drawing. White Line* : dans le premier plan, en bas à droite du cadre, un tramway trace dans le champ une diagonale. Le seul mouvement qui animera les plans suivants sera celui des antennes du tramway glissant au bord du cadre le long des lignes électriques. La profondeur est annulée : les câbles noirs s'étendent sans rupture à travers le champ, suggérant l'idée d'un mouvement linéaire interminable et interdisant au motif, privé de limites, de se constituer en figure. Les relations spatiales sont aplaties et constamment brisées, les cadres sont mis en tension par le jeu des obliques et par la différence de contrastes dans l'inscription des lignes. Aucun repère pour placer le regardeur dans un espace géographique repérable et concret : les câbles du tramway se dessinent sur le fond blanc du ciel, sans ombres, sans reliefs et sans clairs-obscurs, selon différentes valeurs de gris, qui cessent de marquer des écarts spatiaux pour suggérer des différences d'intensité.

Entre 1921 et 1922, László Moholy-Nagy rédigeait un scénario intitulé « Dynamique de la grande ville » et déclarait : « Le film se propose d'exploiter l'appareillage existant, de mettre en scène une action spécifiquement optique, d'organiser le rythme visuellement (substitution d'une dynamique de l'optique à l'intrigue théâtrale ou littéraire) et d'intensifier le mouvement en allant parfois jusqu'à la brutalité[4]. » La référence moderniste à la circulation urbaine et à l'énergie électrique se double dans *16 X* d'une critique du mimétisme photographique : le plan se réduit à un champ de transformations, le dessin des fils au tracé du passage de l'énergie. La « City Symphony » minimale des Kopystiansky reprend la syntaxe et les motifs de l'esthétique constructiviste pour déconstruire l'espace perspectif. Les déformations que peut produire le cadre génèrent une optique sans associations ; l'œil de la caméra n'est plus assujetti à la reconstitution synthétique de l'espace : libéré des réflexes de la photo-impression, il transforme le réel en un réseau ou un champ de forces dans lequel s'exerce un jeu de mutations et de relations sans termes, qui met en question la centration du regard, toujours situé à un point de croisement. « La ville, en tant que forme d'organisation énergétique des matériaux, a perdu sa couleur et a pris une tonalité où prédomine le noir et blanc », écrivait Malevitch dans son introduction à l'album *Suprématisme. 34 dessins*, livre « en noir et gris » présentant une série de constructions disposées selon l'évolution pure des sculptures-plans[5]. Et en 1919, dans le catalogue de l'exposition « Création non-objective et suprématisme », il s'exclamait : « J'ai vaincu la doublure bleue du ciel, je l'ai arrachée, j'ai placé la couleur à l'intérieur de la poche ainsi formée et j'ai fait un nœud. Voguez ! Devant nous s'étend l'infini[6]. » Dans les plans striés de *16 X* semblent se dessiner les parcours de la ville suprématiste libérée de ses fonctions, et il n'est pas jusqu'au dispositif de la contre-plongée qui ne prenne en tant que tel une coloration malévitchienne, comme une réminis-cence de l'exposition «0.10» présentée en 1915 à Pétrograd, dans laquelle l'artiste exposait des toiles a-directionnelles et dévectorialisées, suspendues sous le plafond ou accrochées dans les angles, comme une affirmation de l'indépendance des sur-faces-plans librement projetées dans l'espace.

NOTES

1. Walter Benjamin, «Moscou», *Sens unique*, trad. Jean Lacoste, Paris, Maurice Nadeau, 1988, p. 236.

2. Nikolaï Taraboukine, «Pour une théorie de la peinture» [1916], *Le Dernier Tableau. Écrits sur l'art et l'histoire de l'art à l'époque du constructivisme russe*, trad. Michel Pétris et Andréi Nakov, Paris, Éditions Champ libre, 1972, p. 127.

3. Sur la fonction des images doubles et de la duplication dans le travail commun d'Igor et Svetlana Kopystiansky, voir Barry Schwabsky,

«Double Vision: Igor and Svetlana Kopystiansky», *Igor & Svetlana Kopystiansky. Tracking Shot*, Madrid, Arte Distrito 4 S.A., 2004, p. 5-9.

4. László Moholy-Nagy, «Dynamique de la grande ville», *Peinture, photographie, film*, Nîmes, Jacqueline Chambon, 1993, p. 117.

5. Kasimir Malevitch, «Introduction à l'album lithographique *Suprématisme. 34 dessins*», *Écrits*, éd. Andréi Nakov, trad. Andrée Robel-Chicurel, Paris, Éditions Champ libre, 1972, p. 221.

6. K. Malevitch, *Écrits, ibid.*, p. 215.

DE LA CHINOISE À LA CHINA GIRL
MORGAN FISHER | STANDARD GAUGE | 1984

Jean-Philippe Antoine

1.

Dans la vulgate de l'histoire du cinéma expérimental des cinquante dernières années, Morgan Fisher est volontiers associé au « cinéma structurel », et, malgré leur caractère tard venu par rapport aux classiques du genre, ses premiers films confirment cette association : ils font preuve d'un intérêt très concret pour les conditions de réalisation et de projection du film, et articulent l'énonciation cinématographique de ces conditions à l'expérience directe de leurs effets par les spectateurs[1].

Dans *Production Stills* (1970), par exemple, huit photographies Polaroid seront successivement placées par une main d'abord anonyme sur le mur blanc que filme en plan fixe la caméra. Les Polaroid, pris et développés au fur et à mesure de l'avancée du film, enregistrent le tournage en train de se faire. La bande-son synchronisée complète les informations fragmentaires fournies par la succession des photographies exposées. Elle permet d'associer peu à peu les voix et les sons entendus aux images montrées, et invite les spectateurs du film en train d'être projeté à travailler à la reconstitution de la scène du tournage.

De même, *Pictures and Sound Rushes* (1973) consiste en un exposé systématique, par l'auteur du film, face à la caméra, des diverses situations possibles définies par la technique du son synchronisé : image et son ; image sans le son ; son sans image ; absence d'image et de son. Cet exposé est doublé et parodié, parfois entièrement défait, par le quasi-montage. Celui-ci ne se contente pas de diviser la longueur du film en quatre parties égales. Il fait revenir six fois chacune des situations définies dans l'exposé que prononce Fisher – avec un sérieux imperturbable et keatonien[2]. Comme le démontrent l'effet comique et la gêne provoqués par les vingt-quatre courts segments qu'engendrent ces permutations, autre chose est ici à l'œuvre que le simple exposé d'une structure. Et si Fisher se rattache au film structurel, c'est moins comme un membre direct de la famille qu'à la manière dont Duchamp pouvait se rattacher au surréalisme : comme un cousin lointain et plutôt bienveillant[3]. L'éloignement de

Morgan Fisher
1942, Washington
(États-Unis)
Standard Gauge
1984
Film 16 mm couleur,
sonore, 35'
Achat 2006
AM 2006-F20

Morgan Fisher
Standard Gauge
1984

la côte Est et de New York, Mecque du cinéma expérimental, la proximité forte avec Hollywood, cœur d'une industrie cinématographique avec laquelle Fisher entretient des relations complexes, jouent chacun leur rôle dans cette distance.

Standard Gauge évoque sous plusieurs aspects les problématiques «structurelles» explorées par les précédents *films on film*[4] de Fisher. Comme *Production Stills*, il s'agit d'un plan unique et statique – de 32 minutes, (presque) la longueur maximale d'une pellicule de 16 mm[5]. Sur la surface blanche que filme statiquement la caméra vient s'inscrire une succession d'images fixes – cette fois-ci des bouts de pellicule 35 mm – qu'une main invisible met parfois en mouvement. Ici encore, le son synchrone et la succession des images montrées fournissent les seuls équivalents d'un montage. Ils donnent son rythme au film. Mais les ressemblances comptent moins ici que les différences. De fait, bien que *Standard Gauge* comporte, comme tout film, tête et queue, il est difficile de savoir par quel bout le prendre. Fragment d'autobiographie ; série narrative d'informations techniques, d'ambition synthétique malgré leur aspect fragmentaire, sur le 35 mm – le format originel de l'industrie cinématographique, vite devenu, malgré l'apparition d'inventions concurrentes, son format-roi ou *calibre standard* ; hommage à l'industrie des studios hollywoodiens – dont il s'approprie sans complexe les outils ; revendication avouée d'un point de vue minoritaire ; présentation en acte d'une collection ; exercice du souvenir – un souvenir mité par l'oubli ; collection d'accidents qui se confronte à un développement historique linéaire : le film est tout cela *à la fois*, sans discriminer.

Peut-être faut-il alors, pour aborder ces différentes dimensions, partir du sens de la matérialité qui apparaît comme le principal moteur de son organisation. Enquête réfléchie sur un format qui se confond, depuis ses origines, avec le cinéma entendu en son sens industriel et populaire, *Standard Gauge* est en effet avant tout un hommage sensuel, étonnamment émouvant, à un objet technique : le rouleau de pellicule flexible inventé au début des années 1890 dans les laboratoires d'Edison, dont le format sera adopté, moyennant de menus changements dus aux frères Lumière, par l'industrie internationale du cinéma[6]. La déclaration du narrateur et auteur du film, peu après son début, selon laquelle «je n'ai jamais vu un bout de 35 sans vouloir m'en saisir et le regarder[7]» apparaît à cet égard comme fondatrice de l'entreprise poursuivie. Complétée par la phrase qui la suit – «et parfois j'ai eu le loisir de conserver les bouts sur lesquels j'étais tombé» –, cette déclaration établit aussi la méthode de travail ici à l'œuvre. Le matériau présenté à l'écran consistera exclusivement en chutes de pellicule 35 mm : celles que le narrateur a pu conserver après les avoir rencontrées, et qu'il saisit à nouveau pour les porter jusqu'à notre regard.

Hommage à la pellicule de 35 mm, *Standard Gauge* est aussi, de façon encore plus visuelle et hypnotique, un hommage à la lumière de la projection. Bien que régulièrement rompu ou voilé par l'apparition des bouts de pellicule qui viennent s'y inscrire – selon une durée et un rapport image fixe / défilement éminemment variables

–, le bain blanc lumineux que filme la caméra acquiert une présence éblouissante[8]. Ses réapparitions produisent un effet cumulatif d'hypnose, et la prise de conscience progressive par le spectateur que, malgré une variété de rythmes qui s'expérimente d'abord spontanément comme effet d'un montage, le film consiste en fait en un seul plan continu et statique – à l'exclusion des titres à son début. Extirpées par une main invisible du hors-champ de la collection qui les abritait, les chutes de pellicule viennent l'une après l'autre envahir la parade de lumière qui les précédait à l'écran. Elles s'y dotent d'un éclat éphémère, avant d'en ressortir, rendues au souvenir ou à l'oubli, et d'abandonner l'écran à sa blancheur scintillante[9].

Si la matérialité de la pellicule et la lumière de la projection se voient ici mises en vedette, un élément neuf dans le cinéma de Fisher occupe lui aussi le premier plan – au moins en surface : la narration de fragments d'autobiographie, et plus généralement la suite de courts récits qui accompagnent l'insertion et la présentation à l'écran de la trentaine des bouts de film collectés et présentés. *Standard Gauge* est à cet égard le plus accessible des films de Fisher, comme l'ont noté plusieurs de ses critiques. Une fois passé le prélude muet, où un carton déroulant décrit rapidement les origines du procédé cinématographique, la narration en voix-off progresse de 1964 – l'année où le narrateur a pour la première fois touché un bout de pellicule de 35 mm – jusqu'en 1975 – date de l'arrêt de la production industrielle aux États-Unis de la pellicule Technicolor, et fin de l'engagement professionnel de Fisher dans l'industrie technique hollywoodienne[10]. Le biais autobiographique se découvre donc rétrospectivement avoir organisé le classement préalable au tournage des fragments de film. Mais la chronologie qu'il installe recouvre à peu près le déclin du système industriel des studios, comme y insistent les informations délivrées à l'occasion de la parution à l'écran de tel ou tel morceau de pellicule : fragment par fragment, elles délivrent une petite histoire du médium. *Standard Gauge* est, à cet égard, aussi une pièce didactique – effet que renforce le timbre neutre et égal du narrateur.

2.

Cette petite histoire du médium est pourtant tout entière faite de rencontres de hasard. Dans un texte où il discute l'exposition conjointe organisée en 2001 par une galerie berlinoise de son travail et de celui d'une autre artiste de Los Angeles, Frances Stark, Fisher déclarera : « Les rencontres sont l'essence de la fiction. Sans rencontres, la fiction – la construction narrative – serait impossible[11]. » C'est bien sous l'égide de la rencontre – et de la rencontre *chanceuse*, la seule qui compte – que s'établit l'usage de la narration dans *Standard Gauge*. En témoigne un moment-pivot du film, et sa séquence narrative la plus longue : presque deux minutes consacrées à la présentation de deux photogrammes du dirigeable Hindenburg.

Juste après l'apparition du premier de ces photogrammes, le narrateur se met à raconter que son premier travail dans l'industrie cinématographique a été de rechercher, pour un réalisateur qui préparait un film, des séquences documentaires présentant «des gens ayant subi une mort violente». L'une d'entre elles, qui présentait l'exécution publique d'un directeur de prison fasciste, avait déjà été utilisée par Bruce Conner dans son film *A Movie*[12]. Dix ans plus tard, Fisher a voulu retrouver cette même séquence dans les mêmes archives cinématographiques. Voulant éviter les coûts d'une recherche entretemps devenue payante, il tente de localiser directement la pellicule grâce aux techniciens des entrepôts qui abritent les films – en vain car ceux-ci refusent de contourner la procédure. Pour le consoler, l'un d'eux lui propose, puisqu'il aime tant le matériau archivé, de lui faire cadeau, à défaut de la scène recherchée, d'un bout *quelconque* de pellicule, choisi parmi ceux qu'il venait de jeter parce que trop détériorés. Fisher accepte, pour ne pas le froisser. Ce bout, long de quelques pieds, contient deux plans. Le premier est celui projeté à l'écran depuis le début de cette séquence narrative. Le second apparaît maintenant. L'un et l'autre présentent le Hindenburg, «le même dirigeable qu'on voit dans le film de Conner au cœur d'une catastrophe apocalyptique[13]».

Au rendez-vous intentionnel – et manqué – avec la scène du film originellement requise, s'est donc substituée une rencontre de hasard avec la figure principale d'une autre scène du même film. Cette rencontre déplacée ne gouverne pas seulement de manière rétrospective le récit que déploie la séquence. Elle donne ancrage aux informations fournies à cette occasion, d'abord sur la scène originellement repérée, ici restituée à son histoire, puis sur les propriétés du nitrate employé pour fabriquer la pellicule. Comme le Hindenburg, ce matériau est en effet voué à la mort violente et à la décomposition, par liquéfaction, cristallisation et pulvérisation.

«Dans la fiction, le but d'une rencontre est de produire un champ à l'intérieur duquel les différences entre les personnages peuvent jouer, pour être accentuées puis dépassées», poursuit Fisher dans son texte sur la rencontre[14]. La remarque vaut presque comme un postscriptum à *Standard Gauge*, pour peu qu'on y considère les chutes de pellicules comme des personnages[15]. Les récits qui s'organisent à l'abri de leur comparution à l'écran aiguisent la singularité de chacun d'entre eux, avant de les rendre à l'invisibilité.

Et pourtant, le croisement des fragments de récit autobiographique, d'histoire de l'industrie du cinéma et d'informations techniques qui donne au film son aspect narratif n'obéit pas aux règles strictes de la fiction. Il est plutôt le fruit d'une économie de la mémoire et du souvenir.

Standard Gauge établit une séparation *optique* stricte entre, d'une part, la clarté *silencieuse* où viennent s'inscrire à intervalles plus ou moins réguliers les chutes de pellicule, et, d'autre part, la *comparution d'une voix* cantonnée à l'intérieur des bornes que fabriquent l'apparition et la disparition à l'écran de chacune des chutes. La plus grande partie du film respecte ce partage, moyennant deux exceptions: l'apparition initiale du plan lumineux où s'amorce la narration, et les cinq dernières minutes du film, où toutes les présentations à l'écran sont devenues silencieuses.

Le partage entre silence et blancheur d'une part, image et discours d'autre part, établit la voix du narrateur comme voix du souvenir, un effet qu'augmente l'hétérogénéité des registres abordés par le commentaire : anecdotes personnelles, connaissances techniques, analyses de scènes de film *(Detour)*, chacune convoquée sans logique apparente par le narrateur. L'accumulation discontinue de ces éléments de discours, leur ancrage à *tel* ou *tel* bout de pellicule, dote l'apparition des images d'une charge forte. Chacune devient trace de rencontres que remémore l'élaboration brève, fragmentaire, qu'en propose le commentaire, avec les singularités qui s'y inscrivent. Mais importent tout autant, malgré leur brièveté habituelle, les intervalles de silence qui engloutissent la narration, et lui interdisent de se constituer en un cheminement prévisible, entièrement cohérent. À chaque fois interrompu par la blancheur lumineuse d'où surgissent les apparitions d'images, le frayage qu'aménage leur addition reste provisoire, comme pris sous la menace de l'oubli.

Le changement de régime qu'institue la dernière partie du film est à cet égard notable. Après une série de quatre photogrammes, sur lesquels je reviendrai bientôt, ce qui se révélera avoir été l'avant-dernière phrase de la bande-son interrompt le commentaire des images. Produit depuis le fond blanc lumineux de l'écran, pour la première fois depuis l'amorce du plan vingt-neuf minutes auparavant, et avant un silence qui lui-même durera plusieurs minutes, cet énoncé déclare simplement : « Voici quelques bouts de pellicule qui, je crois, sont intéressants à regarder[16]. »

Près de deux minutes et demie plus tard surgit la dernière phrase de la bande sonore, de nouveau sur fond blanc lumineux : « *Je ne me souviens pas* où j'ai trouvé aucun d'eux, *mais je me souviens* que le dernier morceau provenait de l'amorce d'une des bobines des *Tueurs de la lune de miel*[17]. » La déclaration est explicite : c'est bien d'un exercice du souvenir qu'il s'est agi ici, et, dans ce souvenir encore imprégné de l'oubli d'où il s'extrait[18], deux types de regard s'échangent de manière imprévisible. Le regard réminiscent et loquace qui prévaut dans la plus grande partie du film, et qui semblait près de s'imposer exclusivement, se transforme en effet *maintenant* en un regard oublieux et muet. Tout entier dirigé vers la pure visualité, il instaure une durée contemplative inédite, ou tout au moins la recadre, à l'écart des flux sonores qui faisaient obstacle à sa pleine saisie[19].

3.

Cet épisode muet modifie considérablement l'économie de *Standard Gauge*. Tenus à l'écart des rencontres qu'enregistrait et élaborait le commentaire, offerts à la contemplation muette du spectateur, les bouts de pellicule portés à l'écran cessent de renvoyer au passé déterminé que cernait par morceaux le narrateur. Ils entrent maintenant tout entiers dans le présent hypnotique et silencieux de la projection. Prisonniers d'un *voir pur* qui prétend organiser leur apparition à l'écran en l'absence

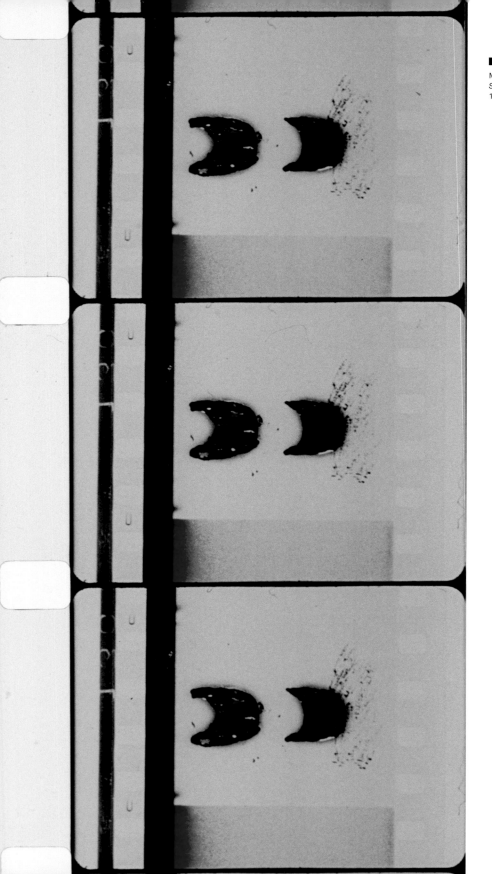

Morgan Fisher
Standard Gauge
1984

d'inscription dans le langage (autrement dit sans laisser de traces), ils s'effacent aussitôt disparus.

Mais, détachés du rythme habituel de la projection, qui les condamne à l'invisibilité, rendus à leur immobilité d'image fixe ou au mouvement lent et modulé de la main qui les manipule, enfin libres de toute inscription par le commentaire, les photogrammes acquièrent une disponibilité neuve[20]. Ils portent jusqu'à la visibilité des fragments de la série non-vue d'images fixes qui sous-tend la perception de l'image en mouvement[21].

Standard Gauge offre à ces fragments la forme contemplative du regard qui leur est habituellement refusée. Il n'est pas étonnant, dans ces conditions, que plusieurs de ses spectateurs aient insisté, après Fisher lui-même, sur la qualité picturale qu'acquièrent les photogrammes une fois isolés et considérés pour eux-mêmes. Un des jeux que propose le film à ses spectateurs est ainsi d'y déceler les fragments d'une autre histoire. C'est principalement la peinture américaine d'après-guerre que convoquent ces arrêts sur image : celle de l'abstraction moderniste ou parfois aussi du Pop Art, comme s'en explique ailleurs Fisher[22]. On pourrait ajouter d'autres noms à ceux qu'il énonce – Rothko ou Kline –, ou encore de nouvelles analogies, avec les films ou multiples de Marcel Broodthaers : là aussi déjà, lettrage et typographie, délivrés de leur statut de « sujets de la représentation », suscitaient un type de regard contemplatif où leur fonction s'abolit[23].

Mais si la vision des photogrammes qui comparaissent dans *Standard Gauge* évoque effectivement à plusieurs reprises des peintures, la matière de la pellicule, la lumière dont elle s'imprègne à l'écran, le très léger tremblé causé par le déroulement du film dans le projecteur limitent l'analogie picturale. Ce sont d'ailleurs des peintres et artistes, plutôt que des peintures, que prétendent évoquer ces rapprochements[24]. L'analogie avec la peinture apparaît alors comme l'effet secondaire d'un mouvement plus fondamental : celui grâce auquel deviennent ici accessibles au regard, une par une, des images fixes dont le défilement 24 images par seconde interdisait jusquelà la perception consciente. Si ce « matériau inerte[25] » évoque à l'occasion le travail pictural, c'est alors parce que lui aussi possède « d'étranges textures », intègre des accidents, heureux ou malheureux, et offre la formule d'une beauté abstraite qui rivalise avec celle des images figuratives qu'elle soutient, tout comme celle de la peinture abstraite a su rivaliser avec les séductions de la figuration[26].

En ce sens, c'est bien *la possibilité d'un regard* que met en jeu l'apparition des photogrammes à l'écran. Et pointe ici avec une acuité particulière une des motions qui soutient l'entreprise à laquelle se voue le film – et plus largement l'œuvre de Fisher : *porter jusqu'à une vision publique ce qui est ordinairement interdit de regard*, bien que parfaitement visible en droit, car doté de la même existence matérielle, et souvent des mêmes nécessités fonctionnelles, que ce qui est accepté comme regardable (c'est-à-dire aussi regardé comme acceptable) :

«Puisque le film va vous montrer des morceaux de pellicule, des bouts de Celluloïd transparent, il amène la question de la pellicule comme objet. Au contraire de la bande-vidéo, par exemple, la pellicule possède une double entité. Quand vous regardez un morceau de bande-vidéo, aucune information n'est visible ; elle est encodée dans le matériau d'une manière qui n'est interprétable que par une machine. La pellicule est tout aussi réglée dans son format, mais si vous vous emparez d'un morceau de pellicule, il y a quelque chose à regarder. On peut lire la pellicule, en faire l'expérience directement, sans machine, au niveau du matériau inerte[27]. »

Standard Gauge porte à l'écran, selon les codes industriels de production et à l'aide des machines qui servent à les reproduire, le second type de regard qu'autorise la forme du médium : un regard non-machinique, normalement réservé aux techniciens anonymes qui manipulent le « matériau inerte » qu'est d'abord la pellicule. Le film permet donc au public ordinaire et quelconque du cinéma de *regarder* ce qui échappe habituellement à son regard, tel que le fabrique l'appareil cinématographique. Cette utilisation du type de regard qu'organisent les machines pour donner accès au regard non-machinique qu'interdit leur usage habituel a bien évidemment aussi valeur ironique. Et l'ironie est une des formes d'expression que prend le *point de vue minoritaire* que revendique le film.

4.

Ce point de vue minoritaire trouve une incarnation matérielle dans le format même de *Standard Gauge*, dont l'hommage émouvant qu'il adresse au 35 mm est aussi sa critique à distance. Cette distance, c'est celle du passage au 16 mm. Ce format non-standard, privilégié des amateurs et cinéastes expérimentaux, autorise en effet des possibilités interdites au 35 mm. Comme le fait observer Fisher :

« La prise qui constitue *Standard Gauge* est presque trois fois plus longue que la plus longue prise possible en 35 mm. Donc *Standard Gauge*, modeste petit film en 16 mm, fait quelque chose qu'aucun film réalisé dans l'industrie ne peut faire. Et le 16 mm ne serait pas digne du 35 mm[28] ? »

Ainsi éclairé, le choix du 16 mm cesse d'apparaître comme dicté par les contraintes qu'impose l'économie « pauvre » du cinéma expérimental. Il découle plutôt des propriétés intrinsèques du médium. Elles seules offrent au film la possibilité d'atteindre sa durée propre, et comme l'a écrit Scott McDonald, « dans [l']interaction entre le 35 mm et le 16 mm, le 16 mm semble avoir vaincu ; *il contient le matériau en 35 mm et permet à Fisher comme à nous de le critiquer, de le contempler*[29]. »

La *China Girl* est un autre type de *calibre standard* propre à la culture des techniciens du film. Il s'agit d'un plan extrêmement bref – souvent 2 à 5 photogrammes – où figure une figure féminine, parfois au voisinage d'un nuancier de couleurs.

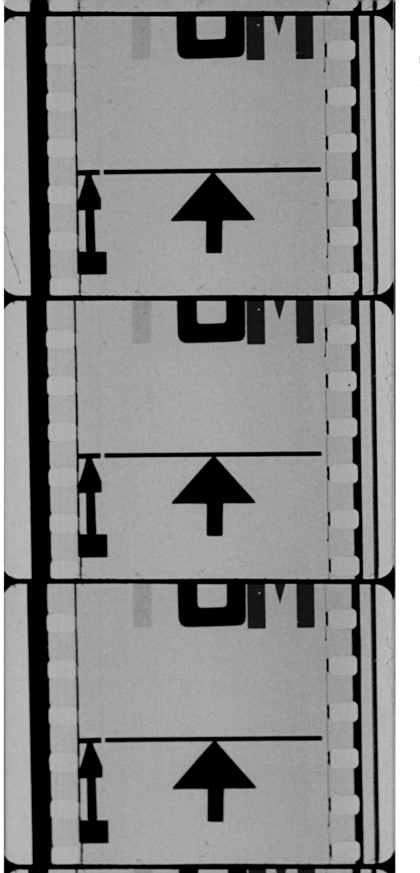

Morgan Fisher
Standard Gauge
1984

Généralement placé au début de l'amorce de la pellicule, il sert à déterminer l'équilibre et la densité des couleurs lors du tirage en laboratoire. Voici ce que dit le narrateur de «*cette figure qui, dans certains milieux, est presque l'emblème du film lui-même*» :

«On l'appelle, bien évidemment à cause de sa robe, la Chinoise, un terme haïssable, mais il est universel, et donc difficile à éviter. La Chinoise est la plus familière des nombreuses personnes qui accomplissent la même fonction. Comme elle, les autres sont toutes des femmes, et toutes sont anonymes. Voici l'une de ses contre-parties les moins connues. Les couleurs de la peau sont un sujet des plus importants dans les films que réalise l'industrie, et les couleurs de la peau sont aussi LE sujet où l'œil est le mieux capable de détecter des erreurs dans la correction des couleurs. La Chinoise et ses sœurs sont conçues comme des exemples de couleurs de peau correctement exposées, et les laboratoires cinématographiques s'en servent comme guide pour calibrer leur équipement. Parfois on y inclut aussi des exemples de couleurs de référence étalonnées. La procédure habituelle est d'insérer quelques photogrammes de cette scène dans l'amorce du négatif couleur, et elle devient ainsi partie intégrante de chaque copie commerciale. Le sexe de cette figure, sa position marginale dans le film, le fait qu'elle serve à établir et à maintenir l'étalonnage d'une apparence correcte : voilà divers aspects d'une même question qui réclame réflexion.[...] Au sens littéral, ces femmes font tout autant partie du film que les images conçues pour être présentées à notre regard. Pourtant leur présence est supprimée sans exception comme constituant une intrusion, comme n'appartenant pas vraiment au film. Ce sont les gens qui œuvrent en coulisses, comme les techniciens de laboratoire, ces gens qui vouent leur vie à rendre parfaite l'apparence, qui connaissent le mieux ces femmes[30].»

Si la China Girl acquiert un caractère emblématique, c'est parce qu'elle est la trace infime d'un travail et de fonctions sans lesquels la vision du cinéma qu'organise la séance commerciale s'écarterait de la perfection et de la correction normalement attendues.

Son image, présence à la fois anonyme et ordinairement invisible pour les spectateurs, éclaire par ailleurs un moment précédent du film. Fisher y commentait avec une sécheresse ironique deux courtes séries de photogrammes issus du film où il négociait son passage provisoire de l'invisibilité du monteur à la visibilité – toute relative – d'un rôle mineur[31]. Ici encore, les chutes de pellicule enregistraient la présence et la trace d'un travail qui n'avait pas ou presque trouvé de visibilité publique lors de l'exploitation commerciale du film. La «China Girl et ses sœurs» condensent à leur tour, inscrite à même la pellicule, la présence des nombreux travailleurs anonymes qui permettent l'expérience spectatrice du film – depuis les techniciens du tournage jusqu'au projectionniste[32], en passant par les monteurs. Ce caractère emblématique n'était habituellement accessible qu'à ceux qui manipulaient la pellicule. Muni des regards solidaires qui s'étaient jusque-là portés sur lui en exclusivité, il est maintenant amené vers les spectateurs ordinaires. Si la série des China Girls augmente d'une émotion supplémentaire, et différente, les séries précédentes, c'est alors qu'outre la révélation des qualités du «matériau inerte», elle ouvre au regard une part habituellement vouée à l'invisibilité de l'investissement humain qui fonde la production cinématographique, et cela au moment même où elle enregistre l'effet des forces énormes qui conduisent à sa suppression de l'écran.

Que cette série d'images chargées d'un labeur invisible soit la dernière à être commentée acquiert une valeur toute particulière. Le silence où baigneront les images restantes se révèle en effet ne pas être – ou ne pas être simplement – celui de la mémoire défaillante, fragmentée, de l'individu narrateur et auteur du film. Ce silence est tout autant l'inscription d'un oubli plus vaste, collectif, et organisé : celui qui anonymise et rend invisible la part majeure du travail de production, de réalisation et de distribution des films – la part même qu'enregistrent les traces et résidus, sauvegardés et collectionnés, que *Standard Gauge* hisse jusqu'à notre regard, pour les remettre en travail.

Le silence des dernières minutes muettes du film est à cet égard aussi pesant et assourdissant que la blancheur hypnotique de l'écran. Et la très brève reprise de la narration qui le conclut est loin de le clore. Mais les méandres qu'elle fraie, de *je ne me souviens pas...* à *je me souviens...*, invitent chaque spectateur à s'approprier ce parcours de la réminiscence, et cela, selon une série de règles à la fois chanceuses et rigoureuses, dont le film aura offert – de *La Chinoise* sous-titrée de Godard jusqu'aux China Girls hollywoodiennes – la mise en jeu exemplaire, sous forme d'images et de sons.

La structure qui gouverne cette mise en jeu a été énoncée déjà à demi-mot par l'analyse de la dernière scène de *Detour*, amenée – avec pas mal d'artifice – par l'exhibition du photogramme d'un autre film du même metteur en scène, Edgar G. Ulmer[33]. L'analyse de ce «moment remarquable» a pour cœur la manière dont un simple changement de temps dans la narration en voix-off suscite une véritable «disjonction temporelle», et cela sans rompre la continuité du plan qu'elle accompagne, que le spectateur voit projeté à l'écran :

«Le personnage principal est un homme qui fuit la justice, et dont les ennuis ont commencé alors qu'il faisait de l'auto-stop. Dans le dernier plan du film, il marche la nuit le long d'une route. Le monologue intérieur qu'il délivre s'interroge sur ce qu'aurait pu être sa vie s'il n'avait jamais accepté la balade fatidique. Puis, soudainement, il déclare avec conviction : «Mais il y a une chose que je sais – sans l'ombre d'un doute : un jour une voiture *s'arrêtera* pour me prendre sans que je lui aie fait signe.» À cet instant, une voiture de police le dépasse, et il est arrêté. Il semble presque s'en réjouir. Il n'a qu'à le prédire, et le futur advient. Du fait qu'il embraye sur le futur, la scène fait un saut en avant : elle révèle comme certaine l'issue que le fatalisme du personnage avait depuis longtemps anticipée. *Et pourtant cette disjonction du temps – une sorte d'ellipse vers l'avenir – prend place à l'intérieur d'un unique plan continu*[34]. »

La capacité qu'a la langue, une fois mise en rapport avec le défilement des images-mouvement, à métamorphoser le présent continu que fabrique cet dernier, et à lui faire prendre en charge la différence des temps sans pour autant mettre fin à ses puissances propres, est au cœur de l'entreprise menée par *Standard Gauge*. Elle fait du présent de l'exposition où se donnent à voir les chutes de pellicule le lieu d'apparition du passé, en tant que passé *déterminé par ce qui est dit*.

À la différence de *Detour* cependant – où la disjonction introduite par l'usage du futur affectait d'une *certitude* neuve ce qui avait jusque-là semblé relever de la virtualité pure, avec ce qu'elle implique d'indétermination –, les disjonctions temporelles que fabrique l'articulation du discours et des images, dans le plan continu que demeure *Standard Gauge,* ne produisent aucune certitude. La déclaration en voix-off du film d'Ulmer, dont la voix-off du narrateur propose un nouvel écho, est la seule instance de futur dans l'ensemble d'un film autrement tout entier régi par l'alternance entre passé et présent[35].

L'analyse de la dernière scène de *Detour* aura rendu jusqu'à un certain point explicite le bâtiment des structures temporelles de *Standard Gauge*. Donnant l'exemple de modes de disjonction du temps qui opèrent dans la continuité du présent de la perception pour y faire surgir la différence des temps, elle montre la manière dont le commentaire des chutes de pellicules façonne à son tour des loges pour le passé – sans rompre la continuité d'un plan unique. Vient alors se lover, à l'intérieur du présent perceptif où passe le film, un présent du souvenir qui en module la nature sans pour autant la supprimer.

Dans *Detour*, l'articulation de la langue avec l'image arrivait à reclore l'infinité des possibles, ouverte par la multiplicité des rencontres, en un futur antérieur producteur d'une destinée accomplie : *cela aura été*. Les zones de passé déterminé que fait advenir la narration de *Standard Gauge* coexistent, elles, avec l'irruption de traces muettes, inexpliquées car gorgées d'oubli. Leur insistance dans le présent de la perception ne défait pas la fascination hypnotique qu'il exerce. Elle maintient le caractère fragmentaire de la réminiscence, et interdit la résolution du souvenir en une cristallisation achevée.

NOTES

1. Voir P. Adams Sitney, « Le film structurel » (1969), trad. Eduardo de Gregorio et Dominique Noguez, *Les Cahiers de Paris expérimental*, 23, Paris, 2006.

2. De manière typique chez Fisher, la règle « rationnelle » des quatre états successifs qui définit la méthode du film est augmentée par une seconde règle beaucoup plus arbitraire : celle qui multiplie par six le nombre de ces apparitions, et réduit d'autant leur durée. Voir à ce sujet les pertinentes remarques de Thom Andersen, dans « Pebbles on The Beach », *Cinema Scope*, 38, vol. 11, n° 1, printemps 2009.

3. Scott McDonald parle d'exemples « particulièrement euphémistiques de film structurel ». Voir Scott McDonald, « Morgan Fisher. Film on Film », *Cinema Journal*, vol. 28, n° 2, hiver 1989, p. 13.

4. Pour reprendre le titre de l'article de Scott McDonald (voir la note précédente).

5. « The long take is ultimately a limit ; there is a length longer than which a shot cannot be. And the shot in *Standard Gauge* is one minute short of it. Of course, I wanted the shot to be the maximum possible length, but it didn't quite work out » (Morgan Fisher, « *Standard Gauge* in Three Parts », 3, dans Astrid Ofner et Claudia Siefen [ed], *Los Angeles: Eine Stadt im Film; A City on Film; Eine Retrospektive der Viennale*, Schüren Verlag, Autriche).

6. Comme l'écrit Thom Andersen, « if [Fisher's] earlier films fetishize the process of filming, then *Standard Gauge* fetishizes the filmic material » (Thom Andersen, « Pebbles on The Beach », art. cité).

7. « I've never seen a piece of 35 that I didn't want to pick up and look at », Morgan Fisher, « *Standard Gauge* » (1984), Scott MacDonald (ed.), *Screen Writings. Scripts and Texts by Independent Filmmakers*, Berkeley, University of California Press, 1995, p. 178-189.

8. Comme l'écrit Fisher, « the empty frame is the field into which each successive piece of film is inserted, and this empty frame is a reminder of the continuing and unvarying field of *Standard Gauge* » (« *Standard Gauge* in Three Parts », art. cité).

9. En dehors du premier écran blanc, qui dure une cinquantaine de secondes, et du dernier, qui en dure une vingtaine, les intervalles entre l'apparition de chaque chute de film durent de quatre à huit secondes environ. Seule leur durée *cumulée* est donc responsable de cet effet (le scintillement *au ralenti* qui parcourt le film apparaît à certains égards comme un hommage subreptice aux *flicker films*). Titre et générique exceptés, l'écran vierge apparaît durant presque un sixième de la durée de *Standard Gauge*. C'est dire l'importance de cette (non-) image dans l'économie du film.

10. Une exception dans cette progression en gros linéaire : la mention, durant la présentation du fragment d'une pellicule d'actualités présentant le dirigeable *Hindenburg*, de l'exécution *en 1944* de Pietro Caruso, un directeur de prison fasciste, à propos du *A Movie* de Bruce Conner. Interrompant le progrès des années 1970, elle remet ce bloc de temps en correspondance avec un passé qui n'est plus celui des origines du cinéma mais appartient à ses décennies glorieuses, en même temps qu'à une histoire politique qui, bien que peu présente à titre direct dans le film, ne le hante pas moins.

11. « Meetings are essential to fiction. Without meetings, fiction – narrative construction – would be impossible » (Morgan Fisher, « Frances Stark meets Morgan Fisher », *Nach dem Film*, décembre 2001, www.nachdemfilm.de).

12. À plusieurs égards un prédécesseur de *Standard Gauge*, en particulier pour son usage d'archives cinématographiques. Voir à ce sujet P. Adams Sitney, « Medium Shots: The Films of Morgan Fisher », The Free Online Library, http://www.thefreelibrary.com/ Medium+shots:+the+films+of+Morgan+Fisher-a0141095866.

13. « This is the very dirigible that is seen in the Conner film in the throes of an apocalyptic catastrophe » (Morgan Fisher, « Frances Stark meets Morgan Fisher », art. cité).

14. « The purpose of a meeting in fiction is to produce a field within which differences between the characters can play out, to be sharpened and then overcome » (Morgan Fisher, « Frances Stark meets Morgan Fisher », *ibid.*).

15. Comme y invitent plusieurs éléments de la narration, par exemple le récit de la parution dans un journal, en 1975, d'un faire-part commémorant le décès du procédé d'imbibition Technicolor : « In Loving Memory, I. B. Born 1927-Died 1975. Hollywood's own dye-transfer process whose life was unrivaled for beauty, longevity, and flexibility. We salute you. The Friends of I. B. ». Cité dans Scott McDonald (ed.), *Screen Writings*, op. cit.

16. « Here are some pieces of film that I think are interesting to look at » (*ibid.*).

17. « *I don't remember* where I found any of

these*, but I remember* that the last piece came from the leader for one of the reels of *The Honeymoon Killers* » (*ibid.*).

18.   Le *je ne me souviens pas* était apparu à deux reprises déjà dans le commentaire : « *I don't remember* what film this piece came from », énonce le narrateur à propos de l'image anonyme qui suit les chutes de *The Student Nurses*. Cette notation d'oubli revient à propos d'une autre chute de pellicule, un peu avant l'irruption de la China Girl : « I forget where I found this piece », observe le narrateur.

19.   L'infime crachotis que délivre le défilé de la bande-son augmente si possible le sens soudain du silence. Ce pur bruit informationnel intensifie l'absence abrupte d'une parole jusque-là dominante.

20.   Comme l'écrit justement Raymond Bellour, « le cinématographe, quelles qu'aient été à l'origine ses imperfections premières au regard du mouvement de la vie, annule en apparence, par le sentiment du miracle qu'il produit, ces interruptions sur lesquelles il se fonde. *Mais le photogramme dont il se compose, et l'arrêt sur image qui est son corollaire virtuel, en est le cœur secret, toujours en attente d'être exhibé* » (Raymond Bellour, *Le Corps du cinéma. Hypnoses, émotions, animalité*, Paris, P.O.L., 2009, p. 41. [Je souligne]).

21.   Et, parmi ces fragments, ceux d'entre eux les moins susceptibles de parvenir jamais à la contemplation des spectateurs : amorces ou fins de pellicule, tests, etc., habituellement accessibles au seul regard du projectionniste, ou des techniciens qui fabriquent le film et ses copies.

22.   « I was also thinking about painters. Ed Ruscha is there in the 20th Century Fox logo, Brice Marden is in the logo for Movielab, Ellsworth Kelly is in the solid blue frame, and Barnett Newman is in the frame that is solid blue except for the narrow vertical white band at the far right edge. And Adolf Gottlieb is there, if obliquely, in the two blobby shapes on a plain background that must have been created by some chance event in the lab. […] This was important to me, that a film could contain all these people in such a way that it was possible to think there was something that unified them besides their all being in the film » (Morgan Fisher, « *Standard Gauge* in Three Parts », art. cité).

23.   Sans compter certains jeux supplémentaires. Voir par exemple l'usage du carton « SCENE MISSING » [« Scène manquante »], qui rejoint la conception du cinéma de Broodthaers, et

l'insistance de l'image fixe dans ses films, qui établit un rapport avec la peinture et le type de regard qu'elle détermine.

24.   Voir le texte cité ci-dessus dans la note 22. Selon Fisher, ce sont bien des gens, et non des œuvres, que « contient le film ».

25.   Voir Morgan Fisher : « It's all found footage, but instead of being brought to life by projection, as in Conner, *it's presented as inert material, as separate strips of film* » (Scott McDonald, « Morgan Fisher: An Interview », *Film Quarterly*, vol. XL, n° 3, printemps 1987, p. 26).

26.   Voir Alan Williams, « Standard Gauge », *Film Quarterly*, vol. xxxix, n° 1, automne 1985, p. 33.

27.   « Since the film will show you pieces of film, strips of transparent celluloid, it brings up the question of film as of an object. Unlike videotape, for example, film has a dual entity. When you look at a piece of videotape, no information is visible ; it's encoded within the material such that it can be interpreted only by a machine. Film is equally prescribed as to its format, but if you pick up a piece of film, there's something to look at. Film can to some degree be read, experienced directly, without a machine, at the level of inert material » (Morgan Fisher, dans Scott McDonald, « Morgan Fisher. An Interview », art. cité, p. 27).

28.   « The take that is *Standard Gauge* is nearly three times longer than the longest take that is possible in 35 mm. So *Standard Gauge*, a modest little film in 16 mm, does something that no film made in the industry can do. So much for 16 mm being beneath 35 mm » (Morgan Fisher, « *Standard Gauge* in Three Parts », art. cité).

29.   S. McDonald, « Morgan Fisher. An Interview », art. cité, p. 26. (Je souligne).

30.   « And here is that figure who in some quarters is emblematic, almost, of film itself. She is called, most obviously because of her dress, the China Girl, an odious term, but it's universal, and so it's hard to avoid. The China Girl is the most familiar of the many people who perform the same function. Like her, the others are all women, and they are all anonymous./Here's one of her less well-known counterparts. Skin tones are the most important subject in films made in the industry, and skin tones are also the one subject in which the eye is most readily able to detect errors in color correction. The China Girl and her sisters are intended as examples of well-exposed skin tones, and they are used by motion picture laboratories as a guide in calibrating their

equipment. Sometimes examples of standard reference colors are included in the scene as well. The usual procedure is to cut a few frames of the scene into the leader of the picture negative, and so she becomes a part of each release print. This figure's sex, her being in the margin of the film, her serving to establish and maintain a standard of correct appearance: these are aspects of a single question that deserves thought./[Another example./And yet still another.] In a literal sense these women are just as much a part of the film as those images that are intended to be presented to our view. Yet their presence is invariably suppressed as being an intrusion, as being no proper part of the film. It is the people working behind the scenes, such as laboratory technicians, those people who dedicate their lives to rendering appearance perfect, who know these women best » (cité dans Scott MacDonald [ed.], *Screen writings*, *op. cit.*).

31. Dans *Messiah of Evil*, Fisher occupait une double position. En tant que monteur principal, il appartenait à l'armée des techniciens invisibles qui fabriquent le film sans y figurer (voire sans avoir participé à son tournage, comme Fisher lui-même dans *Student Nurses*). En tant que détenteur d'un petit rôle, il devenait visible à l'écran, comme en témoignent les bouts de pellicule. Mais cette visibilité reste fragile et mineure. Le film ayant été tourné en Techniscope et nécessitant une lentille spéciale pour être redressé à la projection, le « matériau inerte » proposé à la vue se présente déformé par l'anamorphose. Par ailleurs, des deux scènes dont les chutes gardent trace, la seconde a été supprimée au montage par le metteur en scène – un travail sans doute réalisé par Fisher lui-même, cette fois-ci en tant que monteur.

32. Le projectionniste est l'objet de l'attention d'un autre film de Fisher, *Projection Instructions* (1976). Conçu comme une « partition pour le projectionniste », il offre à celui-ci une série d'instructions, simultanément visibles à l'écran et audibles dans la bande-son, dont l'accomplissement modifierait les conditions de projection. Respectées ou pas, plus ou moins bien mises en œuvre, elles mettent l'accent sur le travail qu'accomplit ce personnage habituellement invisible, malgré son importance dans le dispositif cinématographique.

33. *Detour* – jusqu'à sa dernière scène – est tout entier régi par une structure de *flashback*, structure qu'analyse en détail la troisième partie de « *Standard Gauge* in Three Parts » (Morgan Fisher, « *Standard Gauge* in Three Parts », art. cité).

34. « The main character is a fugitive from justice, whose troubles began when he was hitchhiking. In the last shot of the film he's walking along a highway at night. He speaks in an interior monologue, wondering what his life might have been like if he had never accepted the fateful ride. Then, with suden conviction, he speaks these words : "But one thing I don't have to wonder about – I know : someday a car *will* stop to pick me up that I never thumbed." At that moment a police car overtakes him, and he is arrested. He seems almost to welcome it. He has only to predict it, and the future occurs. His shifting to the future tense makes the scene jump forward, revealing as a certainty the outcome that the character's fatalism had long foreshadowed. *And yet this disjunction in time, a kind of ellipsis into the future, takes place within a single continuous shot* » (cité dans Scott MacDonald [ed.], *Screen Writings*, *op.cit.* [Je souligne]).

35. Cette irruption n'en est que plus frappante. Elle résonne dans la dernière partie du film, qui ne l'effacera pas tout entière.

FLUX ET MATIÈRE ONIRIQUE
JÜRGEN REBLE | DAS GOLDENE TOR | 1992

Olivier Schefer

L'histoire du cinéma est pour partie celle d'un regard qui n'advient jamais entre les spectateurs et les protagonistes présents à l'écran. Pour interroger cette condition paradoxale du cinéma (voir sans être vu), certains réalisateurs attaquent la surface des images et, d'abord, remontent à la source du visible. Louis Feuillade avec *Les Yeux qui fascinent* et Fritz Lang dans *Docteur Mabuse, le joueur* jouent de la puissance rayonnante et hypnotique du regard, tandis que Buñuel tranche un œil au début d'*Un chien andalou* et qu'Alfred Hitchcock plonge notre regard dans l'œil en vortex du générique de *Vertigo*. Dans le film de Jürgen Reble *Das Goldene Tor*, c'est par l'œil vif d'un gallinacé, filmé en ouverture derrière le grillage d'un poulailler, qu'on passe de l'autre côté d'une surface (la bobine impressionnée, le support narratif). L'œil mélancolique de l'animal, puis celui d'un enfant, est un œuf poétique d'où émergent d'autres formes, taches, iris, planètes, tandis que la grille devient toile d'araignée, dentelle, pellicule, et ces deux figures s'assemblent provisoirement vers la fin en une grande roue de fête foraine. L'œil en gros plan et le grillage qui le tient à distance – le rond et la grille ici déclinés sous de multiples formes – jouent en quelque sorte la fonction du schème kantien : ils permettent le travail de l'imagination visuelle et la levée de quelque secret caché dans la matière.

Jürgen Reble
1956, Düsseldorf (République fédérale d'Allemagne)
Das Goldene Tor
1992
Film 16 mm noir et blanc et couleur, sonore, 55'
Achat 1995
AM 1995-F1315

SCHMELZDAHIN, CORRUPTION ET FLUX

Das Goldene Tor [« La Porte d'or »] se compose de cinq séquences de durée inégale. Les deux premières débutent avec des scènes quotidiennes filmées à Freiburg (octobre 1990) et Darmstadt (février 1991), qui se délitent progressivement. La troisième partie, « Bonn-Antarktis », impossible collusion géographique, propose un vaste mouvement d'accélération des images où sont emportés dans un flux continu automobiles, passants, trams, roues, tandis que résonne la composition musicale mélancolique de Thomas Körner, présente tout au long du film. La quatrième partie, une des plus longues, débute avec le panneau suivant : « Der Weg zum Licht führt durch die Finsternis » [« Le chemin qui mène à la lumière passe par les ténèbres »], citation biblique indéterminée ou probable réminiscence d'une épigramme attribuée à Sénèque, « Per aspera ad astra » [« Aller vers les étoiles par des sentiers ardus »]. Des coulées de lave côtoient des scènes de bataille, jusqu'à l'apparition de la Porte d'or du titre, un vitrail devant lequel tombe en vibrant une pluie de lumière qui rappelle la déclinaison des atomes chez Lucrèce. « Sans cette déclinaison, tous les atomes, comme gouttes de pluie, / tomberaient de haut en bas dans le vide infini. / Entre eux nulle rencontre, nul choc possible. La nature n'aurait donc jamais rien créé[1]. » La corruption matérielle du support tient ici quasiment lieu de choc originel, car tout s'élabore dans le heurt des éléments. Le film s'achève enfin avec de lents mouvements d'éruption solaire, noire et rouge, ou de matière en fusion, d'un chromatisme intense, que l'on voit à travers l'œil d'un microscope ou d'un télescope. Ce final « cosmique », qui fait se rejoindre l'infiniment petit et l'infiniment grand, s'ouvre de façon exemplaire par un symbole païen du feu : un disque traversé d'une barre verticale.

Das Goldene Tor emprunte en effet plusieurs éléments à la mythologie scandinave et à la symbolique alchimique de la transmutation des matériaux. La Porte d'or désigne la fin du solstice d'hiver, annonciatrice du renouvellement de la nature après une période de latence et de mort, dont le film de Reble déploie toute la tonalité mélancolique. Deux symboles considérés comme parfaits dans le cycle de la transmutation sont par ailleurs visibles à plusieurs reprises : l'argent (un croissant de lune), le soleil (un point dans un rond). Naturellement, la présence disparate de ces éléments est pour partie aléatoire. Reble réinvestit surtout ces modes de pensée et de représentation par une analyse matériologique de la pellicule. C'est là où il est le plus littéral que son cinéma est le plus idéel. Contrairement à d'autres cinéastes expérimentaux, Reble ne travaille pas sur le support filmique à l'état brut, mais sur la décomposition physico-chimique de films impressionnés (récupérés ou originaux). Il interroge ainsi la nature matérielle de l'image, en permettant à la pellicule et à l'émulsion de transparaître. Dans la séquence finale, l'émulsion fond et se répand de toutes parts. La question analytique de son cinéma est bien de reconduire les images à un état censément premier de flux naturel, celui des molécules chimiques et des atomes mobiles qui les composent. Son objet principal n'est autre que le processus, l'état d'écoulement permanent de la matière filmique. Henri Michaux, pour sa part, disait rechercher dans ses dessins un moyen d'échapper à la fixité de la figure peinte. « Mon plaisir est de faire venir, de faire apparaître, puis faire disparaître[2]. »

L'entreprise matériologique de Reble, qui touche intimement à la nature de la représentation, débute avec ses premières expériences menées durant les années 1980 au sein d'un petit collectif expérimental, Schmelzdahin [« Dissous-toi », de *schmelzen*, fondre, liquéfier]. Le but de cette association d'« après-garde », comme il dit, en raison de son caractère artisanal, était d'intervenir sur des morceaux de films en super 8, montés avec de la pellicule récupérée, des *found footages* de films scientifiques, d'horreur, mais également d'images télévisées détournées de leur contexte. Ces interventions sur le matériau, effectuées avec ses deux compères de l'époque, Jochen Müller et Jochen Lempert, prennent différentes formes. Reble retravaille parfois la pellicule en usant d'un procédé mécanique (frotter le support à l'aide d'un abrasif ou le perforer avec des poinçons). Il procède également à l'apposition de substances chimiques, ou bien encore il soumet la bobine à la corrosion naturelle bactérienne ou atmosphérique. Les trois représentants de Schmelzdahin accrochent des centaines de mètres de bobines à des branches d'arbres, livrant le film à la lumière naturelle et aux intempéries, ou enterrent *Stadt in Flammen*, un film catastrophe d'Alvin Rakoff, pendant quelques mois, de sorte que les couches d'émulsion colorées finissent par se mélanger sous l'effet de la chaleur et de l'humidité. Le film est ensuite partiellement brûlé par la lampe de la tireuse optique.

En 1985, Reble plonge une copie d'*Ali Baba et les 40 voleurs*, pendant un an, dans l'étang de son jardin. Quand il l'en ressort, elle est recouverte de bactéries. Ce qui est donné à voir n'est autre que la pellicule trouée et attaquée (quelques images d'origine, fantomatiques, percent çà et là). Le titre qu'il donne à cette expérimentation, *Aus den Algen* (1986), suggère assez que la pellicule est littéralement tirée, extraite (*aus*) des algues, mais aussi que le film est ce qu'il désigne : un extrait d'algues, puisqu'il est pour ainsi dire devenu un élément de la nature, qui a refait le film en le détruisant. « La nature, estimait déjà Novalis, a un instinct artistique – voilà pourquoi c'est bavardage que de vouloir séparer nature et art[3]. »

Après avoir quitté Schmelzdahin, vers 1988, Reble privilégie l'intervention chimique, plus rapide, à l'action bactérienne. Dans *Instabile Materie* (1995), l'émulsion de la pellicule impressionnée est rongée par des cristaux de chlorure de sodium. Lors d'une performance intitulée *Alchemie*, menée à plusieurs reprises, Reble traite chimiquement et en direct un film qui se désintègre peu à peu. « À la fin, écrit-il, il ne reste que la danse des éléments. On assiste à un processus de formation et de décomposition en temps réel[4]. » Ainsi, comme d'autres films de ses débuts, *Das Goldene Tor* est composé en partie sur le principe du found footage. Reble mêle des séquences documentaires sur les insectes, les plantes carnivores et les planètes à des scènes quotidiennes tournées dans des lieux publics. L'intervention chimique décolle par endroit l'émulsion, les changements de couleurs étant obtenus par l'effet du virage du noir et blanc, grâce au soufre, au cuivre et à l'oxyde d'uranium.

BnF - EST - Cb 13a Bte RES Rembrandt - le docteur Faustus ou l'alchimiste / BnF-DRE-Utilisation réglementée

Rembrandt
Le Docteur Faustus
vers 1652
Eau-forte, pointe sèche et burin
21 x 16 cm
Coll. BNF, Estampes
(épreuve sur papier japon doré)

Jürgen Reble
Das Goldene Tor
1992

ESTHÉTIQUE DU RÊVE, *KUNSTCHAOS*

Que la pellicule soit enterrée, plongée dans l'eau, et soumise à de multiples trafics mécaniques et chimiques, il s'agit toujours pour Reble de revenir à un stade élémentaire des images. Ce qui importe dans leur flux, c'est d'arriver à la danse ou au déchaînement des éléments, à une sorte de *materia prima*. Reble retrouve sans doute ici toute une imagination active de la matière, notamment alchimique, qui n'est pas sans lien avec la question du rêve. Car travailler concrètement sur la pellicule, c'est travailler sur le rêve, ou plus exactement sur l'état chaotique du rêve et l'imbrication de séquences visuelles. Reble souligne que la dynamique qu'il s'efforce de retrouver s'apparente au flux onirique, à la transposition interne d'un état de fluidité de la matière. «Tant que nous balayons des yeux l'univers qui nous entoure, nous vivons dans un monde fugace, plein d'ombres, qui se constitue à chaque instant. L'œil s'y accommode et devient créatif à son tour, puisqu'il projette son monde intérieur stable sur le monde extérieur fugitif et qu'il corrige continûment l'image intérieure. Dans le rêve, le vécu vit sa propre vie et se projette lui-même. Je fais une expérience semblable avec mes films[5].» Ces remarques amplifient d'une certaine manière les réflexions d'Aristote sur la production sensible et imaginative des images au sein du rêve. Selon lui, le rêve est une image résultant du mouvement des impressions sensibles, dont il explique ainsi la rémanence, après la disparition des objets extérieurs : «De même, lorsque l'on détourne [le regard] des objets en mouvement, par exemple des rivières, notamment quand leur cours est rapide, alors les objets au repos paraissent en mouvement[6].» *Das Goldene Tor* prolonge cette simple comparaison en proposant un jeu autonome d'impressions visuelles qui s'engendrent continuellement elles-mêmes.

À l'évidence, Reble s'écarte de la logique mimétique, qui présuppose distance et immobilité et s'avère incapable d'exprimer le passage des images et leurs continuelles métamorphoses. Ainsi l'œuvre *de* rêve, qui n'est pas la représentation allégorisée *du* rêve[7], mais bien le rêve à l'œuvre, consiste à capter des flux visuels imprévisibles en épousant leur dynamique paradoxale, mêlant désordre et agencement d'images. Novalis estime justement qu'un récit de rêve, au même titre que la poésie, est à la fois dépourvu de cohésion (*ohne Zusammenhang*), c'est-à-dire d'un plan d'ensemble, et qu'il procède par associations, combinaisons de fragments[8].

En reconduisant les figures à un état informe, *Das Goldene Tor* instruit en un sens ce procès onirique. Pour ce faire, Jürgen Reble mobilise une esthétique romantique de la tache et du chaos, une «création destructrice[9]» qui affleure partout. Il s'efforce de tenir le geste tremblé de l'esquisse et du passage de frontières entre le visible et l'invisible. Les scènes quotidiennes deviennent des états mobiles d'une matière qui délivre progressivement de nouvelles formes, tout en se délitant et en s'effondrant. Ainsi, la grande roue qui tourne dans la troisième partie du film, en symbole solaire alchimique, est en même temps un accélérateur de particules. Les figures de la fête foraine deviennent ou redeviennent des segments dynamiques abstraits. Ce passage de la forme à l'informe, à un état germinatif des images, est celui que Paul Valéry pointait dans son *Degas, danse, dessin*, en évoquant des «choses informes» (taches, masses, contours, volumes...): «Dire que ce sont des choses informes, c'est dire, non qu'elles n'ont point de *formes*, mais que leurs formes ne trouvent en nous rien qui permette de les remplacer par un acte de tracement ou de reconnaissance nets. Et, en effet, les formes informes ne laissent d'autre souvenir que celui d'une possibilité... Pas plus qu'une suite de notes frappées au hasard n'est une mélodie, une flaque, un rocher, un nuage, un fragment de littoral ne sont des formes réductibles[10].» Lorsque Reble modifie chimiquement la pellicule pour faire affleurer un chaos destructeur et originel, il retrouve le geste de Victor Hugo exécutant ses «barbouillages» – comme celui-ci l'écrivait à Jules Laurens –, dans lesquels l'image s'efface tout en se révélant. On voit dans le film de Reble maints motifs apparentés aux taches planètes informes de Hugo, dont une encre brune de 1850, tandis que les tramages de pellicule évoquent les applications de dentelle sur papier que pratiquait l'écrivain vers 1855.

LABORATOIRE DES IMAGES

Le film de Reble nous parle de l'origine chaotique des images, qui mêle l'apparition et la disparition, en quoi il touche à la question du rêve et de sa possible (ou impossible) représentation. Par sa nature, et ses implications esthétiques, *Das Goldene Tor* se tient en même temps à la frontière de la science et de la fiction, qu'il rabat constamment l'une sur l'autre. Il y a ici comme la reprise et la radicalisation de certaines propositions du cinéma de série B, lorsque celui-ci investit justement l'écart et le rapprochement entre le documentaire scientifique et la fiction. Reble reconnaît volontiers cette influence, notamment le rôle du film de Joseph M. Newman *This Island Earth* (1955), dans lequel des extra-terrestres envahissent la Terre parce qu'ils sont eux-mêmes envahis par d'autres extra-terrestres... Une soucoupe volante prend feu au moment de traverser une barrière thermique. Toutefois, ce n'est pas l'analogie entre les motifs qui importe, mais bien la fonction schématique de certaines séquences dans lesquelles l'imaginaire matériel trouve toute sa mesure. Dans *The Magnetic Monster* (1953), Curt Siodmak propose des développements pseudo-scientifiques sur le déplacement des atomes, dont *Instabile Materie* est du reste formellement assez proche. Cet étrange film, inspiré par le *Gold* (1934) de Karl Hartl, met en œuvre un des grands thèmes de la science-fiction: l'explosion du laboratoire, ici le Cyclotron, un accélérateur de particules lourdes. Ce motif édifiant ouvre dans un schéma narratif souvent traditionnel de purs moments d'abstractions esthétiques. Les figures s'autonomisent et se délivrent de la contrainte diégétique. Plus qu'un motif, donc, le laboratoire qui explose constitue le schème de toutes les formes archaïques et comme la scène même du *Kunstchaos* et de l'œuvre au noir. Malgré la différence des imaginaires qui sont mobilisés (chimique chez Reble, électromagnétique chez Siodmak), l'explosion libère les images du récit pour mieux révéler la matière des rêves et sa dynamique formelle.

286

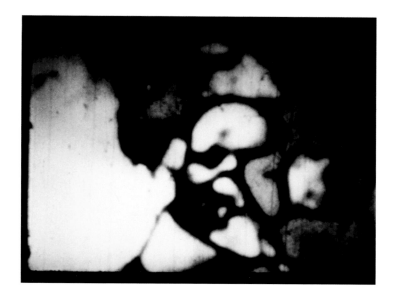

Jürgen Reble
Das Goldene Tor
1992

Affiche du film *This Island, Earth* (1955)
réalisé par Joseph M. Newman

Par l'équilibre constamment rejoué entre la décomposition des figures et l'apparition de formes informes, la séquence finale ressaisit et approfondit le postulat visuel d'un art onirique, qui rejoint de façon presque littérale celui de la peinture romantique de paysage : «[...] le paysage en tant que tel, note August Wilhelm Schlegel, n'existe que dans l'œil de celui qui le contemple[11].» Ainsi, tout semble se dérouler à travers l'ouverture d'un système optique indéterminé (diaphragme photographique, télescope, microscope...), placé au centre d'un cache noir. Par ce dispositif, qui rappelle également la fermeture à l'iris du cinéma des premiers temps, Reble nous invite à voir simultanément *dans* et *à travers* un œil, comme s'il opérait la coalescence de la perception et de ses objets, de la profondeur et de la surface, que les séquences spontanées du sommeil ne dissocient pas.

NOTES

1. Lucrèce, *De la nature*, II, 221-224, trad. José Kany-Turpin, Paris, Aubier-Flammarion, 1993, p. 127.

2. Henri Michaux, *Émergences-Résurgences* [1972], Paris, Albert Skira, coll. «Les sentiers de la création», 1993, p. 21.

3. Novalis, «Fragmente und Studien 1799/1800», n° 338, dans Hans-Joachim Mähl (éd.), *Werke*, t. II, *Das philosophisch-theoretische Werk*, Munich et Vienne, Carl Hanser Verlag, 1978, p. 810. Trad. française : Novalis, *Art et utopie. Les derniers fragments (1799-1800)*, trad. Olivier Schefer, Paris, Éditions Rue d'Ulm, École normale supérieure, «Aesthetica», 2005, p. 104.

4. Jürgen Reble, «Chimie, alchimie des couleurs», *Poétique de la couleur. Une histoire du cinéma expérimental*, Paris, Auditorium du Louvre/Institut de l'image, 1995, p. 155.

5. J. Reble, *ibid.*, p. 154.

6. Aristote, «Des rêves», *Petits traités d'histoire naturelle*, trad. Pierre-Marie Morel, GF Flammarion, 2000, p. 143-144.

7. Sur cette distinction, voir Jean-Claude Lebensztejn, «Victory Boogie Woogie (Fleurs de rêve III)», *Les Cahiers du Musée national d'art moderne*, Paris, Centre Georges Pompidou, n° 52, été 1995, p. 10-20.

8. Novalis, «Fragmente und Studien 1799/1800», n° 113, *Werke*, *op. cit.*, p. 769. Trad. française : *Art et utopie*, *op. cit.*, p. 57.

9. Formule de Nicole Brenez sur la destruction pelliculaire d'une partie du cinéma expérimental, notamment celui de Schmelzdahin et de Jürgen Reble, «Couleur critique», dans Jacques Aumont, *La Couleur en cinéma*, Paris, Cinémathèque française/Milan, Mazotta, 1995, p. 172.

10. Paul Valéry, *Degas, danse, dessin* [1936], *Œuvres*, t. II, Paris, Gallimard, «La Pléiade», 1960, p. 1194.

11. August Wilhelm Schlegel, *La Doctrine de l'art. Conférences sur les belles lettres et l'art* [1801-1804], trad. Marc Géraud et Marc Jimenez, Paris, Klincksieck, 2009, p. 169. Je modifie légèrement cette traduction, qui donne «considérer» pour *betrachten* ; «contempler» me semble plus approprié au contexte. A. W. Schlegel écrit : «Die Landschaft als solche existirt [sic] nur im Auge ihres Betrachters.»

TRACÉS
MARIJKE VAN WARMERDAM | SKYTYPERS | 1997

Sur un écran suspendu au milieu de l'espace, cinq avions à réaction évoluant en lignes parallèles entrent et sortent du champ, laissant une traînée blanche sur un fond de ciel bleu immaculé. Avec *Skytypers*, Marijke van Warmerdam étend, par l'intermédiaire du film et de la projection, la pratique du dessin aux dimensions du paysage. Dans la semi-obscurité de l'espace d'exposition, ce dessin fugué, alternant tracés continus et discontinus, n'est pas sans rappeler le *Whirlpool (Eye of the Storm)* réalisé par Dennis Oppenheim en 1973, dans lequel l'artiste américain faisait exécuter par un avion télécommandé un tourbillon de fumée. Mais la référence au land art n'est pas l'horizon ultime de la pièce filmique de Marijke van Warmerdam : l'investissement du champ bord à bord et la conception du cadre comme une coupure au-delà de laquelle le tracé se prolonge virtuellement de manière aléatoire et indéfinie, le double basculement du plan d'inscription de la verticale de la toile à l'horizontale du ciel et de nouveau de l'horizontale du ciel à la verticale de l'écran, l'absence de contact entre le subjectile et le vecteur du tracé, font de *Skytypers* la reprise ou le prolongement des compositions *all over* et de la technique du *dripping* pollockien, réinscrivant ainsi le cinéma dans l'histoire de la picturalité.

Marijke Van Warmerdam
1959, Nieuwer-Amstel
(Pays-Bas)
Skytypers
1997
Installation
cinématographique
Film 16 mm couleur,
silencieux, 6'25''
Achat 2002
AM 2002-115

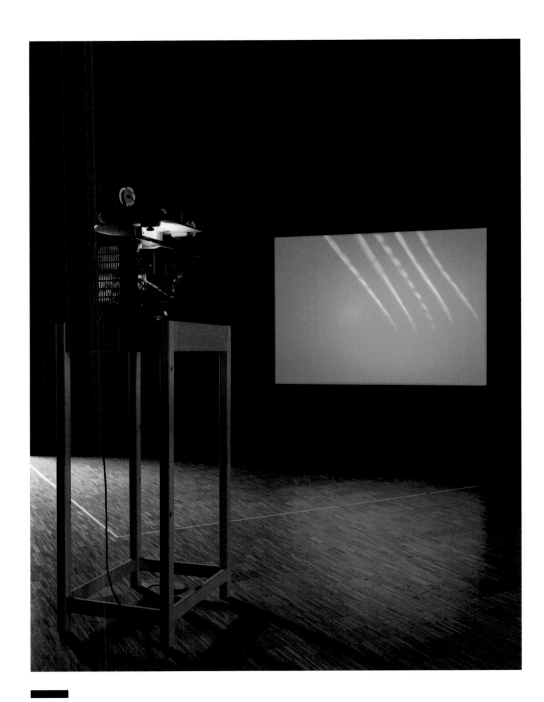

Marijke Van Warmerdam
Skytypers
1997

vers l'Empire State Building. Quel sens convient-il de prêter à cette reprise ? Un début d'explication est sûrement à chercher du côté des dates : Warhol tourne son film au moment même où paraît, dans un autre magazine – *Vogue* –, la photographie du salon de Greenberg. Une coïncidence qui symbolise un moment important de l'histoire de l'art : le pop art remplace l'abstraction moderniste comme modèle esthétique dominant. Un empire en remplace un autre.

Avec d'autres travaux de Sietsema, tout particulièrement la série des *newspaper drawings*, l'invocation de Warhol trouverait à se renforcer. Ces dessins ont pour origine les journaux dont l'artiste se sert dans son atelier afin de protéger le sol ou les surfaces de travail. Si, pour Sietsema, toute œuvre, dans la logique de l'anti-ready-made qui est la sienne, doit impérativement sortir de l'atelier, tout ce qui est dans l'atelier a, en contrepartie, vocation à devenir œuvre, même le rebut. C'est ainsi que les feuilles de journal en question, maculées de peinture, font l'objet de grands dessins, dans lesquels sont non seulement reproduites, en trompe-l'œil, les pages imprimées, mais également les taches de peinture. On se souviendra que l'une des premières et programmatiques toiles de Warhol consiste, elle aussi, en la reproduction d'un journal : *129 Die in Jet (Plane Crash)* (1962), une toile reproduisant la une du *New York Mirror* du 4 juin 1962, qui relatait une catastrophe aérienne survenue à Orly. Deux années plus tôt, Warhol avait collé des vignettes découpées dans les journaux – vignettes narrant les exploits de Superman – sur des feuilles de papier qu'il maculait de peinture à l'eau. Reproduction d'un journal et taches de peinture sur celui-ci, Warhol s'était déjà, mais en deux temps, adonné à l'exercice.

L'un des *newspaper drawings* doit retenir tout particulièrement notre attention : *Untitled Figure Ground Study (New York Times)*, de 2009. Sur un rectangle de papier de 78,7 x 87,3 cm, Sietsema a dessiné à l'encre, de façon hyperréaliste, un exemplaire du quotidien new-yorkais ouvert à la page des arts, où figure, entre autres comptes rendus, un article sur l'exposition consacrée en 2003 par le Whitney à *Empire*, article accompagné d'une photographie de la maquette du salon de Greenberg. L'image n'est pas parfaitement visible : d'une part, parce que le journal est représenté à l'envers, comme l'est à plusieurs reprises le salon dans le film ; d'autre part, dans la mesure où une large macule de peinture blanche l'offusque partiellement. La figure : une de ces marques involontaires, conséquence du labeur matériel de l'artiste dans son atelier. Le fond : le journal, une version médiatisée du réel. Il y a là comme une allégorie : le pur événement pictural, littéralement insensé, prenant pour support une page de journal warholienne. Sietsema semble inviter à contempler la macule de peinture, même s'il n'est plus possible de penser en faire une expérience immédiate, rien n'échappant plus à l'empire du médiat, des médias.

Le fond constitué par les pages de journal ne serait-il pas là pour indiquer que c'est bien dans le monde dont témoigne l'œuvre de Warhol que Sietsema manigance son savant artisanat ? Voilà les tableaux grâce auxquels la peinture devait manifester son essence soumis à la promiscuité d'un intérieur new-yorkais des années 1950, dans lequel les capture une photographie de magazine. Plutôt que de chercher à inverser le processus, Sietsema radicalise le jeu de la représentation : l'image de *Vogue* devient une maquette et celle-ci un film. Dans un monde où la présence s'absente, un film comme *Empire* vaut de rendre l'absence aussi présente.

NOTES

1. Paul Sietsema est né en 1968 à Los Angeles.

2. P. Adams Sitney, *Le Cinéma visionnaire. L'avant-garde américaine 1943-2000*, chap. 12, « Le cinéma structurel », trad. Pip Chodorov et Christian Lebrat, Paris, Paris Expérimental, 2002, p. 329-350.

3. Ce commentaire doit beaucoup à l'article d'Alain Cueff « L'empire de la vision. Paul Sietsema, *Empire*, 2002 », *Les Cahiers du Musée national d'art moderne*, n° 98, 2007, p. 23-29.

4. Voir Bruce Hainley, « Model Theory », *Frieze*, n° 71, 2002, p. 90-93.

5. Sur l'antivisualisme de l'esthétique smithsonienne, voir Michel Gauthier, « Un trou dans la vue », *Les Promesses du zéro*, Dijon, Les Presses du réel / Genève, Mamco, 2009, p. 11-23.

PEINTURE DE FILM

MARK LEWIS | DOWNTOWN TILT, ZOOM AND PAN | 2005

Mark Lewis
1957, Hamilton (Canada)
Downtown Tilt, Zoom and Pan
2005
Super 35 mm transféré en HD,
couleur, silencieux, 4'28"
Achat 2012
EC2012-1-CI06

Depuis le commencement des années 1990, l'œuvre de Mark Lewis est portée par la question de l'institution de la scène cinématographique[1]. Au moment où il se tourne de la photographie vers la pratique des images en mouvement, développant un projet analytique d'inspiration explicitement kantienne, il entreprend d'élucider la nature et de décrire la formation de l'image filmique en isolant ses propriétés et ses composantes formelles. À la faveur de ce basculement à la fois théorique et pratique, la distinction entre langage et méta-langage, entre invention de forme et dispositif critique, ou encore entre pratique filmique et histoire du cinéma, cesse d'avoir cours. La réduction de l'image à son dispositif propre entraîne la mise en question des lois narratives et syntaxiques du cinéma traditionnel et permet l'émancipation des propriétés du médium cinématographique de leur fonction narrative : en s'autonomisant, ces propriétés deviennent le sujet même du film et prennent une valeur purement plastique.

Depuis le début des années 2000, les films de Mark Lewis, systématiquement tournés en 35 mm et destinés non pas à être projetés en salle, mais exposés sous forme numérique sur les cimaises (c'est-à-dire dématérialisés) s'ouvrent à la question de la picturalité. Au terme de l'élucidation de ses composantes formelles, par un phénomène d'altération générique (la *metábasis eis állo génos* d'Aristote), le cinéma semble changer de nature. Désormais, les films de Lewis visent à des effets statiques et sont pour la plupart constitués de plans non montés, d'une durée très courte (moins de quatre minutes) sur le modèle des films Lumière, réactivant le rapport ambigu que ces derniers entretiennent avec le réel.

Mark Lewis
Downtown Tilt, Zoom and Pan
2005

Pour les opérateurs Lumière, dressant tout autour de la planète le catalogue interminable de la circulation des mobiles (défilés, chargements et déchargements de navires, départs et arrivées de trains...), la réalité n'a pas été l'objet du cinéma, mais un cristal dans lequel il voyait se refléter ses propres pouvoirs. C'est ainsi qu'à la lumière des films de Lewis se dessine, dans l'histoire des images en mouvement, une généalogie « externe » qui incite à reconnaître dans les origines du film moins la naissance d'une nouvelle histoire (celle du cinéma), qu'une inflexion – majeure – de celle de la peinture.

Le film ne restitue pas l'image du monde : c'est au contraire l'image du monde qui devient un miroir dans lequel le film réfléchit ses propres pouvoirs.

En renversant le sens de la procédure filmique, Lewis transforme la dimension documentaire du film en proposition plastique, et réinvente, littéralement, la peinture sous les espèces du cinéma. *Downtown Tilt, Zoom and Pan* (2005) peut paraître, à ce jour, l'œuvre de Lewis qui s'engage le plus loin dans cette voie : le plan de paysage urbain, filmé à l'aurore, n'est plus que la toile sur laquelle s'enchaînent, avec une rigueur dépouillée qui rappelle celle de la tradition chinoise de « l'unique trait de pinceau », de bas en haut, de l'avant-plan vers l'arrière-plan et latéralement, les trois mouvements de cadre qui donnent son titre au film.

NOTE

1. Voir Shepherd Steiner, « Invention and Reinvention in the Films of Mark Lewis (The Set Theory) », *Mark Lewis*, cat. expo., Berne, Kunsthalle Bern / Bruxelles, Argos, 2002, p. 15.

Tacita Dean
Kodak
2006

HISTOIRE NATURELLE DU 16 MM
TACITA DEAN | KODAK | 2006

Clara Schulmann

« *Un soir, en passant devant la fenêtre allumée d'une maison, je fus frappé par les formes rouges, bleues et noires au-dedans de la pièce. Mais lorsque, m'avançant, je regardai à l'intérieur, je vis un canapé rouge, un drapé bleu et une table noire. Les formes avaient disparu. J'ai dû reculer pour, de nouveau, les voir*[1]. »

S'en souvient-on encore? En date du 5 janvier 2012, l'édition en ligne du journal *Le Monde* titrait: «Kodak se dirige vers la faillite», et ajoutait: «En perte depuis 2007, Kodak a mal négocié le virage du numérique.»

Quelques mois auparavant, un laboratoire anglais également engagé dans la fabrication de la pellicule 16 mm avait abandonné, déjà, la production de l'analogique. En février 2011, c'est l'artiste britannique Tacita Dean qui se charge de rendre cette information publique dans *The Guardian*, par l'entremise d'un texte intitulé «Save Celluloid, for Art's Sake».

Son texte commence ainsi: «Mardi dernier, l'équipe du laboratoire Soho Film a été informée par ses nouveaux propriétaires, Deluxe, de leur décision d'arrêter l'impression de pellicule 16 mm, décision effective immédiatement. Len Thornton, en charge du 16 mm, fut informé qu'il ne pouvait plus prendre de nouvelles commandes. C'était tout: l'éviction d'un médium sans préavis. Cette nouvelle va anéantir ma vie professionnelle et celle de beaucoup d'autres.»

Plus loin, elle ajoute: «Ces derniers jours ont été comme si je venais de me faire voler mon sac et que je prenais progressivement conscience de ce qu'il y avait à l'intérieur. Ma relation avec le laboratoire était intime, ils veillent sur mon travail, et en sont, en un sens, les protecteurs. [...] Mon histoire avec le film commence au moment du tournage et finit au moment de la projection. Entre temps, différentes étapes de transformation magique ont imprégné l'œuvre de différents niveaux d'intensité.

Tacita Dean
Canterbury (Royaume-Uni), 1965
Kodak
2006
Film 16 mm noir et blanc et couleur, sonore, 44'
Édition 3/4
Don de la Société des Amis du Musée national d'art moderne à l'occasion du 30ᵉ anniversaire du Centre Pompidou, 2007
AM 2007-F1

Tacita Dean
Kodak
2006

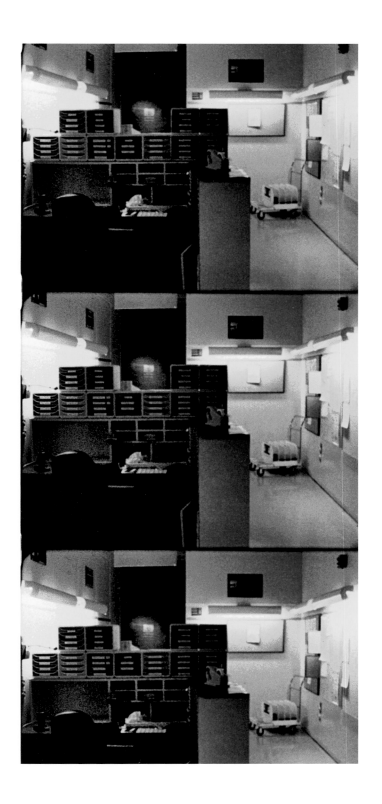
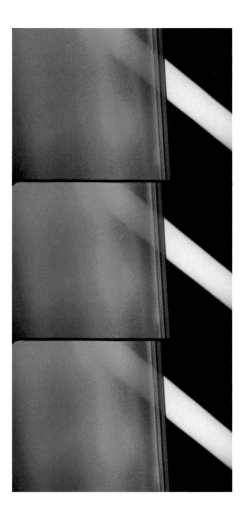

C'est en cela que l'image filmique est différente de l'image digitale : ce n'est pas seulement une opposition entre pixels et émulsion, ou entre lumière et électronique, il s'agit de quelque chose de plus profond – qui a à voir avec la poésie[2]. »

Tacita Dean n'est pas exactement un « personnage public », et cet article publié dans *The Guardian* est à saisir au sens propre comme un appel à l'aide, émis depuis un seuil critique dont l'artiste estime qu'il a été atteint. Cet appel, et les différents textes qui, depuis, le relaient[3], s'inscrivent dans une tonalité particulière, par laquelle l'artiste est amenée à faire cohabiter des données techniques, scientifiques, et un récit à la première personne, clairement autobiographique. C'est également dans cette tension, entre alchimie et chronique personnelle, que s'inscrit son film *Kodak*.

En 2004, Tacita Dean a été commissaire d'une exposition à la Hayward Gallery de Londres intitulée « An Aside » [« un aparté »]. Cette exposition, qui, d'une certaine manière, montrait l'artiste au travail, sondant et collectionnant des images, réunissait, selon une logique librement associative, différentes œuvres traversant le XXe siècle (photographies, sculptures, dessins). Dans le texte d'introduction du catalogue, Tacita Dean explicitait le choix de son titre : « Pour moi, il est actif : il ne s'agit pas d'un texte prononcé à voix basse mais d'un moment décisif où un acteur choisit de s'adresser directement au public tout en n'affectant pas l'action en cours. La pièce n'est pas interrompue, et les comédiens continuent à maintenir l'intégrité de celle-ci, mais un individu s'est adressé à nous, dans son rôle ou pas[4]. »

L'aparté correspond bien au travail de Tacita Dean : jamais spectaculaire, extrêmement singulier, celui-ci mêle une qualité d'énonciation, une détermination, une précision qui le distinguent du flux de la production contemporaine sans jamais chercher à y occuper une place centrale. Par ailleurs, l'aparté théâtral comme les films qu'elle réalise associent des enjeux de méthode et des questions de contenu, et inventent un point de vue qui tient du surgissement, où ce qui est dit devient à la fois crucial et mémorable. L'attachement de Tacita Dean au 16 mm témoigne de cette adéquation. C'est accompagnée de ce médium spécifique qu'elle a dévolu son travail aux interstices, aux espaces abandonnés, négligés, aux objets inutiles, aux gestes sur le point de disparaître, aux visages et aux corps récalcitrants, à l'intimité des espaces de production. Une histoire naturelle qui s'obstine à ne pas croire aux natures mortes et dont les films sont les esquisses, les cahiers de notes, les journaux de bord.

Il y a dans l'aparté un murmure paradoxalement public, une insistance à néanmoins prendre la parole, que l'on retrouve dans ces textes dédiés au sauvetage de la pellicule 16 mm.

LES COULISSES

Tacita Dean affectionne l'espace de travail que sont les coulisses – en témoigne, entre autres, sa rencontre avec le chorégraphe Merce Cunningham. *Craneway Event* (2008) rend compte des répétitions de la compagnie du grand maître, que ce dernier

BIBLIOGRAPHIE

Marie-Ève Fortin

OUVRAGES GÉNÉRAUX

Du cinéma selon Vincennes, Paris, Lherminier, coll. « Cinéma Université, », 1979.

Exploding (Paris), *Colorosa*, n° 3, 1999.

Exploding (Paris), *Érogène*, n° 4, 1999.

Exploding (Paris), *État des yeux*, n° 10, 2006.

Exploding (Paris), *Formes Brèves*, n° 5, 2000.

Exploding (Paris), *Le Ralenti*, n° 2, 1999.

Exploding (Paris), *Traces*, n° 7, 2001.

Exploding (Paris), *Visions extraordinaires*, n° 6, 2001.

Hans Richter. Peinture et cinéma, Munich, Goethe-Institut, 1970.

Michael Snow. Des écrits. 1958-2001, Paris, Éd. du Centre Pompidou/École nationale des Beaux-Arts, 2002.

Michael Snow. Digital Snow, DVD-Rom, coll. « Anarchive », n° 2, Paris, Éd. du Centre Pompidou, 2002.

André Almuró, *L'Œil pinéal. Pour une cinégraphie*, Paris, Paris Expérimental, Cahier n° 6, 2002.

Adriano Aprá, *New American Cinema*, Milan, Ubulibri, 1986.

Rudolf Arnheim, *Film als Kunst*, 1932 ; éd. anglaise, *Film as Art*, 1958, 1983 ; éd. française, *Le cinéma est un art*, Paris, L'Arche, 1989.

Jacques Aumont, *L'Image*, Paris, Nathan, 1990.

Jacques Aumont, *L'Œil interminable. Cinéma et peinture*, Paris, Librairie Séguier, 1989.

Béla Balázs, *Der sichtbare Mensch oder die Kultur des Films*, Vienne et Leipzig, Deutsch-Österreichischer Verlag, 1924.

Raphaël Bassan, *Cinéma et abstraction. Des croisements*, Paris, Paris Expérimental, Cahier n° 25, 2007.

Gregory Battcock, *The New American Cinema. A Critical Anthology*, New York, E. P. Dutton & Company, 1967.

Yann Beauvais, *Mot. Dites, image*, Paris, Éd. du Centre Pompidou/Scratch, 1988.

Yann Beauvais, Jean-Michel Bouhours (dir.), *Le Je filmé*, Paris, Éd. du Centre Pompidou/Scratch, 1995.

Yann Beauvais, Deke Dusinberre, *Musique film*, Paris, Cinémathèque française/Scratch, 1986.

Yann Beauvais, *Poussière d'image. Articles de film (1979-1998)*, Paris, Paris Expérimental, « Sine qua non », 1998.

Raymond Bellour, *L'Entre-images. Photo, cinéma, vidéo*, Paris, Éd. La Différence, 1990.

Gérard Berreby (dir.), *Documents relatifs à la fondation de l'Internationale situationniste. 1948-1957*, Paris, Allia, 1985.

Paolo Bertetto, *Il Cinema d'avanguardia. 1910-1930*, Venise, Marsilio Editori, 1983.

Paolo Bertetto, *L'Enigma del desiderio. Buñuel, Un chien andalou e L'Âge d'or,* Venezia, Marsilio, 2001.

Paolo Bertetto, Germano Celant, *Velocitta. Cinema & futurismo*, Milan, Bompiani, 1986.

Elke Bippus, *Serielle Verfahren. Pop Art, Minimal Art, Conceptual Art und Postminimalism*, Berlin, Reimer, 2003.

Jean-Pierre Bobillot, *Poésie sonore. Éléments de typologie historique*, Reims, Le Clou dans le fer, 2009.

Eugeni Bonet, *Desmontaje. Film, vídeo/apropiración, reciclaje*, Valence (Espagne), IVAM, 1993.

Jeroen Boomgaard, Bart Rutten (dir.), *The Magnetic Era. Video Art in the Netherlands (1970-1985)*, Rotterdam, NAi Publishers/Montevideo, Netherlands Media Art Institute/Amsterdam, TimeBased Arts, 2003.

Jean-Michel Bouhours, *En marge de Hollywood. La Première avant-garde cinématographique américaine. 1893-1941*, Giverny, Musée d'art américain/Paris, Éd. du Centre Pompidou, 2003.

Nicole Brenez, *De la figure en général et du corps en particulier. L'invention figurative au cinéma*, Paris et Bruxelles, De Boeck Université, 1998.

Nicole Brenez, Christian Lebrat (dir.), *Jeune, dure et pure ! Une histoire du cinéma d'avant-garde et expérimental en France*, Paris, Cinémathèque française/Milano, Mazzotta, 2001.

Nicole Brenez, Miles McKane (dir.), *Poétique de la couleur. Une histoire du cinéma expérimental. Anthologie*, Paris, Auditorium du Louvre/Aix-en-Provence, Institut de l'image, 1995.

James Broughton, *Voir la lumière. Pour une métaphysique du cinéma*, Paris, Paris Expérimental, Cahier nº 7, 2002.

Jacques-B. Brunius, *En marge du cinéma français*, Paris, Arcanes, 1954 ; rééd. Lausanne, L'Âge d'homme, 1987.

Freddy Buache, *Le Cinéma indépendant et d'avant-garde à la fin du muet*, Lausanne, Cinémathèque suisse, 1979.

Noël Burch, *Praxis du cinéma*, Paris, Gallimard, coll. « Le Chemin », 1969.

Noël Burch, *Theory of Film Practice*, Princeton, Princeton University Press, 1981.

Mary Ann Caws, *Manifesto. A Century of Isms*, Lincoln (Nebraska) et Londres, University of Nebraska Press, 2001.

Michael Corris (dir.), *Conceptual Art. Theory, Myth and Practice*, Cambridge, Cambridge University Press, 2004.

David Curtis, *A Directory of British Film & Video Artists*, Londres, Arts Council of Great Britain, 1996.

David Curtis, *A History of Artists' Film and Video in Britain. 1897-2004*, Londres, BFI Publishing, 2007.

David Curtis, Deke Dusinberre, *A Perspective on English Avant-Garde Film*, Londres, Arts Council of Great Britain/The British Council, 1978.

David Curtis, *Experimental Cinema. A Fifty Year Evolution*, Londres, Studio Vista, 1971/New York, Delta, 1971.

Guy Ernest Debord, *La Société du spectacle*, Paris, Gallimard, rééd. 1996.

Patrick De Haas, *Cinéma intégral. De la peinture au cinéma dans les années vingt*, Paris, Transédition, 1985.

Gilles Deleuze, *Cinéma 1. L'Image-mouvement*, Paris, Éd. de Minuit, 1983.

Gilles Deleuze, *Cinéma 2. L'Image-temps*, Paris, Éd. de Minuit, 1985.

Frédérique Devaux, *Le Cinéma lettriste. 1951-1991*, Paris, Paris Expérimental, 1992.

Jacques Donguy, *Poésies expérimentales. Zone numérique (1953-2007)*, Paris, Les Presses du réel, 2007.

Deke Dusinberre, Christian Lebrat, *MétroBarBèsRochechou'Art (1980-1983). Gaël Badaud, Teo Hernandez, Jakobois, Michel Nedjar*, Paris, Paris Expérimental, Cahier nº 18, 2005.

Steve Dwoskin, *Film Is. The International Free Cinema*, Londres, Peter Owen, 1975.

Sergueï Eisenstein, *Cinématisme, peinture et cinéma*, Bruxelles, Éd. Complexe, 1980.

Claudine Eizykman, *La Jouissance cinéma*, Paris, UGE, coll. « 10/18 », 1976.

Bruce Elder, *Image and Identity. Reflections on Canadian Film and Culture*, Waterloo, Wilfrid Laurier University Press, 1989.

Bruce Elder, *Harmony + Dissent. Film and Avant-Garde Art Movements in the Early Twentieth Century*, Waterloo, Wilfrid Laurier University Press, 2008.

Vittorio Fagone, *Arte e cinema. Per un catalogo di cinema d'artista in Italia. 1965-1977*, Venise, Marsilio Editori, 1977.

Serge Fauchereau, *Expressionnisme, dada, surréalisme et autres ismes. Essai*, Paris, Denoël, 2001.

Nicolas Feuillie, *Fluxus dixit*, vol. 1, *Une anthologie*, Dijon, Les Presses du réel, 2002.

Haim Finkelstein, *The Screen in Surrealist Art and Thought*, Aldershot, Ashgate, 2007.

Stephen C. Foster (dir.), *Hans Richter, Activism, Modernism, and the Avant-Garde*, Cambridge (MA) et Londres, The MIT Press, 1998.

Herbert Gehr (dir.), *Sound and Vision. Musikvideo und Filmkunst*, Francfort-sur-le-Main, Deutsches Filmmuseum, 1993.

Peter Gidal, *Materialist Film*, Londres et New York, Routledge, 1989 ; rééd. Routledge, 1990.

Peter Gidal, *Structural Film Anthology*, Londres, British Film Institute, 1976.

Michel Giroud, *Paris, laboratoire des avant-gardes. Transformations-transformateurs. 1945-1965*, Paris, Les Presses du réel, coll. « L'écart absolu », 2008.

Cinthia Goodman, *Digital Visions Computers and Art*, New York, Harry N. Abrams, 1986.

Alexander Graf, Dietrich Scheunemann (dir.), *Avant-Garde Film*, Amsterdam et New York, Rodopi, 2007.

Christopher Green, *Leger and the avant-garde*, New Haven et Londres, Yale University Press, 1976.

Bengt Häger, *Ballets suédois*, Paris, Jacques Damase/Denoël, 1989.

Sylvia Harrison (dir.), *Pop Art and the Origins of Post-Modernism*, Cambridge, Cambridge University Press, 2001.

Cecilia Hausheer, Christoph Settele (dir.), *Found Footage Film*, Lucerne, Viper/Zyklop Verlag, 1992.

Birgit Hein, Wulf Herzogenrath (dir.), *Film als film. 1910 bis heute*, Stuttgart, Hatje, 1977 ; éd. anglaise, *Film as Film*, Londres, Arts Council of Great Britain, 1980.

Wilhelm et Birgit Hein, Ch. Michelis, Rolf Wiest, *Film im Underground*, Berlin, Vienne et Francfort-sur-le-Main, Ullstein Verlag, 1971.

Geoffrey Hendricks (dir.), *Critical Mass. Happenings, Fluxus, Performance. Intermedia and Rutgers University. 1958-1972*, New York, Whitney Museum of American Art, 2001.

Hannah Higgins, *Fluxus Experience*, Berkeley, Los Angeles et Londres, University of California Press, 2002.

Prosper Hillairet, Christian Lebrat, Patrice Rollet, *Paris vu par le cinéma d'avant-garde*, Paris, Paris Expérimental, 1985.

Mike Hoolboom, *Fringe Film in Canada. Inside The Pleasure Dome*, Toronto, Coach House Books, 2001.

Jan-Christopher Horak, *Lovers of Cinema. The First American Film Avant-Garde. 1919-1945*, Madison (WI), The University of Wisconsin Press, 1995.

Alexander Horwath, Lisl Ponger, Gottfried Schlemmer, *Avantgardefilm Österreich. 1950 bis heute*, Vienne, Wespennest, 1995.

Isidore Isou, « Esthétique du cinéma », dans Marc-Gilbert Guillaumin (dir.), *Ion*, Paris, avril 1952 ; rééd. Maurice Lemaître (dir.), *Ur*, Paris, 1953.

Isidore Isou, *Introduction à l'esthétique imaginaire et autres écrits*, Paris, Cahiers de l'externité, 1999.

David E. James, *Allegories of Cinema American Film in the Sixties*, Princeton, Princeton University Press, 1989.

David E. James, *The Most Typical Avant-Garde. History and Geography of Minor Cinemas in Los Angeles*, Berkeley, Los Angeles et Londres, University of California, 2005.

David E. James, *To Free the Cinema. Jonas Mekas & the New York Underground*, Princeton, Princeton University Press, 1992.

Christian Janicot, *Anthologie du cinéma invisible*, Paris, Éd. Jean-Michel Place/Éd. Arte, 1995.

Amelia Jones, *Self-image. Technology, Representation, and the Contemporary Subject*, Londres et New York, Routledge, 2006.

Guy Jungblut, Patrick Leboutte, Dominique Païni, *Une encyclopédie des cinémas de Belgique*, Paris, Musée d'art moderne de la Ville de Paris/Bruxelles, Yellow Now, 1990.

Paul Karlstrom (dir.), *On the Edge of America. California Modernist Art. 1900-1950*, Berkeley, University of California Press, 1996.

Marjorie Keller, *The Untutored Eye. Childhood in the Films of Cocteau, Cornell and Brakhage*, Cranbury, Fairleigh Dickinson University Press, 1986.

Razmig Keucheyan, *Le Constructivisme. Des origines à nos jours*, Paris, Hermann, coll. « Société et pensées », 2007.

Ryszard W. Kluszczyński, *Film awangardowy w Polsce i na świecie,* Łódz, Łódzki Dom Kultury, 1989.

Ado Kyrou, *Amour, érotisme et cinéma*, Paris, Le Terrain vague, 1957 ; rééd. Éric Losfeld, 1966.

Ado Kyrou, *Le Surréalisme au cinéma*, Paris, Arcanes, coll. « Ombres blanches », 1953 ; rééd. Le Terrain vague, 1963 ; rééd. Ramsay « Poche », 1985 ; rééd. Ramsay, 2005.

Standish Lawder, *The Cubist Cinema*, New York, New York University Press, coll. « Anthology Film Archives », 1975 ; éd. française, *Le Cinéma cubiste*, trad. Christian Lebrat, Paris, Paris Expérimental, 1994.

Christian Lebrat, *Cinéma radical. Dimensions du cinéma expérimental et d'avant-garde*, Paris, Paris Expérimental, 2008.

Christian Lebrat, *1985-2005. Les 20 ans de Paris Expérimental. Entretiens de Christian Lebrat avec Raphaël Bassan, Daphné Le Sergent et Marc Sautereau*, Paris, Paris Expérimental, Cahier nº 20, 2005.

Christian Lebrat, *Entre les images, notes et réflexions sur mes films et le cinéma*, Paris, Paris Expérimental, 1997, rééd. 2005, 2006.

Thierry Lefebvre, *La Chair et le Celluloïd. Le cinéma chirurgical du docteur Doyen*, Brionne, Jean Doyen, 2004.

Malcolm Le Grice, *Abstract Film and Beyond*, Londres, Studio Vista, 1977 ; rééd. Cambridge (MA), MIT Press, 1981.

Malcolm Le Grice, *Experimental Cinema in the Digital Age*, Londres, British Film Institute, 2001.

Tanya Leighton, *Art and the Moving Image. A Critical Reader*, Londres, Tate, 2008.

Paule Lejeune, *Le Cinéma des femmes. 105 femmes cinéastes d'expression française (France, Belgique, Suisse). 1895-1987*, Paris, Éd. Atlas Lherminier, 1987.

Maurice Lemaître, *Avant toute nouvelle interview* (préface de Maurice Lemaître, « Le syncinéma, la ciné-hypergraphie et le film imaginaire »), Paris, Paris Expérimental, Cahier nº 19, 2005.

Maurice Lemaître, *Anarchisme, juventisme et cinéma*, Paris, Centre de créativité, 2002.

Maurice Lemaître, *Polémique créatrice de cinéma VIII*, Paris, Centre de créativité, 2002.

Maurice Lemaître, *De quelques principes. Entretien Maurice Lemaître-Xavier Baert sur quelques principes de création cinématographique*, Paris, Centre de créativité, 2001.

Maurice Lemaître, *Le Cinéma lettriste/ The Letterist Cinema*, Paris, Centre de créativité, 2001.

Maurice Lemaître, *Homologation créatiste lettriste, 1993-2000*, Paris, Centre de créativité, 2000.

Maurice Lemaître, *Manifeste pour un Dada imaginaire*, Paris, Centre de créativité, 2000.

Alfredo Leonardi, *Occhio mio dio. Il New American Cinema*, Milan, Feltrinelli, 1971.

Marcel L'Herbier, *Intelligence du cinématographe*, Paris, Corrêa, 1946.

Alan Licht, *Sound Art. Beyond Music, Between Categories*, New York, Rizzoli, 2007.

Joseph-Marie Lo Duca, *L'Érotisme au cinéma*, Paris, Éd. Jean-Jacques Pauvert, 1962.

Sirio Luginbühl, *Cinema underground oggi*, Padoue, Mastrogiacomo, coll. « Images 70 », 1974.

Cornelia et Holger Lund (dir.), *Audio. Visual – On Visual Music and Related Media*, Stuttgart, Arnoldsche, 2009.

Olivier Lussac (dir.), *Happening & Fluxus. Polyexpressivité et pratique concrète des arts*, Paris, L'Harmattan, coll. « Arts et Sciences de l'art », 2004.

Jean-François Lyotard, *Des dispositifs pulsionnels*, chap. « L'Acinéma », Paris, UGE, coll. « 10/18 », 1973 ; rééd. Christian Bourgois, 1980 ; rééd. Galilée, 1994.

Scott MacDonald, *A Critical Cinema. Interviews with Independent Filmmakers*, Berkeley, Los Angeles et Londres, University of California Press, 1988.

Scott MacDonald, *A Critical Cinema 2. Interviews with Independent Filmmakers*, Berkeley, Los Angeles et Oxford, University of California Press, 1992.

Scott MacDonald, *A Critical Cinema 3. Interviews with Independent Filmmakers*, Berkeley, Los Angeles et Oxford, University of California Press, 1998.

Scott MacDonald, *A Critical Cinema 4. Interviews with Independent Filmmakers*, Berkeley, Los Angeles et Londres, University of California Press, 2005.

Scott MacDonald, *Avant-Garde Film Motion Studies*, Cambridge, Cambridge University Press, 1993.

Scott MacDonald, *Screen Writings. Scripts and Texts by Independent Filmmakers*, Berkeley, Los Angeles et Londres, University of California Press, 1995.

Scott MacDonald, *The Garden in the Machine. A Field Guide to Independent Films About Place*, Berkeley, Los Angeles et Londres, University of California Press, 2001.

Gerard Malanga, *Archiving Warhol. An Illustrated History*, Londres, Creation Books, 2002.

Jean-Marc Manach, *Les Rapports vert, gris et vert-de-gris. (Années 70 en France. Le cinéma expérimental ou l'institutionnalisation impossible)*, Paris, Paris Expérimental, Cahier n° 4, 2001.

Roger Manwell, *Experiment in the Film*, Londres, The Grey Walls Press, 1949 ; rééd. New York, Dutton Pictureback, 1969 ; rééd. New York, Arno Press, 1995.

Richard Martel, *Art Action. 1958-1998. Happening, Fluxus, Intermédia, Zaj, Art corporel, Body Art, Poésie Action*, Québec, Inter Éditeur, 2001.

J. H. Matthews, *Languages of Surrealism*, Columbia, University of Missouri Press, 1986.

J. H. Matthews, *Surrealism and Film*, Ann Arbor, University of Michigan Press, 1971.

Monique Maza, *Les Installations vidéo, « œuvres d'art »*, Paris, L'Harmattan, 1998.

Thomas McEvilley, *The Triumph of Anti-Art. Conceptual and Performance Art in the Formation of Post-Modernism*, New York, McPherson & Company, 2005.

Jonas Mekas, « An Index To », *Film Culture*, n°s 01-75, New York, 1985.

Jonas Mekas, *Jonas Mekas présente Fluxfriends. George Maciunas, Yoko Ono, John Lennon*, Paris, Éd. du Centre Pompidou, 2002.

Jonas Mekas, *Le Cinéma de la nouvelle génération*, Paris, Paris Expérimental, Cahier n° 8, 2002.

Jonas Mekas, *Movie Journal. The Rise of the New American Cinema. 1959-1971*, New York, Collins Books, 1972 ; éd. française, *Ciné-Journal. Un nouveau cinéma américain (1959-1971)*, trad. et préf. par Dominique Noguez, Paris, Paris Expérimental, coll. « Classiques de l'avant-garde », 1992.

Marion Ménard, *Quelle place pour le film documentaire sur l'art dans le monde de l'art ?*, Paris, École du Louvre, 2005.

Florence de Mèredieu, *Arts et nouvelles technologies. Art vidéo, art numérique*, Paris, Larousse, 2003.

Philippe-Alain Michaud, *Sketches. Histoire de l'art, cinéma*, Paris, Kargo & L'Éclat, 2006.

Annette Michelson (dir.), *New Forms in Film*, Montreux, 1974.

Jean Mitry, *Storia del cinema sperimentale*, Milan, Mazzotta, 1971 ; éd. française *Le Cinéma expérimental. Histoire et perspectives*, Paris, Seghers, 1974.

Laura Mulvey, *Visual and Other Pleasures*, Bloomington, Indiana University Press, 1989.

Bill Nichols (dir.), *Maya Deren and the American Avant-Garde*, Berkeley, Los Angeles et Londres, University of California Press, 2001.

François Niney (dir.), *Visions urbaines*, Paris, Éd. du Centre Pompidou, 1994.

Dominique Noguez, *Le Cinéma autrement*, Paris, UGE, coll. « 10/18 », 1977 ; rééd. Éd. du Cerf, coll. « 7e art », 1987.

Dominique Noguez, *Éloge du cinéma expérimental*, Paris, Paris Expérimental/ Éd. du Centre Pompidou, 1979 ; nouv. éd. Paris Expérimental, 2010.

Dominique Noguez, *Trente ans de cinéma expérimental en France (1950-1980)*, Paris, Arcef, 1982.

Dominique Noguez, *Une renaissance du cinéma. Le cinéma « underground » américain*, Paris, Méridiens-Klincksieck, 1985.

Ghali Noureddine, *L'Avant-garde cinématographique en France dans les années vingt*, Paris, Paris Expérimental, 1995.

Michael O'Pray (dir.), *The British Avant-garde Film. 1926 to 1995. An Anthology of Writings*, Luton, University of Luton Press/ The Arts Council of England », 1996.

Peter Osborne, *Art conceptuel*, Paris, Phaidon, 2006.

Jean-Loup Passek (dir.), *Dictionnaire du cinéma*, Paris, Larousse, 1986 ; rééd. 1991 ; nouv. éd., 2 volumes, 1995.

Krisztina Passuth, *Moholy-Nagy*, Budapest, Corvina, 1982.

Gillian Perry, Paul Wood (dir.), *Themes in Contemporary Art*, New Haven, Yale University Press/Milton Keynes (G. B.), The Open University, 2004.

Ingo Petzke, *Das Experimentalfilm-Handbuch*, Francfort-sur-le-Main, Deutsches Filmmuseum, 1989.

Lauren Rabinovitz, *Points of Resistance Women. Power & Politics in the New York Avant-Garde Cinema. 1973-1971*, Urbana, Chicago, University of Illinois Press, 1991.

Yvonne Rainer, *A Woman Who. Essays, Interviews, Scripts*, Baltimore et Londres, The John Hopkins University Press, 1999.

Duncan Reekie, *Subversion. The Definitive History of Underground Cinema*, Londres, Wallflower, 2007.

Patrick Remy (dir.), *Jonas Mekas. Just like a Shadow*, Göttingen, Steidl, 2000.

Hans Richter*, Filmgegner von Heute-Filmfreunde von Morgen*, Berlin, Verlag Hermann Reckendorf, 1929 ; rééd. Zurich, Verlag Hans Rohr, 1968, Fischer Taschenbuch Verlag, 1981.

Hans Richter, *Hans Richter by Hans Richter,* New York, Holt, Rinehart And Winston Inc., 1971.

Hans Richter, Neuchâtel, Éd. du Griffon, 1965.

Martin Rieser, Andrea Zapp (dir.), *New Screen Media, Cinema, Art, Narrative*, Londres, BFI Publishing/Karlsruhe, Center for Art and Media, 2002.

Gianni Rondolino, *L'Occhio tagliato, Documentao del cinema dadaista e surrealista*, Turin, Martano, 1972.

Robert Russett, Cecile Starr, *Experimental Animation. An Illustrated Anthology*, Londres et New York, Van Nostrand Reinhold, 1976 ; rééd. New York, Da Capo Press, 1988.

Agustin Sanchez Vidal, *Luis Buñuel, Obra cinematografica*, Madrid, Ediciones JC, 1984.

Jack Sargeant, *Naked Lens. Beat Cinema*, New York et Londres, Creation Books, 1997.

Hans Scheugl, Ernest Schmidt jr., *Eine Subgeschichte des Films, Lexikon des Avantgarde, Experimental-und Undergroundfilms*, Francfort-sur-le-Main, Suhrkamp, 1974.

Philippe Sers, *Totalitarisme et avant-gardes. Au seuil de la transcendance*, Paris, Les Belles Lettres, 2001.

Jeffrey Shaw, Peter Weibel (dir.), *Future Cinema. The Cinematic Imaginary after Film*, Cambridge et Londres, The MIT Press, 2003.

Katherine Shonfield, *Walls Have Feelings. Architecture, Film and the City*, Londres et New York, Routledge, 2000.

P. Adams Sitney (dir.), *Film Culture Reader*, New York, Washington, Praeger, 1970.

P. Adams Sitney, *Le Film structurel*, Paris, Paris Expérimental, Cahier n° 23, 2006.

P. Adams Sitney, *Modernist Montage. The Obscurity of Vision in Cinema and Literature*, New York, Columbia University Press, 1990.

P. Adams Sitney, *The Avant-Garde Film. A Reader of Theory and Criticism*, *Anthology Film Archives Series*, n° 3, New York, New York University Press, 1978.

P. Adams Sitney, *Visionary Film. The American Avant-Garde. 1943-1978*, New York, Oxford University Press, 1974 ; 2e éd., 1979.

Frank Stauffacher, *Art in Cinema. A Symposium on the Avant-Garde Film*, New York, Arno Press, 2e éd., 1968.

Frank Stauffacher (dir.), *Art in Cinema. A Symposium of the Avant-Garde Film at the San Francisco Museum of Art*, San Francisco, Art in Cinema Society, 1947 ; rééd. New York, Arno Press, 1968.

Juan A. Suarez, *Bike Boys, Drag Queens and Superstars. Avant-garde, Mass Culture and Gay Identities in the 1960's Underground Cinema*, Bloomington, Indiana University Press, 1996.

Elisabeth Sussman, *On the Passage of a Few People through a Rather Brief Moment in Time*, Cambridge et Londres, MIT Press, 1989.

Brandon Taylor, *Collage. L'invention des avant-gardes*, Paris, Hazan, 2005.

Maureen Thomas, François Penz (dir.), *Architectures of Illusion. From Motion Pictures to Navigable Interactive Environments*, Bristol Portland, Intellect, 2003.

Maureen Turim, *Abstraction in Avant-garde Films*, Ann Arbor, UMI Research Press, 1985.

Parker Tyler, *Underground Film. A Critical History*, New York, Grove Press, 1969 ; rééd. New York, Da Capo Press, 1995.

René Vautier, *Afrique 50*, Paris, Paris Expérimental, Cahier n° 3, 2001.

Experimental Cinema, Philadelphie, 1930-1934.

Experimental Cinema. A Monthly Projecting Important International Film Manifestations, Philadelphie, Cinema Crafters of America, 1930-1934.

Field of Vision, Pittsburgh, 1978-

Film Appreciation Journal, Taïwan, 1994-

Filmblatt, Berlin, Berlin-Brandenburgishes Centrum Für Filmforschung E.V., 1996-

Film Comment, New York, 1962-

Film Culture, New York, 1955-

Film Forum, New York.

Film Ireland, Lir Mac Carthaigh (ed.), Dublin, 2006.

Filmkritik, Munich, 1957-

Filmliga. Orgaan der nederlandsche Filmliga, Amsterdam, 1927-1935.

Film Quarterly, Berkeley, 1958-

Gazette des sept arts, Paris, 1922-1923.

G, Berlin-Friedenau, 1923-1926.

G, Material zur elementaren Gestaltung, Berlin, 1923-1926.

Hors-cadre, Paris, 1983-1992.

Independent Eye, Toronto, Canadian Filmakers Distribution Center.

Independent Film and Video Monthly, New York, Foundation for Independent Video and Film, 1988-

Independent Media, Londres, 1987-1991.

Infermental, Budapest, 1982-1983.

Intermedia, Arad, Roumanie, 1994-

Ion, Paris, 1952.

Iris, Paris, 1983-

Jeune cinéma, Paris, 1964-

Kanal Magazine, Paris, 1983-1991.

L'Âge du cinéma, Paris, 1951.

La Méthode, Paris, 1960-1963.

L'Armateur, Paris, 1992-1994.

L'Art cinématographique, Paris, 1926-1931.

L'Art du cinéma, Paris, 1976-1977.

Le Cinéma même, Paris, 1978-1979.

Le Film du mois, Paris, 1932-

Les Inrockuptibles, Guy Debord, n° 199, Paris, 1997.

Limelight, Strasbourg, 1991-

Lo (o) sgelöst, Vienne, 1992-

Media Arts, Beverly Hills, National Alliance of Media Arts Centers, 1987-

Mediamatic, nedelands tijdschrift voor Media-Kunst en TV-toestellen. Dutch magazine on media art and hardware design, Groningen, Stichting Mediamatic, 1986-

Melba, Paris, 1976-

Millenium Film Journal, New York, 1977-

Mouvement, Paris, 1933.

Off Video, San Sebastian, Casa De Cultura De Intxaurrondo, 1994-

Opsis, The Canadian Journal of Avant-Garde and Political Cinema, Vancouver, 1984-

Positif, Paris, 1952-

Release Print. Newsletter of Film Arts Foundation, the Bay Area Organization of Independent Film and Videomakers, San Francisco, Film Arts Foundation, 1992.

Revue belge du cinéma, Bruxelles, 1982-1995.

Revue d'histoire du cinéma (ACRA), Paris, 1976-1985.

Revue du cinéma, Paris, 1928-1949.

Revue & corrigée, Grenoble, 1989-

Revue internationale d'histoire du cinéma, Paris, 1975-1979.

St-Cinéma-des-Prés, Paris, 1949-1950.

Scratch, Paris, 1982-1985.

Screen, Glasgow, 1969-

Spiral, Los Angeles, 1984-1986.

Telehor, Brno, 1936.

Trafic, Paris, 1991-

Turbulences Vidéo. Art Actuel, Clermont-Ferrand, Vidéo Formes, 1991-

Undercut, Londres, 1981-1990.

Vertigo, Paris, 1987-

X Motion Picture Magazine, New York, 1977-1978.

Zehar. Boletin de arteleku, n° 45, San Sebastián, Disputación Foral de Guipúzcoa, 1989-

Zeuxis. Films sur l'art/Film on art, Paris, 2000-2007.

REVUES : NUMÉROS HORS SÉRIE

Aesculape, juin 1960, *Le Cinéma fantastique*.

Artforum, vol. 10, n° 1, sept. 1971,
Special Film Issue.

Artforum, vol. 11, n° 5, janv. 1973,
Eisenstein Brakhage.

Art Press spécial, hors série n° 14, 1993,
Un second siècle pour le cinéma.

Artscanada, n°ˢ 142-143, 1970, *The Moving
Image. Current Trends in Canadian Film*.

Beaux-Arts Magazine (Paris), 2001,
hors-série *Les Années Pop*.

Cahiers du mois, n°ˢ 16-17, 1925, *Cinéma*.

Cahiers Henri Poulaille, n°ˢ 2-3, 1990, *Cinéma 1*.

Les Cahiers jaunes, n° 4, 1933, *Cinéma 33*.

Chroniques de l'art vivant, n° 55, 1975,
Spécial cinéma différent, vidéo.

Cinegraphie, n° 14, 2001, *Derrière les
silences. Cinema Francese degli anni
venti/French cinema of the Twenties.
Chaney, Chaplin, Verdoux, Langlois*.

Communications, n° 23, 1975,
Psychanalyse et cinéma.

Décadrages. Cinéma à travers champs (Genève),
n° 7, printemps 2006, *Stephen Dwoskin*.

La Revue des vivants, n° 10, oct. 1931, *Le Cinéma*.

Le Rouge et noir, juil. 1928,
cahier spécial, *Cinéma*.

Les Cahiers du musée national d'art moderne,
1993, hors série « Archives », *L'Âge d'or*.

Les Lèvres nues, 1960, hors série,
L'Imitation du cinéma.

October (Boston, MIT Press), n° 32, 1985,
Hollis Frampton, A Special Issue.

Parachute, n° 10, printemps 1978.

Photogénies, n° 5, 1985, *La photo fait du cinéma*.

Pratiques. Revue de réflexions sur l'art (Rennes),
n° 14, automne 2003, *Expérimentations
cinématographiques. Une vision de l'art élargie*.

Revue d'esthétique, n°ˢ 2-3-4, 1973,
Cinéma, théorie, lectures.

Revue d'esthétique, n° 6, 1984,
Le Cinéma en l'an 2000.

Studio International, n° 978, 1975, *Avant-
garde Film in England & Europe*.

Travelling, n° 55, 1979, *Le Cinéma
indépendant et l'avant-garde à la fin du
muet. Le Congrès de La Sarraz, 1929*.

Travelling, n°ˢ 56-57, 1980, *Le Cinéma
indépendant et l'avant-garde, 2*.

VH 101, n° 6, 1972, *Cinéma d'avant-garde*.

INDEX

CRÉDITS PHOTOGRAPHIQUES

Photogravure : Arciel, Paris

Achevé d'imprimer le 20 août 2012 sur les presses de Deckers Snoeck, à Anvers, Belgique.
Imprimé en Belgique.